Karlheinz Roschitz

KAISERWALZER

Traum und Wirklichkeit
der Ringstraßenzeit

Ueberreuter

Die Deutsche Bibliothek – CIP-Einheitsaufnahme

Roschitz, Karlheinz:
Kaiserwalzer : Traum und Wirklichkeit der Ringstraßenzeit /
Karlheinz Roschitz. – Wien : Ueberreuter, 1996
ISBN 3-8000-3628-2

AU 0371/1

Umschlagbild »Ball bei Hof« von Wilhelm Gause/Historisches Museum
der Stadt Wien

Printed in Slovenia
1 3 5 7 6 4 2

Inhalt

Das Ringen um den Ring

Wilhelm Gause, »Frühling auf der Ringstraße«, Grisaille, 1895

1945. Die demolierte Schönheit

1945. Ein »Schwarzer Montag«. Der Kampf um Wien war in die Endphase gelangt, die Alliierten holten gegen die Stadt zum letzten Schlag aus. Die Innenstadt und die Ringstraße waren bis dahin ohne schwere Schäden erhalten geblieben. Am 12. März folgte ein Luftangriff, der das Herzstück der Stadt empfindlich treffen und den letzten Widerstand brechen sollte. Im Bombenhagel ging die Staatsoper in Flammen auf, nachdem das Haus bereits am 30. Juni 1944 nach einer »Abschiedsvorstellung« von Beethovens »Fidelio« – und nicht, wie oft behauptet wird, von Wagners »Götterdämmerung« – gesperrt worden war. Fünf Sprengbomben und zahlreiche Brandbomben zerstörten den Bühnentrakt. Versuche, den Brand zu lokalisieren und den kostbar ausgestatteten Zuschauerraum, den Kaisersaal und die Prunksalons des Kaisers und der Kaiserin zu retten, mißlangen. Der eiserne Vorhang zerspang in der Glut, im Hydrantennetz war kein Druck, es fehlte an Wasser und Helfern. Und die fremden Löschmannschaften sabotierten sogar die Rettungsaktion. Einen Tag und eine Nacht brannte Sicardsburgs und van der Nülls bedeutendstes Bauwerk. Sämtliche Deckenkonstruktionen und die gesamte Einrichtung – mit der Ausstattung für 120 Opern und 160 000 Kostümen – wurden vernichtet. Und es war ein Glücksfall, daß die Flammen nicht ins Vestibül, auf die marmorne Zentraltreppe, auf das Foyer und die Loggia mit den Fresken Moritz von Schwinds übergriffen. Wenigstens in Teilen blieb so die einstige »Hofoper«, der erste Monumentalbau der Ringstraße und Europas bedeutendster Theaterbau im Stil des romantischen Historismus, erhalten. Eine Schöpfung, die in ihrer gesamtkünstlerischen Konzeption das Vorbild für viele Opernhäuser Europas wurde und in ihrer Qualität nur einem Bau vergleichbar war: der Pariser Oper von Charles Garnier. Als man mit den Aufräumungsarbeiten in der Staatsoper begann,

ähnelten die Materialbewegungen jenen zur Zeit der Erbauung der Hofoper: 160 Waggons Eisenschrott und 720 Waggons Bauschutt wurden abtransportiert.
Aber auch rundum war die Prachtstraße zur Ruinenlandschaft verwüstet worden. Im Bombenhagel waren Burgtheater, Parlament, Universität, Teile der einstigen Hofmuseen, Heinrichhof, Sühnhaus, Kriegsministerium und Palais zum Teil ausgebrannt, zum Teil schwer getroffen worden. Die Ringstraße, die Glanzleistung des europäischen Historismus, das bedeutendste städtebauliche Gesamtkunstwerk des 19. Jahrhunderts, war zum Torso zertrümmert. Der Stolz Kaiser Franz Josephs, der Stadt und des Wiener Großbürgertums, das sich in diesem Prachtboulevard sein bedeutendstes Denkmal gesetzt hatte, schien im ersten Moment für immer verloren.
Die Zeichen standen für den Ring auf Sturm: Die Periode des Wiederaufbaus und des beginnenden »Wirtschaftswunders« der späten fünfziger Jahre in ihrem grenzenlosen Optimismus und ihrer Erfolgsorientiertheit bemühte sich kaum, das originale Erscheinungsbild des Rings wiederherzustellen. Es sollte fast eineinhalb Jahrzehnte dauern, bis Kunsthistoriker und dann das Bundesdenkmalamt gegen kurzsichtige Zerstörungen und Verschandelungen am Ring protestierten. Wir staunen heute, wenn wir in den Zeitungsberichten dieser Jahre nachlesen, wie Werke bedeutender Ringstraßen-Architekten demoliert und hervorragende Fassaden abgeschlagen wurden, aber auch mit welcher Rücksichtslosigkeit gegenüber künstlerischer Detailgestaltung und mit welchem Mangel an Einfühlung in den Geist des Historismus viele Gebäude wiederaufgebaut oder instandgesetzt wurden. Denkmalschützer stellten bereits in den siebziger Jahren fest, daß zahllose Beschädigungen an diesem Meisterwerk Ringstraße nicht Folgen des Zweiten Weltkriegs waren, sondern von blindwütigen Demolierungsaktionen und Modernisierungsversuchen einer verständnislos reagierenden Gesellschaft herrührten.
Der Staat hatte es übernommen, die meisten der traditionsreichen k.k. Repräsentationsgebäude wie die Staatsoper, das Burgtheater, das Parlament oder die Museen mit großzügigem Einsatz der Mittel bereits in den fünfziger Jahren wiederaufzubauen. Aber so manche künstlerische Entscheidung von damals erscheint heute, aus dem Blickwinkel des Denkmalschutzes der neunziger Jahre, als falsch,

störend und für die gesamtkünstlerischen Konzeptionen geradezu entstellend. Jedenfalls genauso entstellend wie die zahllosen Beschädigungen, die die Gebäude und Platzanlagen der Ringstraßenzone durch Modernisierungen und rücksichtslose Verkehrslösungen über sich ergehen lassen mußten. Die »Reparaturen« dieser Fehler sind zum Teil bis heute nicht abgeschlossen.

Historismus, Gründerzeit, Ringstraßenzeit, Weltausstellungszeit, Ringstraßenstil – für die Wirtschaftswunderwelt der fünfziger und sechziger Jahre waren diese Begriffe bedeutungslos. Die Gesellschaft war sich ihrer Sache sicher, prestigeorientiert, glaubte an ein unbegrenztes Wirtschaftswachstum und wollte das Versäumnis der Hitlerzeit aufholen und ihr in harter (Aufbau-)Arbeit erworbenes Vermögen und Ansehen auf ihre Art und Weise darstellen. Für eine verständnisvolle Historismusdiskussion fehlten die Ansätze. Es genügt, die Ringstraße entlang zu gehen und Abstecher in die Randzonen zu unternehmen, um die tiefen Spuren festzustellen, die die Auseinandersetzung der fünfziger Jahre mit dem Historismus zur Folge hatte (und die zu tilgen sich Bundesdenkmalamt und Stadtsanierungskommission noch heute bemühen): Denn wo immer die Restaurierung von Dachbalustraden, Vasen- und Figurenschmuck oder Säulen- und Pilastergliederungen zu kostspielig war, eliminierten Architekten und Baumeister ohne Gefühl für die Harmonie dieser Fassaden alle Details, wenn sie nicht überhaupt die Fassadengliederung zerstörten. Wo prunkvolle Ecklösungen mit Kuppelkonstruktionen über einem Erker als altmodisch empfunden wurden, trug man diese Repräsentationsschnörkel ab. Und wo immer einer Bank, einer Versicherungsgesellschaft oder einem Autosalon, den meist pietätlosen »Erben« der längst liquidierten drei Dutzend Ringstraßencafés, die für den ganzen Boulevard typischen Arkadenlösungen im Erdgeschoß zu wenig repräsentativ erschienen, wurden Pfeiler entfernt; an Stelle der schlanken, eleganten Bogen traten riesige Auslagenfenster mit protzigen Marmorportalen, die die Proportionen des Baus ruinierten. Anstelle der meist reich ornamentierten, feingliedrigen Eichentore mit Bronzebeschlägen wurden »moderne« Leichtmetalltüren eingesetzt. Und die Verkehrsplaner standen diesem Vereinfachungsunwesen nicht nach: Jahrezehntelang bemühten sie sich, originale Kandelaber des Historismus und Jugendstils zu entfernen oder zumindest zu »köpfen«, bis endlich ein gewandeltes Verhältnis zum Stadt- und Straßenbild sie erkennen ließ, daß die »Straßenmöblierung«, also die Ausstattung der Straßenzüge des vorigen Jahrhunderts mit den charakteristischen Kandelabern, überkuppelten Litfaßsäulen, Geländern, Parkgittern und Uhrensäulen, zu den wichtigen Faktoren des Straßenbilds im Historismus gehört.

Andrerseits muß man sich fragen: War es zu verwundern, daß angesichts sinnlos devastierter, kaputtgeschlagener und abgeräumter Fassaden ohne richtige Proportionen, angesichts abgetragener Kuppeln und zerstörter Dachzonen, entstellter Erdgeschoßzonen, zerstörter Straßenmöblierungen und nicht minder entstellter Interieurs in Palais wie in Kaffeehäusern, Restaurants usw. die Nachkriegsgeneration die Bauleistungen der Ringstraßenzeit nicht erkannte? Allein mit dem Mangel an Kapital im kleinen, zu Kriegsreparationszahlungen verpflichteten Österreich und mit der Zwangslage, Wien so rasch und so billig wie möglich aufzubauen, war diese Haltung aber nicht zu erklären. Da war merkbar eine Tradition der Stadtplanung, der Stadtbildpflege und des Verständnisses für die Bausubstanz des Historismus abgerissen. Zwanzig Jahre der Ersten Republik mit ihrer kleinstaatlerischen Selbstzerstörungspolitik, die sieben Jahre des Hitlerregimes und die Zerstörungen des Zweiten Weltkriegs hatten genügt, um die hochkultivierte franzisko-josephinische Tradition der Stadtbildästhetik in Wien erlöschen zu lassen – während etwa in Paris die Vorstellungen von der Stadt als Gesamtkunstwerk dank vieler Initiativen, nicht zuletzt der des Kulturministers André Malraux, niemals aufgegeben wurden.

Die Konjunktur der sechziger Jahre wurde – wie übrigens schon einmal, in der Wiener Gründerzeit zwischen 1857 und der Mitte der achtziger Jahre – zum Maß aller Dinge. Geschäftsdenken und Funktionalismus wurden zahllose künstlerische Leistungen der Ringstraßenzeit umso bedenkenloser geopfert, als diese ungeliebte Urgroßväterzeit von fast allen als gesichtsloser bürgerlicher Stilmischmasch verurteilt wurde. Dekoration galt – und manche beriefen sich dabei sogar auf den großen Adolf Loos, dessen Werk sie aber nicht weniger arg mitspielten – als sinnloser Protz gründerzeitlicher Bauherren und daher als nicht erhaltenswert. Eine Generation war mit Blindheit für stilistische Notwendigkeiten und Entwicklungen einer

Zeit geschlagen, mit Blindheit für künstlerische Äußerungen, Industrie- und Handwerkskultur und mit blinder Ablehnung geistiger Voraussetzungen und Zusammenhänge. So wurden die Werke der Monumentalmalerei der Ringstraße – von wenigen populären Meisterwerken abgesehen – nur zu gern in Depots abgeschoben; Skulpturen landeten tonnenweise auf Mülldeponien oder bestenfalls bei Steinmetzen; das industriell gefertigte Kunstgewerbe wurde, ohne Verständnis für die Gründe seines Entstehens, als geschmackloser Massenartikel vernichtet oder containerweise verkauft. Und die monumentalen Baukonzepte in ihrem »Größenwahn« lächerlich zu machen galt lange als letzter Schrei, dem die anonymen Eigentümer wie Banken und Versicherungen, die an die Stelle der Ringstraßenbarone und Großbürger getreten waren, nur zu gern folgten. Als kulturhistorisch-geistesgeschichtliche Legitimation wurde Adolf Loos, das große Vorbild der Erneuerung der Architektur und des Lebens, bemüht.

Loos, der mit biblischem Haß wortgewaltig viele Bauten des Historismus, der Ringstraße und des Jugendstils als Kultur- und Lebenslüge gegeißelt und als Verbrechen am Geist zu demaskieren versucht hatte, lieferte ihnen Argumente. Zumindest scheinbar. Vom heutigen Blickwinkel aus, unter einer veränderten kritischen Einstellung zu Begriffen wie »Fortschritt«, »Tradition«, »Stil« oder »Dekadenz« in der Kunst merken wir aber nur zu deutlich, wie demagogisch Loos mißbraucht wurde. Er, der Moralist des Bauens und des Lebens, wie der ihm verwandte Karl Kraus wären vor Entsetzen verstummt, hätten sie miterleben müssen, wie provinzielle Kleingeister mit Loos-Worten das historische Ornament als Kulturlüge und Verbrechen anprangerten, obwohl es ihnen meist nur um Arbeitsvereinfachung, Kostensenkung, Rentabilität und um den Ausgleich im Mangel an Handwerker-Fachkräften ging. Der geistig-moralische Ansatz und die ethischen Grundlagen, warum Loos so unerbittlich seine Abrechnung mit dem Historismus und vielen Leistungen der Ringstraße gepredigt hatte, kümmerten sie ebensowenig wie die originalgetreue Erhaltung der Loos-Werke selbst. Sie haben weder Loos' humanitäre Gründe noch sein Konzept geistiger Hygiene verstanden, haben nicht begriffen, warum er das Ornament als Instrument ästhetischer Bevormundung und politischer Entmündigung entlarven wollte und mußte; und warum er die dekorative Anbiederung als Betrug an der Wirk-

lichkeit und die dekorativen Künstler samt und sonders als »prostituierer der kunst« verurteilte.
Nach einer Phase des Wiederaufbaus stiegen in den Gebäuden der Ringstraßenzone sprunghaft die Mieten. Die Überlebenden der einst drei Dutzend Kaffeehäuser konnten mit diesen Kosten meist ebensowenig Schritt halten wie die Besitzer der großen Wohnungen (viele von ihnen kamen jetzt aus der Emigration zurück). Lokale wurden in gleißende Autosalons und Bankfilialen umgewandelt, nachdem die kostbaren Ausstattungen, Täfelungen und Deckenbilder, Skulpturen und Kandelaber verkauft worden waren. Und auch viele der Wohnappartements in den luxuriösen Häusern des Opern- und Kärntner Rings, des Schubert-, Park- und Stubenrings und am Schottenring, wo einst Industrielle, jüdische Hochfinanz, Baubarone, prominente Künstler und einige Alt-Aristokraten gewohnt hatten, wurden »geplündert« und zu gesichtslosen Büros demoliert. Der Immobilienhandel, die Banken und Versicherungen, die Antiquitätenhändler und die Trödler machten ihr Geschäft. Was einst liebevoll gepflegter Privatbesitz und bis ins Detail Spiegel der Persönlichkeit des Eigentümers, des Architekten und der Künstler war, verlor als Besitz anonymer Gesellschaften sein Gesicht. Eine zweite Ringstraßendämmerung.
Wien wurde sich dieser Entwicklung erst bewußt, als Österreichs erstes Wirtschaftswunder abebbte. Die Warnung vor der Aufopferung des Stadt- und Straßenbilds und seiner Ästhetik zugunsten einer fragwürdigen Bauspekulation und des Verkehrs kam spät. Dem Nachkriegsdenken mit seinem zwanghaften Konzept ständiger Erneuerung, wachsenden Fortschritts und enormer Zuwachsraten trat ein neuer Aspekt gegenüber: Bewahrung, Konservierung, Revitalisierung, Altstadtsanierung, neue Lebensqualität – das wurden Leitbegriffe, die von der zunehmenden Verunsicherung der Nachkriegsoptimisten, aber auch von den Forderungen des Tourismus zeugten.

Die Entdeckung des Historismus

Für Historiker gab es niemals einen Zweifel an der Wichtigkeit, die Geschichte und Geistesgeschichte der Donaumonarchie zwischen Gründerzeit und Erstem Weltkrieg aufzuarbeiten; nicht so im Fall des Historismus, also der Kunst dieser Epoche. An die sechs Jahrzehnte lang war der Historismus das ungeliebte Kind der Kunsthistoriker. Doch das Ausland hatte die Entwicklung schließlich vorweggenommen: Auktionen in London, Paris, New York hatten neben dem rasch sammelwürdig gewordenen' Jugendstil auch den Historismus entdeckt, die Belle Époque, die viktorianische Kunst, den Second Empire – Kunst, die übrigens in diesen Metropolen nie mit so pedantischer Schulmeisterlichkeit verteufelt wurde wie der Historismus in Österreich und Deutschland. Längst beschäftigten sich Kunstwissenschafter des Auslands mit dem merkwürdigen Phänomen, daß künstlerische Leistungen des späten 19. Jahrhunderts pauschal und völlig unreflektiert abgeurteilt wurden. Während Paris unter Kulturminister André Malraux große Anstrengungen unternahm, gerade diese Periode, in der die Seinemetropole zum Gesamtkunstwerk gestaltet wurde, in ihren Leistungen zu bewahren, schöpfte man in Österreich bei der Zerstörung dieser Werke aus dem vollen: Der berühmte Wiener Nordbahnhof von Theodor Hoffmann und Carl Waage, ein Hauptwerk europäischer Bahnhofs-Repräsentationsarchitektur, wäre nach den Kriegsschäden zu retten gewesen – er wurde abgetragen und der Praterstern zu einem der gesichtslosesten Plätze demoliert; die Säulenhalle der Rudolfstiftung im dritten Bezirk wurde mutwillig abgerissen, obwohl das Denkmalamt bis zuletzt protestiert hatte; bei den von der russischen Besatzungsmacht beschädigten Palastbauten der Familie Rothschild (Prinz-Eugen-Straße 26, erbaut 1879 bis 1884 von Hippolyte Alexander Destailleur; Theresianumgasse 14, erbaut 1871 bis 1878 von Jean Girette) wollte niemand von einer Rettung etwas

wissen; und man erwog sogar, das Künstlerhaus August Webers, Gottfried Sempers und Carl Hasenauers Hoftheaterdepot, Otto Wagners monumentale Gürtelbrücke und viele andere bedeutende Objekte zu demolieren.
Die Aufarbeitung des kulturgeschichtlichen Riesenkomplexes der Zeit Franz Josephs, also von 1848 bis 1916, wurde nach 1960 aktuell. Voneinander unabhängig griffen Historiker in Europa und den USA das Thema auf. Es ist keine Übertreibung, wenn man heute behauptet, daß die Versuche systematischer Materialbewältigung zu Entdeckungsreisen einer Pioniergeneration in ein wenig bekanntes »legendäres Reich der Mitte« wurden. Es war ein Vorstoß in Zonen, über die man viel Vages vermutete, wo die exakten Darstellungen aber fehlten. So konnte Renate Wagner-Rieger, die 1981 verstorbene Wiener Kunsthistorikerin, zur entscheidenden Triebkraft werden; sie rang sich und ihren Mitarbeitern das wichtigste und gewichtigste aller Werke über die Wiener Ringstraße ab dem Jahr 1965 ab. Im Vorwort des achten, der Wiener Hofoper gewidmeten Bandes charakterisierte sie die Erforschung der Ringstraße als Knochenarbeit, die bei der Grundlagenforschung beginnen muß: »Wie für die meisten Bauten der Ringstraße sind Quellen, die über die historische und künstlerische Genese Auskunft geben, von der Forschung früher kaum herangezogen worden. Oft mußten sie überhaupt erst festgestellt und in ihrer Struktur und Organisation erfaßt werden. Seit den in das Jahr 1965 zurückreichenden Anfängen des Forschungsunternehmens ›Wiener Ringstraße‹ ergab sich eine Entwicklung, deren Ende vorläufig noch kaum abzusehen ist. In ihrem Verlauf tritt immer neues Material zutage, Material, das vielfach noch seiner archivalischen Aufarbeitung und Katalogisierung harrt … Gerade bei einem Thema, das immer noch am Anfang seiner wissenschaftlichen Behandlung steht und von einhelliger Betrachtungsweise sehr weit entfernt ist, scheint undoktrinäre Offenheit geboten.« Wie recht sie hatte: Die Kritik an der Kunstepoche der Ringstraße wurde nie auf Grund der genauen Kenntnis des Materials und kritischer Analyse vorgenommen – sie war bis dahin meist Geschwätz.
Renate Wagner-Rieger hat die Fertigstellung, nicht mehr indessen das Erscheinen des letzten Teils des 14bändigen Monumentalwerks »Die Wiener Ringstraße« erlebt. Und obwohl sie ihr Lebenswerk abge-

schlossen hatte, war sie sich dessen bewußt, daß selbst diese größte aller Materialsammlungen mit zahllosen Detailuntersuchungen noch lange nicht alle vorhandenen Quellen ausgeschöpft hatte. Ja, für viele wichtige Künstler- und Theoretikernamen stehen heute noch jene Untersuchungen aus, die die meisten Kunsthistoriker lange genug als unnötig und verlorene Liebsmüh' abgelehnt hatten. Man braucht sich nur bei den führenden Bildhauern wie Benk, Fernkorn, Hähnel, Zumbusch, Kundmann, Tilgner, Weyr usw. umzusehen: Während Paris etwa in seinem Grand Palais schon vor einem Jahrzehnt (1986) eine der sensationellsten Skulpturenausstellungen der École des Beaux-Arts organisierte, blieben solche Versuche in Wien in höchst bescheidenem Rahmen stecken.
Doch das Thema Ringstraße wurde virulent: Amerikaner wie William M. Johnston (»Österreichische Kultur- und Geistesgeschichte«) und Carl E. Schorske (»Wien – Geist und Gesellschaft im Fin de siècle«) lieferten kritisch sezierende Blicke in den Rückspiegel der Donaumonarchie, mit dem Abstand des Amerikaners mit österreichischen Wurzeln. Brigitte Hamann legte ihre neue Wege weisenden Biographien über Kaiserin Elisabeth und Kronprinz Rudolf vor; Robert Waissenberger und sein Nachfolger Günter Düriegl, die Direktoren des Historischen Museums der Stadt Wien, bemühten sich, in jahrzehntelanger Kleinarbeit die Regierungszeit Kaiser Franz Josephs aus der Fülle kostbaren Dokumentenmaterials für das Publikum nachzuinszenieren. Die Großausstellung »Traum und Wirklichkeit« war zwar vor allem dem Jugendstil und der Wiener Werkstätte gewidmet; von ihrem Sog profitierte aber auch die Bewertung der Wiener Ringstraße, so daß 1996/97 die seit langem fällige Europarat-Ausstellung des Historismus, »Der Traum vom Glück«, in Wien ermöglicht werden konnte – in Wien, dessen künstlerische Leistung etwa im Bereich der Architektur nicht die Avantgarde des 19. Jahrhunderts, dafür aber einen ihrer vornehmsten Höhepunkte bildete. Auch für die Hochblüte der Architektur des Historismus gilt – so Wagner-Rieger –, was man in der Wiener Architekur des 14. und 18. Jahrhunderts feststellen kann: In jeder dieser Phasen handelt es sich um »eine sehr reife, reiche, aristokratisch gebändigte Kunst ... von fast schon als klassisch zu bezeichnendem Maß ...« – und im speziellen Fall der Ringstraßenarchitektur um eine in Europa bei-

spielhafte stilistische Strenge, ehe etwa in Deutschland ein rauschhaft exaltierter Wilhelminischer Barock folgte, der das neue Kaiserreich feierte; Wien antwortete darauf mit einem weniger lautstarken, impressionistischen Späthistorismus beziehungsweise einem stark geometrisch bestimmten Jugendstil …

Schon diese kurze Situationsbeschreibung zeigt, mit welch verwirrender Vielfalt der Begriffe man die Kunst dieser Zeit zu erklären versuchte, um das Thema in den Griff zu bekommen und die vielen Entwicklungsphasen abzudecken: Die Diskussion ist jedenfalls in vollem Gange. In der Kunstgeschichtsschreibung stößt man auf den Historismus mit all seinen Spielarten (vom romantischen über den strengen bis zum späten Historismus, der in die Secession übergeht), auf Stilarchitektur und Stilpluralismus, auf Gründerzeit, Ringstraßenzeit und Makart-Zeit; Begriffe der französischen Kultur wie Belle Époque und Fin de siècle wurden auch auf Wiens Lebenskultur ausgeweitet; man bemühte Begriffe wie akademischen Eklektizismus und Dekadenz.

Um das Hauptanliegen dieser Stilentwicklung zu verstehen, muß man zu den Wurzeln des Historismus, zum großen Johann Joachim von Winckelmann zurückgehen, seit dessen »Erinnerungen über die Betrachtung der Werke der Kunst« (1760) man zwei Arten der Nachbildung unterschied: das Nachmachen, Kopieren, die »knechtische Folge« als die unerschöpfliche Richtung, der das Nachahmen, Imitieren, als Ziel künstlerischen Bestrebens gegenübersteht – denn »das Nachgeahmte kann, wenn es mit Vernunft geführt wird, gleichsam eine andere Natur annehmend, etwas eigenes werden«. Eine Auffassung, die über den Klassizismus hinaus bis ins späte 19. Jahrhundert nachwirkte. Bei einem der führenden Kunsttheoretiker der Ringstraße, Rudolf von Eitelberger, werden wir diesen Gedankengang wiederfinden: »Das willkürliche Behandeln architektonischer Glieder ist hiermit ebenso bestimmt ausgeschlossen, als das Nachahmen, das bloße Copieren von architektonischen oder dekorativen Formen.« Wenn er von »willkürlichem Behandeln« spricht, meint er vor allem die romantischen Bestrebungen, zu neuen Formenschöpfungen zu gelangen. »Wenn wir aber trotzdem behaupten, daß eine Regeneration der Architektur nur durch eine vernünftige Restauration des Stiles in der Baukunst angebahnt werden kann, so mag dies nur zum Beweise dienen, daß wir diese nicht mit dem Copieren alter Monumente verwechselt, sondern sie als eine geistigere, bedeutsamere Aufgabe für Künstler betrachtet wissen wollen« (Eitelberger, Gesammelte Kunsthistorische Schriften, Wien 1879). In dieser Forderung erkennen wir aber den idealtypischen Stil, der nach der »Philosophie eines jeden Stils« verlangt. Winckelmann wie Eitelberger haben die Restauration eines Stiles als Qualitätsmerkmal betrachtet; und sie halten fest, daß der Verwendung von Elementen historischer Stile nicht kunstlose Ideenarmut zugrunde liegt, die sich im Fundus der Vergangenheit bedient, weil ihr selbst nichts einfällt, sondern daß hier ein sehr differenziertes Kunstwollen vorliegt. Idealtypische Stilbilder – das war ein Ziel; die ikonologische Verwendung von Stilelementen im Sinne der »Philosophie eines jeden Stils« eine zweite. Für welchen »Stil« der Architekt sich entscheidet, wird dabei von der Bautypologie abhängen. Allerdings hatte der Architekt ohnedies eine Überfülle an Freiheit. Denn gerade die neuen, »traditionslosen« Bauaufgaben in der Folge der Industrialisierung des 19. Jahrhunderts – Repräsentationsbahnhöfe, Großkaufhäuser, Passagenbauten, Kristallpaläste und Weltausstellungsarchitekturen, Fabriken, Gas- und Elektrizitätswerke – und die neuen, ungeahnte Möglichkeiten erschließenden Materialien veränderten nicht nur das Baudenken rapid. Wenn Architekten also diesen Gebäuden noch Dekorationselemente in bestimmten Stilen applizierten, so war das im Historismus zu einem Teil ästhetisches Postulat, zum anderen Forderung des Repräsentationskonzepts, zum dritten modisches Accessoire.

In Wien setzt der Historismus im zweiten Viertel des 19. Jahrhunderts ein: Die Geschichte, von der man die meisten Gebiete des geistigen Lebens durchdrungen sah, bildet das Zentrum; mittelalterliche Anregungen, vor allem die frühen Beispiele der Neugotik, die bereits in der Zeit Josephs II. registriert werden können, führen in Verbindung mit der Romantik zu einem »romantischen Historismus« zwischen etwa 1830 und 1860. Es ist die Epoche politischer Restauration der Regierung Metternich und des Neo-Absolutismus Franz Josephs, der Besinnung auf die eigene Vergangenheit, auf die literarische, zeichnerische und kunsthistorische Bestandsaufnahme mittelalterlicher Bauten. Auch in Wien träumt man den romantischen Traum von einer Synthese aller historischen Kunstformen, vor allem von der Aussöhnung der Antike und des Mittelalters. August Sicard von

Sicardsburg und Eduard van der Nüll verwirklichen ihre schöpferische Synthese aus der Idee heraus, daß man aus allen Stilen auswählen könne, das »Gute aus allen Zeiten« benützen müsse, wie der rheinische Architekt Johann Claudius von Lassaulx es formulierte. In Wien gipfelt dieses Baudenken in der Errichtung der Hofoper. Doch entfaltet sich daneben eine höchst inspirierte Baukunst, die Glas-Eisen-Konstruktionen ebenso wie Ziegelbauweise erprobte und stilistisch selbst »morgenländische Motive«, das heißt byzantinische und islamische Dekorelemente, einsetzte. Daß gerade Ludwig Förster, der »Vater der Ringstraße«, Gottfried Semper, der wohl bedeutendste Vertreter des »strengen Historismus«, und auch Theophil Hansen sich damals vor allem in romantischen Gefilden umsahen, zeigt, welche Probleme man mit der Abgrenzung der Phasen des Historismus hat.

Wer eine strenge Trennungslinie zwischen dem »romantischen« und dem nachfolgenden »strengen Historismus« zu ziehen versucht, wird auf unüberwindbare Probleme stoßen: Zu verzahnt und verschränkt erscheinen die Tendenzen und Phänomene. Um 1850 werden jedenfalls klare »klassische« Tendenzen erkennbar, die erst zwischen 1880 und 1890 verebben, um dann einem Späthistorismus beziehungsweise dem Jugendstil Platz zu machen. »Streng« bedeutet dabei, daß in der Baukunst ein Ausgleich der Formen, eine Harmonisierung in der Verbindung verschiedener Stilelemente angestrebt werden, daß die Oberflächen der Wände plastisch gegliedert werden und vor allem, daß die bunt-fröhliche Farbigkeit der romantischen Phase einem raffinierteren Kolorit mit reich abgestuften Valeurs und Schattierungen wich: Die Malerei spielt jetzt eine entscheidende Rolle im Raum und an der Fassade, verschiedenfarbige Materialien spielen mit, das Spiel von Licht und Schatten wird kunstvoll einbezogen. Eine »Kunst der großen, aber immer noch überschaubaren, definierbaren Formen«, nannte Renate Wagner-Rieger diese Entwicklungsstufe des Historismus. Das ist die Ära der Ringstraße, deren Bau 1857 vom Kaiser ermöglicht wurde, die Epoche der Gründerzeit, als Wien seinen enormen wirtschaftlichen und industriellen Aufschwung nahm und die Börsengeschäfte wie nie zuvor florierten, abstürzten und einem neuen Höhepunkt zusteuerten. Stehen am Anfang Werke wie die Hofoper, so erteilt Eitelberger 1869 der »Romantik« eine endgültige Absage: Die Bauten des strengen Historismus haben in Wien – entsprechend dem Konzept der Ringstraße – hochelitären Charakter; man baut noch im Rastersystem und der Straßenfront entlang, mit strengen Symmetrien, aber man schafft auch großzügig übergreifende Plätze, die neue Blickwinkel und Perspektiven gewähren – wie der Schwarzenbergplatz am »Knick« der Ringstraße, der Schillerplatz mit der Blickachse zum Goethe-Denkmal, das Kaiserforum des Maria-Theresien- und Heldenplatzes usw. Da entstehen Platzräume ohne jede Zufälligkeit; selbst wenn verschiedene Bauherren dafür verantwortlich sind, ist der Platz eine architektonische Schöpfung. Friedrich Schmidt baut im gotischen Stil, um der Wiener Bürgerschaft im Rathaus ihre Repräsentation zu geben; Hansen baut den Reichsrat im griechischen Tempelstil, weil Griechenland die Heimat der Demokratie ist; Ferstel, Hansen und Hasenauer bauen Kulturpaläste im Renaissancestil, weil die Renaissance ein Synonym für Humanismus ist; und Semper und Hasenauer errichten die Neue Burg im Stil eines spätrömischen Palasts, um den Wienern das Erbe des Heiligen Römischen Reichs in Erinnerung zu rufen …

Aber es werden noch andere Probleme virulent: etwa das Verhältnis zwischen der Baustruktur und seiner stilistischen Erscheinung, ein neuer Monumentalitätsanspruch, bei dem auch das Material den Anspruch und den Stil zeigen muß – so verwendete man Eisenarchitektur im strengen Historismus Wiens nur, wenn der Zweck ablesbar war – wie in der berühmten Weltausstellungs-Rotunde, in monumentalen Bahnhöfen, in Markthallen, Schlachthöfen, Kaufhäusern oder Brücken, die fast alle entweder durch den Zweiten Weltkrieg oder durch Demolierung zerstört wurden – oder im Riesenrad von 1896/97.

Spätestens um die Mitte der achtziger Jahre werden die Prinzipien des strengen Historismus »aufgeweicht«: Hatte der strenge Historismus vor allem an der Ringstraße Monumentalprojekte verwirklicht, breitet sich der Späthistorismus auf viele kleine Architekturzentren aus. Hatte Wien 1890 noch 1,34 Millionen Einwohner, so waren es 1918 bereits 2,23 Millionen. Und Otto Wagner hatte in seiner Vorstellung von der unbegrenzten Großstadt mit einem »Stadtraum« von weit größeren Dimensionen gerechnet. Der Späthistorismus, der Baulücken in den alten Repräsentationsstraßen füllte, aber auch in den Vorstädten seine Blüten trieb, hatte nichts mehr vom elitären Zug des strengen Historismus. Wie in den meisten Metropolen entsteht Großstadtarchitektur voll großer, wuchtiger Formen, voll Pathos – wie etwa Ludwig Baumanns Kriegsministerium am Stubenring, dessen ehemals kolossale Wirkung durch die Abtragung der Riesenkuppeln allerdings stark reduziert wurde. Die größte Steigerung sollte da aber die Nationalbank von Leopold Bauer erfahren, ein Koloß mit Säulenfronten, Riesenturm und Arkadenflügeln; nach 1918 blieb sie ein Torso. Stilpluralismus war angesagt. Asymmetrie wird gesucht, die Fassade durch Erker, Nischen, Balkone, Türme, vor- und rückspringende Elemente plastisch hervorgehoben. Und man kombinierte diese Charakteristika mit üppigen barocken Elementen. Um dem neuen Deutschen Reich Kaiser Wilhelms, das die Renaissance Albrecht Dürers und danach den deutschen Barock favorisierte, aber auch den Stiltendenzen der »Rivalin« Budapest etwas entgegenzusetzen, wurde der österreichische Barockstil als Erbe Fischers von Erlach zum Reichsstil lizitiert. 1880 gab Albert Ilg unter dem Pseudonym »Bernini der Jüngere« seine Schrift »Zukunft des Barockstils« heraus (1895 folgte seine Monographie über Fischer von Erlach). Sie machte Schule. Als man den Michaelertrakt Fischers 1893 fertigstellte, hielt sich Burghauptmann Ferdinand Kirschner an dieses Denkmuster.

Capua der Schönheit. Der Traum vom Gesamtkunstwerk

Den Höhepunkt der Architektur-Inszenierung des Historismus markierte übrigens Otto Wagner mit einem »Idealentwurf«. Um 1880 zeichnete er seine »späthistoristischen« Vorstellungen von einem idealen Museumsbezirk: »Artibus« – den Künsten geweiht! Etwas bitter vermerkt Otto Wagner um 1889: »Einer Jugendidee entsprossen; freie Zeit und etwas geistige Überproduktion haben sie teilweise zur Reife gebracht.« Der Entwurf vereinigt die gewaltigsten Vorstellungen der europäischen Architektur zu einem theatralischen Erlebnisbezirk. Die riesige Anlage rückt den Kaiserpalast, also die Neue Burg von Semper und Hasenauer, deren Planung Wagner in seiner Jugend miterlebt hatte, mit der Kuppelkirche des anderen Poles der alten Sakralstruktur Europas, dem Petersdom des Papstes, in eine neue Beziehung. Die Kolonnaden von St. Peter, Wiens Karlskirche, der Park des Kaisers in Schönbrunn mit einer an Palladio erinnernden Gloriette, Weltausstellungspavillons, Bernini-Obelisken und kunstvolle Brücken mit Arkaden treten zu einem weltoffenen, visionären Erinnerungsbild zusammen. »Alles das, was die Bauindustrie der Zeit industriell ausbeutete, wird den Künsten gegeben und den Händen der Bauherren [die Wagner neun Jahre später schon polemisch anvisierte] entrissen«, schreibt Otto Antonia Graf, der bedeutendste Wagner-Forscher. Diese höchste Quintessenz des europäischen Historismus, aber auch in gewissem Sinne des Renaissancedenkens, beinhaltet den größten Anspruch, den damals ein Architekt stellen konnte, für sich und seinen Beruf. 1895 präzisiert Wagner noch einmal, was ihm da um 1880 zum ersten Mal aufgegangen ist: »Als die Krone des modernen Menschen in seiner glücklichen Vereinigung von Idealismus und Realismus wurde der Architekt gepriesen.« Mit aller gebührenden Vorsicht kann man darin Programm und Leistung Otto Wagners angesprochen sehen, die Überwindung der Spaltung, die Einheit und den Gesamtzusammenhang aller architektonischen, das heißt menschlichen Fragen. Und kritisch vermerkt Graf: »Brücken, Stromregulierungen, Handelshäfen, Stadtanlagen und die schweifende Sehnsucht des Meeres, auf das Dampfer hinausfahren, weisen darauf hin, daß in dem Projekt mehr steckt als eine akademische Übung ... Die Historisten der Zeit haben kaum solche ›ausschweifenden‹ Projekte verfaßt. Die reale Unwirklichkeit der ›Stilarchitektur‹ verträgt sich nicht mit dem alles einfordernden Anruf solcher Schreie der Sehnsucht. Die Stilarchitektur der Baubarone und der tausend Nachfolger ist immer an einen konkreten Auftrag gebunden. Im Grunde hätte Hansen lieber die Akropolis gebaut als das Wiener Parlament. Gerade aber daraus geht die quälende Schizophrenie der Architektur der internationalen ›Ringstraßen‹ hervor.«

Das Aufregende dieser Vision ist, daß Otto Wagner hier die Zusammenfassung aller Ideen der Ringstraßen-Zeit und des Späthistorismus und zugleich deren Überwindung vereint. Da ist Wagner Kind seiner Zeit – und wie verwandt ist doch sein Artibus-Projekt der geistigen Physiognomik der Franz-Josephs-Zeit in ihrem komplexen Miteinander von Rückbindung und Beharrung auf der einen Seite – was den Staat in den Augen vieler zum »europäischen China« machte – und ihrer Modernität, die denselben Staat als eine der wichtigsten »Versuchsstätten« revolutionierender geistiger Tendenzen und Entwicklungen erscheinen ließ. Auch »Artibus« hat das janusköpfige Doppelgesicht, das wir in Robert Musils »Kakanien« finden, das Doppelgesicht des »fortgeschrittenen Staats, der sich selbst irgendwie nur noch mitmachte« und damit freisetzte für die »große Phantasie des Nichtgeschehenen oder doch nicht unwiderruflich Geschehenen«, für den »Möglichkeitssinn« gegenüber einem eingeschränkten »Wirklichkeitssinn«.

Welche Prinzipien bestimmten Leben, Lebenskultur und Künste der Ringstraßenzeit – wie der europäischen Gründerzeit? Man kann da einen ganzen Katalog zutiefst theatralischer Prinzipien aufstellen, die als verbindlich gelten: Neigung zur Monumentalität und zu Fassadenhaftigkeit, Neigung zu Prachtentfaltung und mitunter kühner Übertreibung, Neigung zu Formenfülle und Angst vor dem leeren

Raum, Neigung zu Flucht in die Innenräume und zur Verschleierung der Funktion. Damit untrennbar verbunden waren: die Betonung der eigenen Persönlichkeit, die Inszenierung des Lebens in einem entsprechenden Rahmen (sie wurde in den »lebenden Bildern«, die man in den Salons nachstellte, besonders deutlich), die Neigung zur Verherrlichung des großen Einsamen und zum Geniekult, wie wir ihn von den Malern und »Bilder-Regisseuren« Makart, Feuerbach, Böcklin, aus dem Dichten Robert Hamerlings oder aus dem Leben Richard Wagners und Friedrich Nietzsches kennen. Am Ende dieser Entwicklung steht die Mythologie des großen Einzelnen.

Aber auch in der Reaktion auf die Natur hat die Ringstraßenzeit ihre charakteristische Auffassung entwickelt: Natur wird – wie bei Hans Makarts berühmten Palmwedel-Bouquet oder in seinem Atelier – nicht als Natur aufgefaßt, sondern als Bühnenhintergrund für eine grandiose Selbstinszenierung: Im Wintergarten ist die Natur nach Hause getragen, sie wird geborgen, sie gewinnt exotische Züge; sie wird Kunst-Arrangement, in dessen Rahmen man seine gewagten erotischen Träume träumt – wie die selbstgeschaffene Umwelt-Wirklichkeit des Salons die romantische Flucht »nach innen« ermöglicht. Wie genau traf doch der große Surrealist André Breton rückblickend die Atmosphäre dieser Welt in seiner Vorrede zu Max Ernsts »Femme 100 têtes«, wenn er vom Salon mit seinen »Fischlüstern, seinem Sternenglanz, seinen tanzenden Gräsern, seinen blinkenden Gewändern und seinen Gewittern von Vorhängen« sprach; Georg Hirth schwärmte hingegen in seinem schulemachenden »Deutschen Zimmer der Renaissance« (1880) von der »Wahnhaftigkeit des wohlig glühenden Dämmers«, die für den »civilirten Menschen eine ebenso nothwendige Versicherung gegen die Ungunst des Schicksals bildet wie die Versicherung gegen die Gefahren des Feuers und der Verarmung«, und Walter Benjamin nannte den Salon der Zeit eine »Loge im Welttheater«, mit Blick auf exotische Kulturtrümmer. Man kann jetzt vielleicht nachfühlen, wie sehr die Protagonisten dieser Weltbühne voll schwüler Träume sich wie der kranke Amfortas in Wagners »Parsifal« nach der Erlösung sehnten, die Sigmund Freud ihnen bringen sollte …

Daß für die Inszenierung dieser Welt die Stilfrage zum entscheidenden Problem wurde, ist klar. In der Vergangenheit suchte man »verwandte Epochen«, verwandte Momente, verwandte historische Persönlichkeiten, deren Zitate einen selbst und die Gegenwart in höchstem Maße adeln sollten. Von diesem Denken ist es zur Rezeption historischer Stile nur noch ein Schritt: Aus Stilingredienzen, die von ihrem ursprünglichen Verwendungszweck abgelöst und somit frei verfügbar werden, kristallisiert sich »ein Stil«, der die funktionelle Realität bewußt ignoriert und den Rahmen für die Entfaltung eines Individualismus schafft.

Die Fassade wird in dieser Inszenierung zum wichtigsten Faktor. Die Fassade des Gebäudes, das einen selbst repräsentiert, aber auch die menschliche Fassade, die durch vornehme Haltung und Dekorum bestimmt wird. Inbegriff der »gründerzeitlichen Vornehmheit« war dabei die Teilnahme an den großen Festen der Zeit, die bedeuteten, daß der Vornehme einer ganz bestimmten Ranggemeinschaft angehörte: »Deshalb lebten die Vornehmen dieser Ära so, als ob sie dauernd in Gesellschaft wären«, analysierte einmal Richard Haman in seinem »Ideal der vornehmen Haltung«, und deshalb hatten sich die Formen der Repräsentation von der Wirklichkeit so vollkommen abgelöst, daß es zwischen beiden keinen Zusammenhang mehr gab: Wir werden es später sehen, daß Makarts Feste und die feenhaften Ballveranstaltungen und Blumenkorsi der Fürstin Pauline Metternich ebenso Gleichnisse für die Verselbständigung des Fassadenbewußtseins der Epoche waren wie die Weltausstellungen mit ihren Glaspalästen, die eine Kunst-Welt, eine Bühne voll wunderbarer Kulissen, eine Märchenwelt des Fortschrittsglaubens mit dem »Helden« Maschine im Mittelpunkt vorzeigten. Doch dieser Held wurde eher ungern als einfache Dampfmaschine oder Lokomotive präsentiert, die präzise Aufgaben zu bewältigen hatte, sondern als Allegorie für Kraft und Erfindergeist. Das Kulissenhafte der Weltausstellungen, das Bühnenhafte und Theatralische der kulturellen Selbstdarstellung diente zum großen Versteckspiel. Als Versteck diente die Fassade.

Fast von selbst ergab sich da der letzte Schritt: das Zusammenklingenlassen des Schönen, die konsequente Verwirklichung des Traums vom Gesamtkunstwerk. »Erst mit dem Ende des Gesamtkunstwerks beginne das zum Programm erhobene Gesamtkunstwerk«, schreibt Werner Hofmann in seinem Essay »Gesamtkunstwerk Wien«: »Jenes ereignete sich, von keiner Reflexion belastet, vor der

Trennung der Künste in autonome Gattungen, dieses ist der auf Rückbesinnung gründende Versuch, die Einzelkünste wieder miteinander zu vereinigen.«
Hatte das 19. Jahrhundert auch die Selbstbestimmung der Künste bis in deren radikale Vereinzelung vorangetrieben, so war – und das ist eine Spezialität der Ringstraßen-Zeit – unterschwellig doch stets ein Verlangen nach einem ästhetischen Konsens spürbar. Hofmann wies als erster auf das Novum dieser Zeit hin, das Kunstwerk in einen Schau- und Ausstellungskontext einzubinden, Kunst- und Schaubedürfnis, Kunstwerk und inszenierte Umwelt gehen da eine Symbiose von berauschender Schönheit ein: in Makarts Atelier, in seinem Festzug 1879 wie in seiner Gestaltung der Caterina-Cornaro-Ausstellung im Wiener Künstlerhaus – Kunst als sakrales Erlebnis! –; in der Ausgestaltung der Hofmuseen Sempers und Hasenauers mit den Lünettenbildern Makarts, des jungen Gustav Klimt und Michael von Munkácsys – das Museum selbst wird zum Kunst-Werk gesteigert – wie in den Stiegenhäusern des Burgtheaters, in den Salons der Paläste

»Lebende Bilder« im Salon Todesco: Die Szene »Troubadours und Minnesänger" bildete einen Höhepunkt einer Wohltätigkeitssoiree, die in acht Gruppierungen die Entwicklung des Volkslieds zeigte.

der Todesco, Ephrussi oder Erzherzog Wilhelms und in den »lebenden Bildern«, die etwa im Salon Todesco nachgestellt wurden und zu denen Hofmannsthal Texte schrieb; und vor allem natürlich in den Inszenierungen der Wiener Weltausstellung in der gigantischen Kuppelhalle der Rotunde, in den Monsterausstellungen der Zeit oder selbst in dem bizarr-phantastischen Unterhaltungsetablissement »Venedig in Wien«, einem Traumtheater ... Wenn sich bildende und darstellende Künste, Freude an der Schönheit und Lust am epikuräischen Leben wie im Wien der Ringstraßen-Zeit und des Späthistorismus zusammenfügen, tritt das »Gesamtkunstwerk« hier das Erbe des barocken Welttheaters mit seinen Allegorien und Huldigungen an: Es wandte sich an die sinnliche Anschauung, um das Übersinnliche glaubhaft vor Augen zu führen. »Von Schmuck- und Verwandlungsfreude geprägt, nehmen die Künste nicht den Weg in die theoretische Selbstbestimmung«, schreibt Hofmann, »sondern belassen die Deutung von Mensch und Welt in den Koordinaten der christlichen Heilsbotschaft. Auf Erlösung und Verdammung ausgerichtet, verkündigen sie der sündigen Menschheit eine letztlich transästhetische Botschaft, deren Appell gleichwohl des künstlerischen Beistands bedarf, um gläubig wahrgenommen und nachvollzogen zu werden. Das unterscheidet den katholischen Süden vom protestantischen Norden des deutschen Sprachraums.« An den Wiener Festzügen – an dem Hans Makarts zur silbernen Hochzeit des Kaiserpaares Franz Joseph und Elisabeth von 1879 wie an einem weiteren, 1908, zum 50jährigen Regierungsjubiläum Franz Josephs, der mit der patriotischen Ersten Wiener Kunstschau verbunden wurde – läßt sich auch die Verwandlung ablesen, die das Wiener »Gesamtkunstwerk« von der Ringstraßenzeit zum Fin de siècle durchmachte: »Der Festzug – das ephemere Ereignis weniger Stunden – stabilisiert sich in einer Ausstellung. Aus der Verherrlichung des Herrschers geht barocke Huldigung an die Kunst hervor. In ihr offenbart sich einer gläubigen Gemeinde, was ehedem die Religion versprach: Heilung und Erlösung. Die Sinnstiftung, die dieses Gesamtkunstwerk zelebriert, tritt mithin in die Rechte der früher von der Kirche verkündeten (und verwalteten) Heilsgewißheiten ein.« Wiens epikureische Materialisten um die Jahrhundertwende erhofften sich eine Erlösung durch die Ästhetik und die Kunst.

»Schön sind sie freilich, jene zehn Spannen Weges auf dem Kärntnerring. Besonders im Frühling, vor der Opernstunde, wenn ein goldener Westhimmel über den Kuppeln der Hofmuseen dampft, die Vergoldungen des Heinrichhofes gleich lebendigem Feuer an der langen Fronte herumzüngeln, aus den Fensterreihen gegenüber dem Kaisergarten lauter bengalische Purpurflammen schlagen und der kleine Pegasus auf dem First des Opernhauses unverkennbar Miene macht, sich in den olympischen Glanzdunst emporzuschwingen. Das ist die aristokratische Stunde des Kärntnerrings.«
Ludwig von Hevesi, einer der originellsten Chronisten der Ringstraße, schwärmt von Wien, der Metropole als Gesamtkunstwerk, diesem Capua der Schönheit, wo damals, anno Gründerzeit, Tag für Tag die rauschende Apotheose des Leichtsinns gefeiert worden sein soll. Wo Epikureer, voll tiefem Materialismus und wachsender Angst, das süße Leben womöglich nicht einmal mehr am letzten Zipfel zu erwischen, ihren sinnlichen Lebensstil in rasender Gemütlichkeit zelebrierten. Und wo die Verfechter eines schrankenlosen Sensualismus dieses Wien zum »geliebten und seligen Sinnbild verlorener Freude« erhöhten.
Und Wien im Winter, in der Mittagsstunde am Ringstraßenkorso, zwischen »dem Sirk-Eck« – wie die Wiener sagten – und dem Schwarzenbergplatz: Da funkelt »die elegante Menge im hellsten Sonnenglanz. Ganze Prozessionen von zweibeinigen Bibern und Zobeln drücken sich aneinander vorbei. An der bekannten Straßenecke, wo Alles wie auf Commando Kehrt macht, stauen sich die Gruppen von Rittern des Chic, der Monokel-Adel, die Bügelfaltokratie. Das Gigerlthum, wie es seit einigen Jahren heißt, entfaltet alle Reize seiner durchtriebenen Einfalt; es hat das neueste Spazierstöckchen unter dem Arme, den nächstmodernen Zukunftshut auf dem Kopfe, den Schuh der vierten Dimension am Fuße, die Nadel der Kleopatra in der Cravatte, die Knöpfe der Unmöglichkeit an den Manschetten, und Kleider, welche gleichzeitig zu kurz und zu lang sind, am Leibe. Das Gigerl von dieser Ecke ist ein Staat im Staate, es hat eine quadrillierte Religion, eine längsgestreifte Amtssprache, eine quergestreifte Verfassung und hält nicht viel von Goethe, weil dieser Provinzpoet statt eines Gigerlkönigs nur einen Erlkönig gedichtet hat.«
Hevesis Worte sind die schönste Beschreibung Ringstraßen-Wiens.

Sie enthält alles, was die Atmosphäre anno 1892, den Zauber dieser Straße, die Lust der Menschen an der Selbstdarstellung ausmachte. Der Korso als Treffpunkt der Flaneurs aller Gesellschaftsschichten und -kreise. Durchlauchten wurden hier ebenso gesichtet wie ehrwürdige Staatsbeamte oder Großfleischhauer, der Hofburgtheater-Direktor wie der Kunstkritiker oder eben das Gigerl, der Feschak, die Hofopernprimadonna wie das »süße Mädel« ... Hier zelebrierte das Bürgertum selbstsicher, erfolggewohnt und voll sinnlichem Genießen dieses neue Lebensgefühl der Ringstraße, in dem alles einer unverwechselbaren Ästhetik huldigte: dem Bewußtsein, die Krone des Fortschritts der Jahrhunderte zu sein, und dem Gefühl einer Verpflichtung, den Glanz dieser wahrhaft kostbaren Kunstmetropole durch die Entfaltung des eigenen märchenhaften Luxus noch steigern zu müssen.

Auch Daniel Spitzer, der berühmte »Spaziergänger«, der den Ring 1867 noch als »reizlose Fremde« bezeichnet hatte, empfand ihn 1895 bereits als »phantastischen Zauberkreis«. Denn alles hatte sich so wunderbar verwandelt: »Heute hat fast jede große Stadt in Mitteleuropa, die sich rasch erneuern muß oder möchte – von Budapest über Würzburg bis Köln – ihre Ringstraße. Aber Wien war die Erfinderin. Auf dem Wiener Ring wurden die Niederlagen erlitten und die Siege gewonnen, deren Frucht der moderne Privatbau ist. Eine ganze Gruppe von Wiener Baugenies hat diesen Krieg um den Ringsstraßenstyl geführt ... Eine solche Straßenflucht gibt es nirgends auf der Welt.«

Das merkwürdige Gesellschaftsritual, wie es vor und nach der Jahrhundertwende auf dem Ring täglich vollzogen wurde, hat Theodor Zasche 1908 mit seinem berühmten Gemälde »Ringstraßencorso« verewigt. Ein »lebendes Bild«, wie es in keinem Salon der Stadt inszeniert werden konnte. Doch bereits ein Jahrzehnt später gravierte Karl Kraus in seinen »Letzten Tagen der Menschheit« dem Korso die Grabinschrift ins Literaturdenkmal. Die Gesellschaft der Ringstraße war längst dem Untergang geweiht; aber während das kaiserliche Capua der Schönheit und der feschen Geister im Walzertakt in seine »fröhliche Apokalypse« taumelte, war die Ringstraße – längst ein Begriff der Lebensweise, der Weltanschauung und sozialen Einstufung – drauf und dran, mythologisiert und mit Habsburgs Mythos eins zu werden.

Denn – so Karl Kraus – »auch die Vorgänge an der Sirk-Ecke wurden von einem kosmischen Punkt regiert …«

Für Kraus war diese Welt eine Welt der Lügenhaftigkeit, gegen die er die Sprache bis zuletzt mehr als bloß scharfe Waffe gebrauchte: Sprache war gleicherweise ein ethisches Anliegen wie ein entlarvendes Medium. Er hat sie gegen die Gesellschaft der Ringstraße, die seinem selbstgewählten und selbstverantworteten sittlichen Postulat nicht genügte, wie auch gegen ihre Mythifizierung gebraucht. Indem er die Menschen der Zeit sprechen ließ, zog er ihnen die Maske vom Gesicht: »Denn mir ist ein Engel erschienen, der mir sagte: Gehe hin und zitiere sie.«

Er hat es ein Leben lang als Verantwortung betrachtet, diese »Zeit in Anführungszeichen zu setzen und sie in diesen Klammern ihr ureigenes Gesicht verzerren zu lassen, wissend, daß ihr Unsäglichstes nur von ihr selbst gesagt werden kann …« Kraus hat an der jahrzehntelangen Verurteilung der Ringstraße seinen Anteil gehabt …

Kaiserwalzer

Wir haben den Strauß!« Für viele Menschen war das auch in den schwierigsten Zeiten des Kaiserstaates und ab 1867 der Doppelmonarchie wie ein »blauer Fleck mitten im dunklen Himmel«. Während die österreichische Geschichte damals eine Opera seria und eine Opera buffa zugleich vorführte, während die Geldnot wuchs, man den Guldenzettel zerschnitt, um Scheidemünzen zu haben, während das Konkordat mit dem Vatikan als schwarze Wolke auf allen Unternehmungen lag, man auf den jungen Kaiser hoffte und seine Werkzeuge, Innenminister Bach, Freiherrn von Bruck, Kempen und Grünne, haßte, während sich die Wiener Ironie über den Wiener Servilismus des Bürgermeisters lustig machte, ließ der »himmlische schwarze Geiger Reaktion und Reaktionäre vergessen« (Ernst Decsey). Bei Hof wußte man zwar nur zu genau, daß Strauß 1848/49 auf der falschen Seite gestanden hatte, daß er Kapellmeister der Nationalgarde gewesen war, Studentenmärsche und den Liguorianerseufzer geschrieben hatte; das höfische Gedächtnis vergaß die »rote Musik« und die anderen Belastungen des Gesinnungskontos nicht und hielt dementsprechend alle Ehrungen von höchsten Gnaden zurück. Strauß rückte seinem hochgeehrten Vater nicht nach, wurde nicht Hofballmusikdirektor. Man wich aus, indem man ihn neben dem Kapellmeister Fahrbach zur »Leitung« der Hofballmusik heranzog. Erst 1864 waren seine politischen Jugendsünden so weit vergessen, daß er definitiv Hofballmusikdirektor werden konnte – »ohne Schaden für Österreichs Bestand«, vermerkten hämisch die Zeitgenossen. Immerhin hatte Strauß bereits seinen Franz-Josef-Marsch, den Viribus-unitis-Walzer, den Erzherzog-Wilhelm-Genesungs-Marsch, die Myrthenkränze mit der Volkshymne im Dreivierteltakt und der Deutschen Hymne als Einleitung komponiert, die zeigen, wie sich die Zeiten bereits geändert hatten. Doch das war keine Anbiederung: Wie

Strauß die Revolution von 1848 als Außenseiter erlebt hatte, so dachte er auch jetzt österreichisch »unpolitisch« und wie sein Vater als Weltbürger. Und schüttete seine Musik aus einem Füllhorn über die Stadt, die von seiner Musik nicht genug bekommt. Meist hatte er nicht einmal Zeit, für seine Kompositionen genaue Skizzen zu entwerfen: Er schreibt gleich die Orchesterpartitur, und die Kopisten tragen Blatt für Blatt weg. Am Abend muß alles prima vista gespielt werden. Und immer wieder geht es dem Vielgeforderten und Vielgeplagten so wie nach einem Ball im Sofiensaal: Übernächtig sitzt er am Tisch, die Sonne scheint bereits durch die Fenster; ein Komiteemitglied des Technikerballs fragt ihn besorgt, ob der versprochene Walzer für den Abend fertig sei. Nicht eine Note ist vorhanden. Da nimmt er eine Speisekarte, zieht Notenlinien und entwirft die Komposition – in einer halben Stunde. Es waren die berühmten »Accelerationen« … und wie viele Stücke entsprangen seiner verkaterten Übernächtigkeit! Und er verstand das niemals als seine geniale Begabung – den »musikalischsten Schädel« nannte ihn etwa Richard Wagner –; er sprach vom harmonischen Ineinanderfließen seines und des Wieners Talents, wie etwa am 15. Oktober 1884, als beim Dommayer in Hietzing der 40. Jahrestag seines ersten Auftretens gefeiert wurde: »Wenn es wahr ist, daß ich einiges Talent habe, so verdanke ich dessen Ausgestaltung meiner geliebten Vaterstadt Wien, in deren Boden meine ganze Kraft wurzelt, in deren Luft die Klänge liegen, die mein Ohr gesammelt, mein Herz aufgenommen und meine Hand niedergeschrieben, meinem Wien, der Stadt der Lieder und des Gemütes, die dem Knaben liebevoll auf die Beine half und dem reifen Manne noch immer ihre Sympathien zuwendet, Wien, der Stadt der schönen Frauen, die jeden Künstler begeistern und bezaubern, Wien, dem Herzen unseres schönen, gottgesegneten Österreich, der goldenen Stadt!« Strauß wäre nicht Strauß, der Tänzer der Wiener Ringstraßensinnlichkeit, geworden, hätte er nicht in Brünn, in Olmütz oder Triest gelebt, hatte Ernst Decsey gemeint. Aber die »große Wiener Werkstätte« des Ringstraßen-Wien, bestimmt »von feinem, altem Geschmack, schliff an seinem Talent herum, und das Anmutige wurde anmutiger in einer Gesellschaft von vornehmem Lebensstil und unbeirrbarem musikalischen Instinkt«.

Ist es möglich, die Ringstraße und die Phasen dieser Epoche durch

A. Karpellus, »Kaiserwalzer«, Gouache

musikalische Werke zu markieren, mag sich mancher fragen. So viele wichtige Kompositionen sind in diesen Jahren zwischen 1857 und dem Anfang der neunziger Jahre entstanden, und die Kulturgeschichte der Ringstraße wäre ohne Brahms und Bruckner nicht zu denken, nicht ohne das Liedwerk Hugo Wolfs, ohne die Beziehungen Richard Wagners zu Wien, aber auch nicht ohne die heute weit weniger gefragten Meister wie Carl Goldmark, dessen »Königin von Saba« zu den vielgespielten Repräsentationsopern der Ringstraßenzeit zählte. Und doch: die Welt der Ringstraße ist in zwei Kompositionen des Walzerkönigs noch weit mehr präsent: in seinem Walzer »An der schönen blauen Donau« und in seinem »Kaiser-Walzer«.
Daß diese Uraufführung der »Blauen Donau« am 13. Februar 1867 im Dianasaal keinen sonderlichen Eindruck machte, lag am haarsträubend komischen Text:

»Wiener, seid froh!
Oho, wieso?
Ein Schimmer des Lichts!
Wir sehen noch nichts!«

Daß die Melodie später mit etwas patriotischeren Worten unterlegt wurde, war fast belanglos. Das Publikum ahnte damals jedenfalls nichts von der beispiellosen Erfolgsgeschichte des »Donauwalzers« und daß damals bereits in kurzer Zeit eine Million Notenexemplare verkauft wurden! Ringstraßen-Wien hatte sein klingendes Symbol erhalten, das wie kaum ein anderes Werk die Geister der Metropole beflügeln und die Stadt selbst verherrlichen sollte. Doch dieser Walzer trug auch den Glanz der Metropole hinaus in die Welt: Ein halbes Jahr nach der Uraufführung kündete der Cercle International für seine »Concert-Promenade« im Rahmen der Pariser Weltausstellung das Auftreten von Johann Strauß an. Ein Graf d'Osmond, häufiger Besucher der Wiener Volksgartenkonzerte und Bewunderer des Walzerkönigs, hatte Strauß nach Paris einladen lassen: Strauß kam, dirigierte – und ging mit dem Bilseschen Orchester im Pariser Rummel unter. Dies ließ den österreichischen Botschafter in Paris, Richard Fürst Metternich, und seine Frau Pauline nicht ruhen. Pauline war damals auf dem Gipfel ihrer gesellschaftlichen Macht, sie war Vertraute Kaiserin Eugénies, der Frau Napoleons III., der sie helfen mußte, das »verspießbürgerte Paris zur Ville lumière zu erheben; sie rauchte dicke Zigarren, veranstaltete Eberjagden, ritt als Amazone durch den Bois de Boulogne und kreierte Moden. Sie war die große Dame des zweiten Kaiserreichs, dessen Prunk sie später nach Wien mitnahm, zehrte hier vom Glanz ihres Erlebnisses als ›populärste Wienerin‹ bis in ihr Greisenalter und starb im September 1921, nachdem sie zuletzt ihren gelben Galawagen à la Daumont einem Fleischhauer verkaufen mußte. So endete die Repräsentantin einer luxurierenden Gesellschaft, um deren Dinereinladungen Paris gebettelt hatte.«

Ihre Verdienste um Johann Strauß – wie auch um Richard Wagner – sind Kulturgeschichte geworden. Sie lud Strauß mit seiner Kapelle zu einem feenhaften Ballfest in die österreichische Botschaft, Hôtel de Matignon in der Rue de Grenelle. Die Luster waren leuchtende Blumenkörbe, im Hintergrund schäumte über rosenbekränzte Felsen eine Kaskade, und im Saal, der durch den Anbau für die Musikestrade erweitert wurde, bewegten sich die Größen der Mode und Politik: Napoleon und Eugénie, der König von Hannover, der preußische Prinz Friedrich und was Paris an Schönheit, Geld, Berühmtheit besaß. Der Abend blieb nicht ohne Wirkung. Strauß spielte im Cercle Internationale, und halb aus Zufall, halb aus Neugier kam Vilmessant, der Direktor des »Figaro«. Der wichtigste Stimmungsmacher von Paris ist von der Musik entzückt. Lädt Strauß ein. Notizen in der Zeitung werben für die Wiener Musik: »Ich wünschte, daß die Musiker unserer Theater bei den von Monsieur Strauß geleiteten wunderbaren Künstlern einiges dazulernten ... Strauß hat den Teufel im Leib!« Vilmessant gibt für seinen Schützling Strauß eine glänzende Soirée in den Redaktionsräumen. Gustave Flaubert, Turgenjew, Henri Rochefort, Dumas fils, Ambroise Thomas kommen. Strauß gibt für den Redaktionsstab des »Figaro« eine Gegeneinladung, läßt seine »Figaro«-Polka spielen und widmet sie Vilmessant. Vilmessant krönt seine Liebenswürdigkeit und behält sich vor, die Weine des Diners selbst zu besorgen, denn er und seine Mitarbeiter tränken nur spezielle Marken – und nach dieser diplomatischen Erfindung, die Jeans Börse schonen soll, läßt er die »Figaro«-Polka für Klavier einrichten und in der Beilage des »Figaro« erscheinen, umrahmt von einer Biographie voll hinreißend komischer falscher Tatsachen. Die Kritiker schlagen Kapriolen. Tissaut schwärmt: »Seine Walzer klingen bis an die äußersten Grenzen der Zivilisation hinaus, in Amerika und in Australien, wie auch in China, wo sie das Echo hinter der großen Umfassungsmauer wecken ...« D'Auvergne schwört, daß Strauß »ein Gentleman sei und seine Walzer, seine Quadrillen mit der Geige, mit den Armen, dem Nacken, den Schultern, dem Kopf tanze ... Der Mann bewegt mit seinem Bogen die Säulen des Cercle International!« Und dann der Triumph: Strauß führt im Cercle den Walzer »An der schönen blauen Donau« auf. Ohne Text. »Walzer der Walzer« nennen ihn die Franzosen. Wekerlin bearbeitete das Werk als Gesangswalzer, als Valse chantée, »Le beau Danube bleu«, zu dem Jules Barbier einen Text zum Lobe Wiens dichtete: »Fleuve d'azur/Sur ton flot pur/Glisse la voile/Comme une étoile ...« Die Geburtsstunde des Walzermythos.

Das andere – auch politische – Symbol Ringstraßen-Wiens wurde der »Kaiser-Walzer« (op. 437), der indessen für eine Allianz steht, die die Donaumonarchie letztlich in den Abgrund führen sollte: Am 19. Oktober 1889 wurde in Berlin der neue Konzertsaal »Königsbau«, die ehemalige Produktenbörse, eröffnet. Unter den vielen Berühmtheiten, die hier den ersten Veranstaltungen Glanz geben sollten, war auch Johann Strauß, der sich damals aus dem Konzertleben zurückgezogen hatte und für die Wiener Hofoper an der Fertigstellung seines »Ritter Pasman« arbeitete. Strauß wurde die große Ehre zuteil, die Serie der Konzerte mit fünf Abenden und einem 100-Mann-Orchester zu eröffnen: Strauß nahm das Angebot an, er komponierte den Walzer »Hand in Hand«, und das war eine eindeutige politische Anspielung auf das Bündnis der Donaumonarchie mit dem Deutschen Kaiserreich, das kurz zuvor bei einem Besuch Franz Josephs in Berlin mit Kaiser Wilhelm bekräftigt wurde. Strauß' Berliner Verleger Simrock wünschte sich einen zugkräftigeren Titel: »Kaiser-Walzer« lautete sein Vorschlag, gegen den Strauß Bedenken hatte. Hatte er doch im Dezember 1888 zu Franz Josephs 40jährigen Regierungsjubiläum den »Kaiser-Jubiläums-Walzer« (op. 434) komponiert. Doch schließlich einigte man sich: Der »Kaiser-Walzer« konnte schließlich auch auf das »nibelungentreue« Bündnis der beiden Kaiser, Franz Joseph und Wilhelm, anspielen. Als es zur Drucklegung kam, ließ Simrock aber ausschließlich die österreichische Kaiserkrone auf den Umschlag drucken.

Wien erlebte den Kaiser-Walzer am 11. November: Carl Michael

Ziehrer hatte sich die Noten beschafft und das Werk für sein Konzert im Varieté Ronacher nach eigenen Vorstellungen instrumentiert. Strauß reagierte verärgert und dirigierte das Werk schließlich am 24. November – drei Stunden nach Beethovens IX. Symphonie – im Goldenen Saal des Musikvereins in der Originalfassung. Und der Kritiker des »Fremden-Blattes« überhörte nicht das österreichisch-deutsche Zusammenspiel, das für die deutsch-nationalen Kräfte in Österreich eine so wichtige Bindung bedeutete: »Der Kaiser-Walzer beginnt preußisch-kriegerisch, man sieht und hört förmlich die Garden des alten Fritz vorbeimarschieren – aber dann geht der Wiener mit dem Komponisten durch und alles bekommt wieder den gewohnten echt-wienerisch flotten Strich und Schwung ...«

Längst denkt heute bei Aufführungen dieses Meisterwerks niemand mehr an diese historischen Details und schon gar nicht daran, daß die Allianz der Mittelmächte im Totentanz des Ersten Weltkriegs endete ... Der Kaiserwalzer ist zu einem der klingenden Symbole der Ringstraße und Wiens, des Mythos vom »Capua der Schönheit« geworden.

Gibt es eine Philosophie des Walzers, haben sich Kulturhistoriker, Musikwissenschafter, aber auch Soziologen immer wieder gefragt. Ernst Decsey, der Mozart-, Bruckner-, Hugo-Wolf- und Johann-Strauß-Biograph, versuchte, eine Antwort zu finden: »Heut ist heut!« Das ist die Formel. Worte, die sich mehrfach erweitern und verändern lassen, ohne einen besseren Sinn zu ergeben: »Man lebt nur einmal!« und »Nach dem Tod freut einen das Leben nicht mehr.«

Die Geistigkeit des Walzers hat die Dauer einer Ballnacht, sagen die Kritiker, seine Ekstase endet im Katzenjammer, der stete Umgang mit dem stets Beflügelten verödet die Seele ... »Die Straußischen Walzer mit ihren feurigen, einem Liebesruf gleichen Melodien haben die Gabe, mich tief traurig zu stimmen«, fand Hector Berlioz bei der Musik Johann Strauß Vaters; »und doch ist der Walzer etwas Hübsches und Entgegenkommendes, denn er macht ein Dutzend Menschen auf eine Stunde glücklich«, erwidert Theodor Fontane; und Felix von Weingartner sah das »tragische Moment« des Walzers – »eine Gestalt, die sich mit süßem Lächeln zu Tode tanzt, immer berauschter, bis ihr das Bewußtsein entgleitet«.

Jede Zeit hat im Walzer den ihrem Wesen verwandten Ausdruck erkannt und sich selbst wiedergefunden: den Walzer der seligen Idylle, als Ausdruck des sorglosen Ästhetizismus und epikureischer Lust, den Walzer als rauschhaftes Erleben des Fin de siècle und schließlich als Tanz über dem Abgrund. Es war jedesmal Wien, das sich im Walzer selbst sah ...

Ringstraßen-Mythos, Habsburger Mythos

Das Leben, das wir in Wien führen, ist nicht gut. Wenigstens sollte es unterbrochen werden, auch hie und da durch sehr unscheinbare Reisen, durch den Aufenthalt in kleinen, unschönen Städten und am Land. Wir leben in geistiger Beziehung wie die Cocotten, die nur französischen Salat und Gefrorenes essen«: Hugo von Hofmannsthal, gerade 22, charakterisiert in diesem Brief an Richard Beer-Hofmann die Situation der Jungen in der ausklingenden Ringstraßen-Zeit, das morose Klima. Sigmund Freud beschrieb die Situation als Grund für sein Unbehagen an der Wiener Kultur des Fin de siècle; es entlud sich in ätzenden Bemerkungen, so, daß die Wiener »fratzenhafte und tierische Gesichter« und »Mostschädel und Kartoffelnasen« hätten oder daß die Stadt keinen »lieben alten Steffel«, sondern nur diesen »abscheulichen Turm von St. Stephan« habe. Überreizte Reaktionen über eine Zeit, deren Faszination auf die Spur zu kommen wir uns heute bemühen. Der Triestiner Literaturwissenschafter Claudio Magris formulierte es metaphorisch und sehr pathetisch, als er meinte, daß von den verschiedensten Orten zugleich die Expeditionen ins Reich Franz Josephs aufbrechen mußten, um im Geiste noch einmal das Abenteuer der »letzten Tage der Menschheit« nachzuvollziehen. Tatsächlich drängte in den sechziger Jahren alles zum Aufbruch, die rätselhafte Konstruktion dieser kaiserlich-königlichen »Versuchsstation für Weltuntergang« zu untersuchen und in regelrechten Schüben die geistigen und künstlerischen Leistungen aufzuarbeiten. Und wer sich von diesem gewaltigen Endspiel, einem Schauspiel von apokalyptischen Dimensionen, faszinieren ließ, wollte folgerichtig vor allem eines erfahren: Wie es gerade in diesem »alten Staat«, der »von einem greisen Kaiser beherrscht« wurde und in dem alles »ohne Ambition einzig hoffte, sich durch Abwehr aller radikalen Veränderungen im europäischen Raume unversehrt zu erhalten«, im Gefolge der Ringstraßenkultur zu diesem sensationellen »Sündenfall« modernen Denkens, modernen Lebens, moderner Kunst gekommen sein mochte.

In den sechziger Jahren entdeckte man diese Zeit neu. Die Texte der Generation eines Hugo von Hofmannsthal, Hermann Broch, Robert Musil, Joseph Roth, Stefan Zweig oder Franz Werfel wurden neu gelesen. Für uns wurde verständlich, was sie teils geahnt, teils erkannt hatten: daß nur jene zu diesem »Habsburger-Reich der Mitte« Zugang fanden und seinen Mythos mit der Seele suchen und verstehen konnten, die begriffen, daß es »trotz vielem, was dagegen spricht ..., vielleicht doch ein Land für Genies« gewesen sein muß. Und daß es »wahrscheinlich daran auch zugrunde gegangen« sein muß.

»Heute scheinen zwei Dinge modern zu sein«, skizziert Hofmannsthal die Lage seiner Generation, die 1893, zur Zeit der Entstehung dieses Essays am Ende der Ringstraßenzeit steht, »die Analyse des Lebens und die Flucht aus dem Leben. Gering ist die Freude an Handlung, am Zusammenspiel der äußeren und inneren Lebensmächte, am Wilhelm-Meisterlichen Lebenlernen und am Shakespeareschen Weltlauf. Man treibt Anatomie des eigenen Seelenlebens, oder man träumt. Reflexion oder Phantasie, Spiegelbild oder Traumbild ... Modern ist das psychologische Graswachsenhören und das Plätschern in der rein phantastischen Wunderwelt ... modern ist die Zergliederung einer Laune, eines Seufzers, eines Skrupels; und modern ist die instinktmäßige, fast somnambule Hingabe an jede Offenbarung des Schönen, an einen Farbenakkord, eine funkelnde Metapher, eine wundervolle Allegorie.« Ein Katalog der Verhaltensformen zwischen Selbstanalyse und synästhetisch verfeinerter, gefährdeter Traumwelt, die begierig nach einem alles festigenden Mythos suchen. Nach einem Mythos, der die Gefahr bannen sollte, daß das Leben in »der symbolischen Gewalt auch unscheinbarer Dinge« sich bemerkbar macht. Das ist die Faszination des Habsburger Mythos, der in unserer Zeit sogar zu einem Schlagwort geworden ist. Dieser Mythos ermöglichte nicht bloß die »Flucht des Gefühls in eine vergangene Welt«, er knüpfte auch direkt an die »säkulare Tradition der Wirklichkeitsverwandlung« an. Unter diesem Aspekt erscheint die Aburteilung der Ringstraßenkultur bis in die sechziger Jahre wie die späte Abrechnung der antisemitischen Kinder Bürgermeister Karl Luegers und Georg von Schönerers mit einem reich gewordenen, politisch erstarkenden, nach Selbstdarstellung drängenden jüdischen Großbürgertum. Gerade die sehr früh einsetzende Abrechnung mit dem Judentum und der Welt der Ringstraße dürfte wohl einer der Hauptgründe gewesen sein, daß etwa in der Dichtung Autoren wie Hofmannsthal, Arthur Schnitzler, Max Mell, Franz Werfel, Joseph Roth, Robert Musil, Hermann Broch, Fritz von Herzmanovsky-Orlando, Heimito von Doderer und in der Folge in den einstigen Kronländern Autoren wie Italo Svevo, Bruno Schulz, Ivo Andrić oder Miroslav Krleža jenen Mythos des eben erst untergegangenen Reichs ausbildeten, jene Huldigung für die habsburgische Humanitas formulierten und das Herzstück dieser Apotheose, Wien, in die Bezirke des Mythischen rückten.

»Im Zeichen einer höheren Idee« pries Franz Werfel dieses mythische Staatsgefüge, dessen treffendes Symbol ein gewaltiger Torso war: Die nie ganz vollendete Ringstraße – wir werden ihren Torsocharakter später beim Kaiserforum Sempers und Hasenauers finden – verlängerte die Wiener und österreichische Tradition des Unvollendeten über die Baukunst hinaus in den Bereich des alles prägenden städtebaulichen Gesamtkunstwerks und wies der »Unvollendetheit« Symbolcharakter zu. Die Beispiele sind aus fast jedem Jahrhundert bekannt: der Stephansdom wie das nie gediehene »Über-Versailles« Josephs I. in Schönbrunn, Fischer von Erlachs nie vollendete barocke Hofburg Kaiser Karls VI. wie sein noch weit gewaltiger konzipierter »österreichischer Escorial« in Klosterneuburg, Fischer von Erlachs Via triumphalis zwischen Hofburg und Karlskirche wie Sempers und Hasenauers Kaiserforum für Franz Joseph, der sich mit den Dimensionen nie recht anfreunden konnte – das gesamte Projekt sollte größer sein als der Louvre; Otto Wagners Kaiserboulevard nach Schönbrunn wie seine Karlsplatz-Museumsprojekte; aber auch Schuberts »unvollendete« h-Moll-Symphonie, Anton Bruckners »unvollendete« IX. Symphonie, Gustav Mahlers X. Symphonie. Alles Torsi wie das übernationale habsburgische Reich, das selbst Torso des alten Heiligen Römischen Reiches war, und zuletzt Österreich nach 1918. Dieser Torso wurde zuletzt von den Dichtern nach dem Ersten Weltkrieg »im Zeichen einer höheren Idee« zur mythischen Heimat stilisiert – Franz Joseph überlebte in der Aura des übernationalen Kos-

mopolitismus gleichsam als symbolisches Grundmotiv, als mythische Vaterfigur, die zum Anknüpfungspunkt wurde, um einen habsburgischen Mythos herauszubilden: »Er ist bei allen Schriftstellern, die mit der k.u.k. Welt verbunden sind, lebendig. Vom Alter zu Boden gedrückt und des nahen Endes bewußt, verschlossen in seiner Einsamkeit wie eine alte, von Jahren und Unbilden gepeitschte Eiche, scheint der Kaiser in den Augen der Dichter, die die Vergangenheit beschwören, die heroische Mediocritas zu verkörpern.«
Erstaunlich, welche Symbolkraft von diesem Kaiserbild ausstrahlte und wie es im dichterischen Werk zu Sprache und Metapher wurde. Wie ein Leitmotiv kehrt dieses Bild überall wieder. An den Wänden des Vaterhauses hängt es ebenso wie in der Schule, in der Kirche wie in der Kaserne und sogar im Bordell. Und während der Kaiser in persona eine außerhalb des Lebens stehende, prophetische und erstarrte, von der Zeit zu Boden gedrückte Gestalt ist, läßt das Bild eine Vorahnung des Untergangs, eines würdevollen Untergangs, aufkommen. Aber das ist der franzisko-josephinische Kosmos, in dem dieses eine Bild allgegenwärtig ist – auch als politisches, ethisches Sinnbild Tausender täglicher Nachahmungen. Franz Joseph überall.

Kaiser Franz Joseph und seine Brüder, die Erzherzoge Ludwig Victor, Carl Ludwig und Ferdinand Maximilian, Photographie

Diese Allgegenwart des »Vaters« und der übernationale Kosmopolitismus spielen im habsburgischen Mythos Hauptrollen. Sie spiegelten – in der Sprache unserer Zeit – Habsburgs Public-Relations-Arbeit: Werbung um öffentliches Vertrauen durch Sicherheit ausstrahlende Leitbilder, vor allem der apostolischen Majestät von Gottes Gnaden, und durch die Garantie, daß die Lage dank der jahrhundertealten Kunst politischen Lavierens des Beamtenstaats, der Praxis des »Weiterwurstelns«, abgesichert war. Die Bürokratie, die das Wesen der Monarchie zusammenfaßte, garantierte, daß Regierungsmethoden Wirklichkeit wurden und daß »die panazäische Politik gegenüber dem dynamischen Drängen der Zeit und den zentrifugalen Gärstoffen« sich behauptete. Eben daß reichseinheitlich der »gleiche Sinn für Ordnung und Hierarchie, die gleiche Abneigung gegen politisches Titanentum und der Verzicht auf jede aktive Umgestaltung der Dinge« zum Tragen kamen.
Diese Faktoren sorgten für konservierende Erstarrung, Erhaltung des dynastischen Prinzips und sogar lange genug für die Absicherung des Neo-Absolutismus. Doch die Menschen drängten, suchten mehr und mehr Möglichkeiten des Ausbrechens, sie setzten auf das Amüsement, das – wie alle Chronisten übereinstimmend berichten – in dieser Zeit von hektischer Betriebsamkeit voll Illusion bestimmt wird, um aus dem Leben zu flüchten. Stefan Zweig spricht in der »Welt von Gestern« von einem Schlaraffenland, vom versunkenen heidnischen Paradies mit dem raffiniertesten Lebensstil, von einer Welt, in der oben und unten mitunter sogar eins wurden: wenn Kronprinz Rudolf beim Heurigen über die Stränge des strengen Kastensystems schlug, wenn Exzellenzen, Durchlauchten und Magnaten sich in den Separées und in Vorstadtetablissements tummelten oder Erzherzöge wie der »schöne Otto« unbekleidet, bloß mit dem Orden vom Goldenen Vlies angetan und dem Säbel in der Hand, nach einer »erzherzoglichen Affäre« durch das Wiener Luxushotel Sacher stürmte und Gäste schreckte.
Man verfällt da sofort ins Klischee. Klischeebilder quellen aus dem historischen Fundus. Vergessen im Taumel, in der rauschenden Apotheose des Leichtsinns, im beseligenden Walzer, mit Wäschermädeln und diskreten Stubenmädchen, mit kokett-maliziösen Damen, Amouren mit zärtlichen Mizzis, beim Grinzinger Wein oder im stillen kleinen Café, im Dreher-Bierlokal, beim Schwender, beim Prater-

korso … Aber: »Es ist wundervoll hier zu leben, in dieser Stadt, die gastfrei alles Fremde aufnahm und gerne sich gab«, erinnert sich Stefan Zweig an seine Jugendtage im Wien der späten Ringstraßenzeit: »Wien war, man weiß es, eine genießerische Stadt, … Feinschmeckerisch im kulinarischen Sinne, sehr um einen guten Wein, ein herbes frisches Bier, üppige Mehlspeisen und Torten bekümmert, war man in dieser Stadt anspruchsvoll auch in subtileren Genüssen. Musik machen, tanzen, theaterspielen, konversieren, sich geschmackvoll und gefällig benehmen wurde hier gepflegt als eine besondere Kunst.« Und Franz Werfel fand für diesen Lebensstil, dessen tiefere Gründe er in einem gesteigerten Materialismus ebenso wie in einer undefinierten Angst begründet sah, eine geistreiche Erklärung, die viel sagt: Der typische Vertreter dieses vergänglichen Epikureertums glaubte nämlich wirklich noch daran, daß »Zeit Geld sei …« Er wollte aber »die Zeit nicht nützen, um Geld zu verdienen, sondern Geld verdienen, um die Zeit zu nützen. Denn in der Zeit, die ihm zum Leben gegeben war, lagen die einzigen Güter seiner Armut: sehen, hören, riechen, schmecken, tasten, denken, fühlen und lieben.«

Die Gesellschaft der Ringstrasse

Ladislaus Eugen Petrovits, Eröffnung der Ringstraße beim Äußeren Burgtor, lavierte Federzeichnung, 1865

Vom Kaiserstaat zur Doppelmonarchie. »Es ist mein Wille ...«

Eine Werdezeit, die einen fröhlich Werdenden wohl ergreifen und festhalten konnte; ich glaube, ein schöneres Jahrzehnt als die siebziger Jahre hat Wien kaum gesehn. Ein Frühling, der Unendliches versprach, war ins Land gekommen: aus der Katastrophe von 1866 war eine große Befreiung und Erhebung hervorgewachsen, ein sich verjüngendes Österreich neben einem neu entstandenen Ungarn; die Luft war voll Hoffnungen, alles schien möglich. Die Hauptstadt Wien schritt voran; die Stadterweiterung gab ihr eben ein neues Gesicht; neue Reize, alle künstlerischen Kräfte reckten sich, das Geld ›lag auf der Straße‹. Nach London und Paris bekam 1873 auch Wien seine Weltausstellung; ein teures Vergnügen, aber doch eine Tat, die auf neue Taten wies. Fortschritt überall! Und die Lust am Schaffen.« Adolf Wilbrandt schrieb diese »Erinnerungen« 1905. Und da hatte er längst den Zenith seiner glanzvollen Karriere überschritten; seine kraftprotzenden, sinnlich dampfenden Historienstücke hatten sich überlebt; die feinnervige Gesellschaft des Fin de siècle wünschte sich andere literarische Kost als die Gesellschaft der Ringstraße, der Gründerzeit, des Liberalismus. Der hypersensible Felix Salten erinnerte sich fast wehmütig an Wilbrandt als den »Dichter unserer Knabenjahre. Als Gymnasiasten waren wir davon durchdrungen, daß ein echter Poet Römerdramen schreiben mußte ...«

Aus Rostock gebürtig, Sohn eines Achtundvierzigers, kam Wilbrandt 1871 nach Wien. Ein glutäugiger Poet, mit wallendem Lockenhaar und dunklem Bart, der die Gesellschaft bezauberte, die Schaupielerinnen des Burgtheaters eroberte und selbst Künstler wie Hans Makart für sich einnahm. In ein paar Jahren schaffte er den Aufstieg zum Paradedramatiker des Burgtheaters und der Donaumetropole. 1881

wurde er sogar Direktor des Burgtheaters. Gespielt wurden 23 seiner Stücke – für sein Römerdrama »Gracchus der Volkstribun« (1873) erhielt er den Grillparzer-Preis, für »Chriemhild« (1877) den Schiller-Preis – und zehn seiner Bearbeitungen; insgesamt machte das 546 Aufführungen.
Die euphorischen »Erinnerungen« des Erfolgsmenschen Wilbrandt fassen in ein paar Worten zusammen, welche Aufbruchstimmung das Wien der Ringstraße zu einer Metropole der großen Hoffnungen, Sehnsüchte und Karriereträume machte, was da in der Luft lag und welche wirtschaftlichen und geistesgeschichtlichen Schübe diese Stadt erleben sollte. Andere sahen die Lage mit kritischerem Blick, etwa der 1892 im österreichischen Laibach geborene Bruno Brehm, der in seiner Trilogie »Apis und Este«, »Das war das Ende«, »Weder Kaiser noch König« den seit 1848 unaufhaltsamen Untergang Österreich-Ungarns aufarbeitete: »Die sehenden Menschen hatten das Unheil heraufziehen gesehen. Bei Grillparzer, bei Stifter, bei Saar, bei Kürnberger und zuletzt bei Trakl ist das tiefe Leid zu fühlen, über das kein Strauß hinweggeigen, kein Walzer wegtanzen konnte, das kein Bruckner zu trösten vermochte.«
Das Jahr 1848 bedeutete eine tiefe Zäsur in der Geschichte Wiens und des Habsburgerreichs. Es war eine Grenzscheide der Zeiten, des Geistes, des Lebensgefühls, wie sie die Stadt in solcher übergangslosen Schärfe und Plötzlichkeit sonst nicht kannte. Graf Latour wurde gelyncht und an einer Straßenlaterne aufgehängt. Windischgrätz rückte vor die rebellische Stadt und ließ sie am 23. Oktober von der Artillerie beschießen. Ein Teil der Leopoldstadt geht in Flammen auf. Der Odeonsaal in der Zirkusgasse, einer der größten, schönsten Tanzsäle Europas, brennt nieder. Der kurze Freiheitstraum ist ausgeträumt. Die neue Zeit bricht mit Salutschüssen an: Die Führer der Aufständischen werden füsiliert. Am 2. Dezember übergibt Kaiser Ferdinand, der »Gütige« mit dem »schweren Haupt und den guten Augen«, in Olmütz die Krone seinem achtzehnjährigen Neffen Franz Joseph. Doch dieser hat nur drei Monate Zeit, die Verhältnisse zu ordnen. Am 12. März 1849 kündigt Sardinien den Waffenstillstand, am 28. März bietet das Frankfurter Parlament Friedrich Wilhelm von Preußen die Kaiserkrone an, am 14. April erklärt Ungarn seine Unabhängigkeit. Noch lassen sich die Schläge auffangen: Italien und Ungarn werden in

blutigen Kämpfen niedergeschlagen, der preußische König lehnt die Krone ab. Österreich behält seine alte Vormachtstellung, aber die Kräfte, die im Sturmjahr 1848 geweckt wurden, werden 1918 das Gebäude des Habsburgerreichs zum Einsturz bringen.
Mit Franz Joseph hatte ein Realpolitiker den Thron bestiegen. Ein Beamtenkaiser, der das Machbare ermöglichte und das Neue gründlich prüfte, ehe er bereit war, es zu fördern. Seine Lieblingswörter waren »Handel und Industrie«. Der Industrialisierung gehörte sein ganzes Interesse, und industrielles Bürgertum und Unternehmer konnten seiner Förderung sicher sein. Ein Musenfürst wie Ludwig II. von Bayern war er nicht; waren seine Vorfahren, die Habsburgerkaiser Rudolph II., Leopold I., Joseph I. oder Karl V., leidenschaftliche Förderer

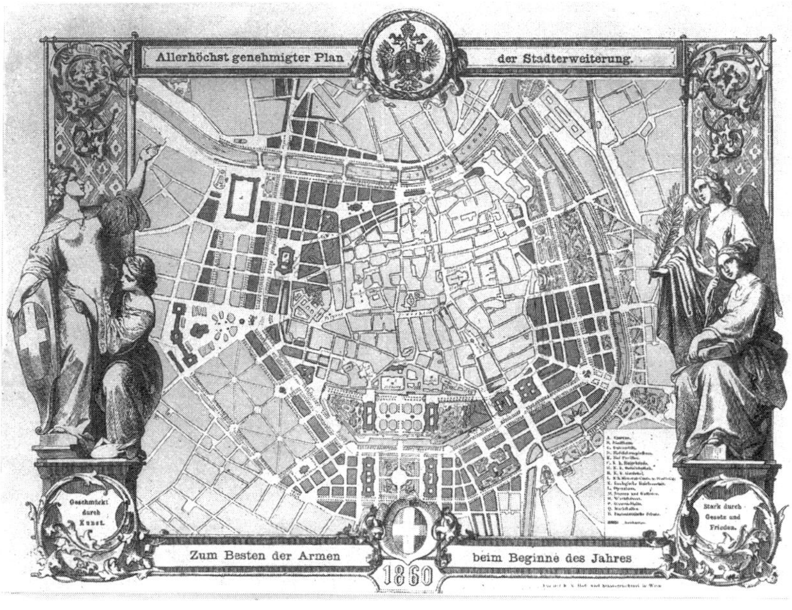

Die Wiener Ringstraße. Verbauungsplan, der von Kaiser Franz Joseph nach dem Abschluß des Ringstraßenwettbewerbs am 1. September 1859 genehmigt und 1860 gedruckt wurde. Die Planung für die Bebauung der Sektoren vor der Kronprinz-Rudolph-Kaserne (heute Roßauer Kaserne), der Franz-Joseph-Kaserne (heute Stubenring) und auf dem Areal Rathausplatz, Rathaus, Parlament und Universität fehlte noch.

der Kunst und zum Teil selbst Komponisten, so war er vor allem ein großzügiger Verwalter im Reich der Künste. Die Ausgestaltung seiner Residenz- und Reichshauptstadt Wien war ihm allerdings ein ganz persönliches Anliegen.

Seit Franz Schuberts Tod, 1828, hatte sich die Einwohnerzahl der Stadt fast verdoppelt: Ihre Grenzen waren zu eng, ihre Befestigungen bedeutungslos geworden. Wien war nicht mehr Reichsfestung, die dem Ansturm der Türkenarmee standhalten mußte; die technische Entwicklung der Waffen wies in eine andere Richtung: Das hatten die Belagerungen und Bombardements in den Napoleonischen Kriegen gezeigt. Franz Joseph zögerte nicht. Am 20. Dezember 1857 schrieb er an den Innenminister: »Lieber Freiherr von Bach! Es ist mein Wille, daß die Erweiterung der inneren Stadt Wien mit Rücksicht auf eine entsprechende Verbindung derselben mit den Vorstädten ehemöglichst in Angriff genommen und hiebei auch auf die Regulierung und Verschönerung Meiner Residenz- und Reichshauptstadt Bedacht genommen werde. Zu diesem Ende bewillige Ich die Auflassung der Umwallung und Fortifikationen der inneren Stadt, so wie der Gräben um dieselbe ...«

Er hatte damit dem in die Enge mittelalterlicher Basteien eingezwängten und von gotischem, barockem und biedermeierlichem Hausbestand geprägten Wien endlich eine zeitgemäße Öffnung und eine Chance zur Entfaltung gewährt, wie sie Paris längst wahrgenommen hatte. Die Wiener und die aus allen Teilen der Monarchie herbeiströmenden Geschäftsleute, Spekulanten, Techniker und Künstler hatten diese kaiserliche Aufforderung zuerst noch zaghaft, dann aber umso entschiedener als Herausforderung angenommen: Eine wahre Bau- und Neugestaltungswut überkam vor allem das seit der industriellen Revolution politisch erstarkte Bürgertum. Da gab es kaum einen, der Geld hatte und in diesem Monsterspektakel bürgerlicher Selbstdarstellung darauf verzichtet hätte, sich jetzt den entsprechenden Lebensraum und Rahmen zu schaffen. »Der Herr Demolierer regiert in Wien mit dem Krampen«, ärgerten sich die Bewahrer der Tradition. Und die neuen »Ritter der Ringstraße« steckten in der Folge ein Vermögen in ihre neuen Zinspaläste, um »dazuzugehören« und daraus letztlich Kapital zu schlagen.

Das war der Abschied vom biedermeierlichen Wien, das nun nur noch in den Dichterträumen eines Adalbert Stifter weiterlebte und in der intimen Aquarellkunst eines Rudolf von Alt. Der Maler Friedrich von Amerling, Porträtist des Hofes, der Aristokratie und des Bürgertums, aber stürzte händeringend zum Kaiser: »Eure Majestät! Ich bin gekommen, die Glacis zu retten. Wir haben ja alles verloren: den Brigitten-Kirchtag, die Bürgerwehr beim Fronleichnamsumgang, die Basteien. Wenn schon etwas geschehen sollte, so wären zwei Bassins anzulegen, im Sommer mit Kähnen darauf zu fahren, im Winter zum Eislaufen. Da sammeln sich die Gruppen, kommen Verkäufer, das gäbe schöne Bilder.«

Die Stadterneuerung versetzte in einen Taumel. In höchster Eile wurden die Befestigungsanlagen am Donauarm, dem Donaukanal, demoliert, so daß schon im Sommer des nächsten Jahres der neue Franz-Josefs-Kai von der Rotenturmstraße abwärts befahren werden konnte. Aber die Ernüchterung folgte bald: Es wurde für den Krieg mobil gemacht, aus dem Österreich gegen das Frankreich Napoleons III. und das Königreich Sardinien als Verlierer zurückkehrte. 1859 verlor Franz Joseph bei Solferino seine lombardischen Provinzen, die Feldmarschall Graf Radetzky mit strategischem Geschick so lange gehalten hatte. Der Kaiser mußte die Demütigung hinnehmen, daß Viktor Emanuel den Titel eines Königs des geeinten Italien annahm. 1866 folgte die nächste Katastrophe. In der Schlacht bei Königgrätz verliert Österreich die Vormachtstellung gegenüber Preußen und muß schließlich – nach dem Sieg Preußens über Napoleon III. bei Sedan – 1871 Wilhelm als ersten Deutschen Kaiser anerkennen. Gleichzeitig verliert Österreich auch Venetien. Eine totale Niederlage des Wiener Neo-Absolutismus, die den mühevoll niedergehaltenen Kräften des Nationalismus in den Kronländern neuen Auftrieb gibt. »Es ist geschehen«, notiert der Dichter Eduard von Bauernfeld, »Österreich binnen acht Tagen aufs Haupt geschlagen. Venedig abgetreten. Der Lump Napoleon ist nun der Schiedsrichter Europas. Paris illuminiert, und die Wiener Börsenphilister jubeln!«

Eine neue Welle des Nationalismus wird nun auch im Kaiserstaat spürbar. In Ungarn gärt es. Im April 1849 hatte der Debrecziner Reichstag das Haus Habsburg abgesetzt und Ungarn für unabhängig erklärt. Damals konnte Franz Joseph die Ungarn mit Rußlands Hilfe unterwerfen. Jetzt, 1867, bekam er den enthusiastischen Patriotismus

der ungarischen Jugend, die den Abfall von Habsburg propagierte und sich dabei der heimlichen politischen Unterstützung des preußischen Kanzlers Otto von Bismarck erfreuen konnte, umso stärker zu spüren. Am 18. Februar 1867 traf Franz Joseph nach allen militärischen Schlägen der größte politische Schlag: Der Einheits-Kaiserstaat Österreich ging in den »Ausgleich«. Die k.u.k österreichisch-ungarische Monarchie wurde Wirklichkeit und Julius Graf Andrássy Präsident des ersten selbständigen ungarischen Ministeriums. Der ungarische Staatsmann Ferenc Déak, Andrássy und Österreichs Staatskanzler Graf Beust waren die Baumeister des neuen Staatsgebäudes. Aber nicht zuletzt war Kaiserin Elisabeth – durch ihre Sympathien für Ungarn und für Andrássy – in einem kunstvollen Vermittlungsspiel der Ausgleich mit den Magyaren geglückt, die sie nun als Landesmutter vergötterten. Bei der Krönung in Pest triumphierte Elisabeth. Das Fest wäre vollkommen gewesen, wäre es nicht überschattet worden von ersten Schreckensnachrichten aus Mexiko: Franz Josephs Bruder, Erzherzog Maximilian, der den Titel eines Kaisers von Mexiko angenommen hatte, war nicht zuletzt durch das Ränkespiel Napoleons III. gescheitert und standrechtlich erschossen worden.
Schwarze Jahre für Österreichs habsburgtreue Patrioten. Aber im Rückblick gewannen schließlich sogar Historiker den Katastrophenjahren positive Aspekte ab. Königgrätz hatte Franz Joseph gezwungen, mit Ungarn Frieden zu schließen. Der Friede mit Ungarn war aber entscheidend, daß Österreich im Dezember 1867 eine konstitutionelle Verfassung erhielt. Und das eben erst aus den Baugruben wachsende Ringstraßen-Wien konnte sich umso glanzvoller entfalten, als Österreich nun die kostspielige Verteidigung der italienischen Provinzen ebenso losgeworden war wie den Rivalitätskampf mit Preußen und die immerwährende Kraftprobe mit den nationalistischen Magyaren. Ludwig von Hevesi, einer der brillantesten Wien-Chronisten, konnte also mit Fug und Recht von der Ringstraße sagen: »Hier ist, um mich modern auszudrücken, ein ganzes Kriegsbudget verbaut ...«
Die Donaumonarchie konnte sich nun dem Aufbau ihrer Wirtschaft und der Entfaltung von Städtebau, Kunst und Wissenschaft widmen. Wien wurde zum Mekka der initiativen Kräfte des Reiches. 1867 bis 1873, die »sieben fetten Jahre der Gründerzeit« (Heinrich Benedikt),

machten das Wien der Ringstraße reich und zum Zentrum der meisten großen Unternehmungen. Selbst die immer rabiatere Formen annehmenden Nationalitätenkämpfe, Parteienzwistigkeiten der Lueger-Zeit und die drohenden Zerfallserscheinungen des Reichs konnten diesen kometenhaft glänzenden Aufstieg der Donaumetropole nicht hemmen: Wien sorgte für Aufsehen – im Städtebau, in der technischen Modernisierung, in der Größe seiner Kulturinstitutionen, in der Wissenschaft, im Glanz seiner Gesellschaft, in seiner Kunstszene, in spektakulären Festlichkeiten, in monströsen patriotischen Feiern ... aber auch in einer Weltausstellung von 1873, die trotz dem Börsenkrach am sogenannten »Schwarzen Freitag«, dem 9. Mai 1873, und trotz der Pleite all der zahllosen Spekulations- und Schwindelunternehmen schließlich doch ein Erfolg wurde. Im verschwenderisch prunkvollen Zusammentreffen der gekrönten Häupter Europas in der Wiener Rotunde wurde die Ausstellung zum »Friedensfest«, das Wien noch einmal den Glanz des legendären Wiener Kongresses von 1814 gab.

Die Gesellschaft angereister Majestäten veredelte und tarnte freilich, was sich hinter der noblen Fassade verbarg: schamlose Spekulationen, unreelle Transaktionen, Schiebertum, Glücksritterspiele, Betrügereien. Die Wirtschaftswunderkinder, die von heute auf morgen am längst zu Weltruf aufgestiegenen Wiener Schottenring lediglich »Kurse ein- und ausatmeten«, weil in dieser Gegend »die Aktie in der Luft liegt«, spielten eine Volksbetrugsszene, wie sie noch nie dagewesen war. Ist es zu verwundern, daß da – wie Fred Hennings berichtet – mancher sehr vornehme Familienvater, der in die Verwaltungsratssitzung ging, seine Kinder umarmte und sagte: »Kinder, betet! Euer Vater geht stehlen!« Oder daß ein reicher Mann wie Jonas Freiherr von Königswarter, Bankhauschef, k.k. Börsenrat, ein Mann in den höchsten Positionen bei Eisenbahngesellschaften und der Donaudampfschiffahrtsgesellschaft, zynisch bemerkte: »Jeder Prolet, der heutzutage eine Million besitzt, glaubt schon, er ist ein Millionär!«

Die Ringstraße, die »größte Herausforderung des Jahrhunderts«

Es geschah in aller Eile, so als hätten der Kaiser und ganz Ringstraßen-Wien Angst gehabt, das geplante Riesenwerk nicht vollenden zu können: Am 20. Dezember 1857 hatte Franz Joseph sein Handschreiben an Innenminister Freiherrn von Bach gerichtet; 1858 begannen beim Rotenturmtor am heutigen Franz-Josefs-Kai die Abbrucharbeiten an den Basteien; im Spätherbst 1859 wurde bereits die Boulevardtrasse fixiert und die Straßenführung ausgesteckt. Verwendbare Bäume des Glacis wurden auf den Ring verpflanzt. Doch da wetterte die Presse, angeführt vom Feuilletonisten Ferdinand Kürnberger, gegen die »philisterhaften und plebeischen« Kastanienbäume, die damals überall in Wien verwendet wurden. »Vornehme Bäume« wie Platanen und Ailanthus wünschte man auf dem Prachtboulevard. Aber kaum hatte die Behörde diese Wünsche befolgt, begann die Misere. Die Bäume vetrugen das Klima schlecht, gingen ein. Riesige »Löcher« in der Alleeanlage waren kläglich anzusehen. Ein Umsägen, Pflanzen, Wieder-Umsägen und Wieder-Pflanzen beschäftigte die Gärtnereien bis in die achtziger Jahre. Um 1860 witzelte jedenfalls ein Berichterstatter im »Figaro«: »Von der neuen Ringstraße will noch immer nichts bemerkbar werden.«

Acht Jahre dauerte es, bis zuerst die Ringhälfte vom Burgtor über den Stubenring zum Donaukanal und dann die Hälfte über den Schottenring trassiert und gebaut war. Mit seiner traditionellen Praterfahrt am 1. Mai 1865 konnte Franz Joseph den Straßenzug eröffnen. Die sensationslüsternen Wiener erlebten endlich ihr erstes Ring-Spektakel: Vor dem Burgtor hatte man einen Festplatz improvisiert, in der Mitte thronte ein monumentaler Engel, ein Genius der Stadt Wien mit der Friedenspalme, an den Ecken standen Pyramiden mit Wappen und Fahnen, dazwischen Prunkzelte und Ehrentribünen. Inschriftentafeln trugen die vier bis dahin wichtigsten Daten der Ringstraße: den 20. Dezember 1857, den Tag, der die Geburtsstunde des Boulevards bedeutete, den 29. März 1858 als Datum des Beginns der Basteiendemolierung, den 1. Mai 1858, an dem der Franz-Josefs-Kai eröffnet worden war, und den 1. Mai 1865. Bürgermeister Zelinka begrüßte den Kaiser, der der Stadt Wien den Kaiserbrunnen am Schneeberg für die geplante Hochquellen-Wasserleitung überließ. Ein fast endloser Zug eleganter Wagen rollte dann in den Prater.

Ein Festzug hatte den Bann gebrochen: Der Ring war mit einem Mal keine Utopie. Politiker, Bankiers, Industrielle erkannten die wirtschaftliche Chance. Vor allem Handelsminister Graf Wickenburg wünschte sofort eine internationale Industrie- und Landwirtschaftsausstellung nach Wien zu bringen – umso mehr, als Wien und der rasch sich entwickelnde Kaiserstaat auf den Weltausstellungen in London 1851 und 1862 und auch in Paris im Jahre 1855 große Erfolge hatten. Gemeinderäte warnten damals allerdings vor einer übereilten Ausstellung im wahrlich noch »halbfertigen Wien«. Als Napoleon III. für 1867 eine Weltausstellung in Paris ankündigte, bekamen Wien und die Wirtschaft des Reichs Zeit zum Atemholen. Man einigte sich auf 1870 oder 1872 als Weltausstellungsjahr, verschob diesen Termin aber schließlich auf 1873.

Bis dahin hatte Wien am Ring und in seinen Randzonen ein für heutige Verhältnisse fast nicht zu bewältigendes riesiges Bauprogramm zu verwirklichen, das dennoch in kaum zweieinhalb Jahrzehnten bewältigt wurde. Der Kaiser stand persönlich hinter dem Projekt; er, dem man heute gern jedes künstlerische Interesse abspricht, bestimmte, daß mit diesem Straßenzug eine beispielgebende städtebauliche Idee verwirklicht werden sollte und daß an dieser Straße vor allem vorbildhafte Architekturen ihren Platz hätten, und seiner Einflußnahme ist es zu danken, daß einige der bedeutendsten Architekten des In- und Auslandes am Ring ein Programm des »Historismus« realisieren konnten, das Neu-Wien zum »Mekka der deutschen Architektonik« machte.

Wien ist durch Franz Josephs Entscheidung und die Berufung großer Baukünstler wie August Sicard von Sicardsburg, Eduard van der Nüll, Heinrich Ferstel, Theophil Hansen und vor allem Gottfried Semper und Carl Hasenauer zur Hauptstadt eines strengen Historismus geworden, wie er in dieser klassischen Reinheit nur in wenigen Metropolen zu finden ist. Ein Stil, der dem englischen »High Victorian« und dem napoleonischen »Second Empire« Frankreichs entspricht: Die Stadterweiterung, der Bau der Ringstraße und der – nach barockem Muster – parallel geführten Lastenstraße wurden zur größten Herausforderung des 19. Jahrhunderts. Denn zum ersten Mal seit dem Barock wurden wieder Verwaltungspaläste gebaut, für die bisher im dichtverbauten Areal der Innenstadt der Platz gefehlt hatte; und die Aufwertung des repräsentativen, bald sogar enorm prunkvollen Wohnbaus brachte neue Impulse für den Prozeß der Metropolenbildung, der in Wien durch Raummangel bisher behindert war. Es entspricht dem Denken des franzisko-josephinischen Neo-Absolutismus, daß nun im Bereich der Stadterweiterung nicht nur imperiale Regierungsgebäude errichtet wurden, sondern auch – erstmals seit den Tagen des Barockkaisers Karl VI. – die Kaiserresidenz selbst, die Hofburg, in völlig neuen Maßstäben erweitert werden sollte. Ein barocker Geist schien diese neuen Planungen zu beflügeln, barocke Konzepte wurden der Ringstraßenzeit entsprechend weiterentwickelt. Und das hohe künstlerische Niveau dieser Planungen wurde zum Maßstab, an dem nun auch die Wohnhausbauten gemessen wurden.

Die Ringstraße sollte dem Wunsch des Kaisers und der Stadt entsprechend besonders »monumental« gestaltet werden. Die kühle, kultivierte Architektur der Zeit vor 1848, die »Beamtenarchitektur« des Wiener Klassizismus, eines Hofbaurats Paul Sprenger, eines Charles von Moreau und Louis von Rémy, wurde als »trostloser Verfall der Baukunst« abgelehnt. Bedeutende Bauten dieser Zeit wurden damals aber ebenso »mißverstanden« und abgerissen, wie etwa unsere fünfziger und sechziger Jahre verständnislos mit Bauleistungen des Historismus verfuhren. 1857 wollte man zur wahren (Bau-)Kunst zurückkehren. Und Fischer von Erlach wurde der Leitstern, der dem neuen Stil, dem Historismus, den Weg wies.

»Historismus«: Allein das Wort hat zu vielen Mißverständnissen Anlaß gegeben. Die Gegner kritisierten, daß das eine Zeit der Stilimitationen war. Und übersahen geflissentlich, welch gründliche, ernsthafte theoretische Überlegungen dieser Stilentwicklung vorausgegangen waren und sie noch bis in die achtziger Jahre begleiteten; und welche

bedeutenden Architekten diesem Baudenken die Wege geebnet hatten. Umso wichtiger ist die Klärung dieses Stilbegriffs:
Der strenge Historismus, der sich in Wien zwischen den fünfziger und frühen achtziger Jahren entfaltet, geht von der Idee aus, mit »reinen Elementen« der Stile der Vergangenheit ein gültiges Formenvokabular zu entwickeln. Dieser unvergängliche Schatz guter Formen sollte helfen, die der Architektur gestellten Aufgaben der Zeit mit höchster Schlüssigkeit zu bewältigen. Wenn Kritiker die Kunst des strengen Historismus als Stilkopie bezeichnen, ist das im allgemeinen falsch: Man wollte nicht die Gesamtheit eines Stils der Vergangenheit erneuern, sondern mit erprobten Formeln aus dem alten Formenrepertoire eine neue Ganzheit im Sinne eines historischen Stils gewinnen. »Reinheit des Stils« wurde zu einem der wichtigsten Schlagworte, das umso mehr Gewicht bekam, als in diese Zeit auch die Anfänge der modernen Kunstgeschichtsschreibung und wesentliche Erkenntnisse über stilistische Ausdrucksformen fallen.
Es gibt für diese Jahre des Aufbruchs in Wien eine Reihe von Schlüsselereignissen, die eine Erneuerung in Gang setzten, und dazu Schlüsselfiguren, die diese Entwicklung förderten: Die wichtigsten Ereignisse waren die Londoner Weltausstellungen von 1851 und 1862 und die in Paris im Jahre 1855. Österreich hatte sich daran beteiligt und – vor allem in London – spektakuläre Erfolge: 1851 wurden Österreichs Bildhauer, die Möbelfabrikanten Thonet und Leistler, die Gießerei Salm und viele andere besonders gelobt; und 1862 vor allem die später berühmtesten Firmen der Monarchie wie der Glaswarenerzeuger Lobmeyr und die böhmische Glasindustrie, Ignaz Marenzellers Pendeluhren, Michael Thonets Bugholzmöbel und Franz Theyers Galanteriewaren sogar allgemein bewundert; ein Gebetbuch für Kaiserin Elisabeth wurde zur Attraktion der österreichischen Schau.
Theoretische »Begleiter« dieser Ereignisse waren der 1817 geborene Rudolf Ritter von Eitelberger, der seit 1852 an der Wiener Universität eine Professur für Kunstgeschichte innehatte – die zweite Lehrkanzel dieser Disziplin an einer deutschsprachigen Universität! Ferner der Kunsttheoretiker Jacob von Falke, der eine Ästhetik des »nützlichen Schönen« für das Kunstgewerbe entwickelte. Und nicht zuletzt der 1803 in Hamburg geborene Gottfried Semper, einer der bedeutendsten Architekten des Jahrhunderts. Er war 1834 Professor in Dresden,

ab 1849 in Paris und London, 1855 Professor in Zürich. 1871 kam er nach Wien, um in den folgenden Jahren mit Carl Hasenauer die Erweiterung der Hofburg um ein »Kaiserforum« mit neuen Hofburgtrakten, dem Kunst- und Naturhistorischen Museum, dem Burgtheater und Triumphbögen über die Ringstraße zu planen. Sempers zweibändiges theoretisches Werk »Der Stil in den technischen und tektonischen Künsten« (1860/1863) prägte das Kunstdenken des Historismus wie kaum eine andere Schrift.
Wie sehr diese Persönlichkeiten über die Situation von Kunst- und Kunstindustrie und notwendige Schritte einig waren, kann man im Weltausstellungsbericht von 1862 nachlesen: »Unsere Zeit ist eine industrielle geworden. Sie will Entwicklung nach allen Richtungen, und gerade weil die Zeit eine industrielle geworden ist, will sie Gleichberechtigung des gelehrten und technischen Unterrichts. Die unzweifelhaft gesteigerten Wohlstandsverhältnisse bieten die Mittel zur ausgiebigen Pflege aller Zweige des Unterrichts.« Eitelberger selbst zog die Konsequenz und forderte die Erneuerung im Kunstunterricht mit Hilfe eines Museumsprojektes und letztlich die Mobilisierung aller Volksschichten im Dienste von Industrie und Handel. Erziehung und Pflege des Kunstanschauungsunterrichtes als Volkserziehung – »allgemeiner Volksunterricht des Geschmacks«: Das war es, was Eitelberger vorschwebte und was der 1851 in England in der Emigration lebende Gottfried Semper in seiner epochemachenden Schrift »Wissenschaft, Industrie und Kunst« modellhaft entwickelt hatte. Sempers Idee, mit Hilfe von Kunst- und Kunstgewerbesammlungen, Ateliers und Vorträgen Erziehungs- und Bildungsarbeit zu leisten, hatten beim englischen Königshaus Zustimmung gefunden: 1851 war das South-Kensington-Museum, das heutige Victoria-und-Albert-Museum, gegründet worden, dessen kunsterzieherische Erfolge man bereits 1855 in Paris registrierte. Eitelberger kämpfte nun um ein ähnliches Museumsprojekt in Wien. Er fand in dem leidenschaftlichen Kunstsammler und -kenner Erzherzog Rainer einen Verbündeten. Eine Denkschrift entstand, auf die Kaiser Franz Joseph 1863 mit einem Handschreiben an Rainer antwortete. Das neue Museum sollte den »vaterländischen Industriellen die Benützung der Hilfsmittel erleichtern, welche die Kunst und Wissenschaft für die Förderung der gewerblichen Tätigkeit und insbesondere für die Hebung des

Geschmackes in so reichem Maße bieten.« Was der Kaiser, der Erzherzog und Eitelberger forderten, war ein neuer Museumstyp – und das k.k. Österreichische Museum für Kunst und Industrie war denn auch das erste seiner Art auf dem Kontinent.
Der Kunsthistoriker Viktor Grießmaier hat als erster darauf hingewiesen, daß gerade dieses Zusammenspannen des so gegensätzlichen Begriffspaars Kunst und Industrie für die Kunstgewerbeideologie der Ringstraßenzeit und das Denken des Historismus vermutlich der entscheidendste Schritt war. Ein Schritt, der so an Denken und Geist der franzisko-josephinischen Epoche gebunden war, daß er nach dem Zusammenbruch der Monarchie in seinem alten Ordnungsprinzip nicht mehr verstanden wurde. Der österreichische Kosmos war 1919 plötzlich zu klein geworden, der Traum von der heilen Welt der Künste ins Nichts zerfallen. Denn »Kunst und Industrie« dachte man nicht mehr wie in der Ringstraßenzeit ganzheitlich; darunter verstand man nun etwas wie »freies Kunstgewerbe und Geschmacksindustrie«, das mit der missionarisch lebensverbessernden Aufgabe des Historismus und den Konzepten Sempers und Eitelbergers nichts zu tun hatte: Mißverständlich wurde das Museum damals »für angewandte Kunst« benannt – es wurde ein eng national ausgerichtetes Institut, obwohl der Kaiser, Erzherzog Rainer und Eitelberger ein Institut mit internationalen Aufgaben konzipiert hatten. Erst seit der Neuorganisation des Museums unter Peter Noever wurde es der ursprünglichen Idee wieder angenähert.

Baubeginn am Ring: »In welchem Style sollen wir bauen?«

Für die architektonische Gestaltung der Ringstraße, ihre Interieurkunst und ihr Kunstgewerbe sollten die Erfahrungen, die im k.k. Museum für Kunst und Industrie gemacht und weitervermittelt wurden, entscheidende Auswirkung haben. Der Bayreuther Ludwig Förster hatte für Wien die barocke Idee eines Ringboulevards weiterentwickelt: Ein Boulevard von 57 Metern Breite und »ringrund« fünf Kilometern Länge, besetzt mit vier – in den Parkzonen sogar mit sechs – Baumreihen, entstand. Dem Straßenzug entlang errichtete man in den kommenden Jahrzehnten die prunkvollsten Paläste der Regierung, Verwaltung, der Bildung und der Künste; und hier bauten auch die alte Aristokratie und vor allem das zu Reichtum und Macht aufgestiegene Bürgertum des Liberalismus jene Stadtpalais, die heute als Inbegriff der Wiener Ringstraßenkultur gelten. Jeder Bau – sofern er nicht in vielen Details zerstört wurde – für sich ein Gesamtkunstwerk, in dem Architektur, Skulptur, Malerei, Kunstgewerbe zu einem Ganzen von unverwechselbarer Atmosphäre verschmolzen. Die Ganzheit des Rings, diese endlose Abfolge von Architekturen, die doch alle aufeinander bezogen waren, wurde schon im vorigen Jahrhundert als das »Diadem des Kaiserstaats« gepriesen.

Daß die Gebäude nicht in irgendwelchen Stilen errichtet wurden, beweisen die theoretischen Auseinandersetzungen. Etwa wenn zwischen Eitelberger und Eduard van der Nüll, dem Erbauer so wichtiger Gebäude wie der Hofoper (mit August Sicard von Sicardsburg), des Carltheaters oder des monumentalen Kaufhauses Haas am Stephansplatz, der Streit um die Kreation eines eigenen Stils tobte. Van der Nüll bemühte sich um eine Synthese aus »geborgten Stilelementen«, die zwischen dem neuen Bau und den großen historischen Leistun-

Aushubarbeiten für den Bau des k.k. Hofoperngebäudes gegenüber dem Heinrichhof

gen der Vergangenheit eine Kontinuität herstellen sollten. Er und Sicardsburg hatten dies in ihrem Operngebäude raffiniert gelöst: Elemente der florentinischen Renaissance, in romantischer Weise interpretiert, sollten die Beziehung zur Entstehungszeit der Oper im 16. Jahrhundert herstellen. Und eine Schar der bedeutendsten Künstler, vor allem Romantiker wie Moritz von Schwind, Eduard Engerth, Karl Rahl, Julius Hähnel, wurden für die Ausstattung verpflichtet. Eitelberger, der Purist des »reinen Stils«, konterte prompt: »Die Romantik, welche bloß auf subjektiven Anschauungen fußt, ist jetzt in der Wiener Architektur eine Unmöglichkeit geworden.«
Als sich während des Baus gravierende Planungsmängel herausstellten, lernten die Architekten den Spott des Volksmundes kennen:

»Der Sicardsburg und van der Nüll,
die haben beide keinen Styl!
Griechisch, gotisch, Renaissance,
Das ist denen alles ans!«

Die Wiener nannten die Hofoper eine »versunkene Kiste« und ein »Königgrätz der Baukunst«; und der Kaiser befand, daß der Bau zu tief im Boden stecke. Der Melancholiker van der Nüll war so getroffen, daß er sich am 3. April 1868 erhängte. Sicardsburg erlag zwei Monate später nach schweren Aufregungen einem Herzschlag. Der Kaiser war über die Folgen seiner Kritik so betroffen, daß er Künstlern gegenüber in Hinkunft nie mehr ein Urteil abgab. Er dankte nur mit seinem berühmt gewordenen »Es war sehr schön, es hat mich sehr gefreut ...«

Über das Anekdotenhafte hinaus zeigt diese Auseinandersetzung zwischen van der Nüll und Eitelberger die Auseinandersetzung zwischen den Generationen, die die Ringstraße vertraten: Zwischen der romantischen Kunsttheorie, die van der Nüll vertrat, und Eitelbergers »strengem Stil« lag eine »tiefe Kluft, die tief ins Weltanschauliche hineinreichte und dem Gegensatz von Idealismus und Positivismus zu vergleichen wäre«, schreibt etwa die bedeutende Analytikerin der Ringstraßenkunst, Renate Wagner-Rieger.

Wahl der Stile: Das ist eines der Reizwörter des Historismus. Nach dem Ende des Historismus wurde sie auch von sehr ernsthaften Kunsthistorikern immer wieder als akademische Phantasielosigkeit, als Armut des Einfalls, Kraftlosigkeit und Dekadenz abgeurteilt. Und doch ist in der »historistischen« Kunst, und besonders der Architektur, die Wahl der Stile neben den formalen Problemen und den ikonologischen Fragen entscheidend. Denn die Wahl der Stile ist ohne deren symbolische Bedeutung nicht zu verstehen. »Man hat sich von den einzelnen historischen Stilen idealtypische Begriffe gebildet und ihnen einen Bedeutungsinhalt gegeben, der im Bildungsniveau der Zeit wurzelte«, stellt Wagner-Rieger fest. Mittelalterliche Stilelemente waren etwa für den Kirchen-, Kloster- und Schulbau bevorzugt: So wurde Heinrich Ferstels Votivkirche, die als Nationalmonument Habsburgs geplant war, ebenso im gotischen Stil errichtet wie Friedrich Schmidts Akademisches Gymnasium und sein Hauptwerk, das Neue Rathaus, das den alten Glanz flämischer Bürgermacht auf die neue Ringstraßengesellschaft projizierte. Dagegen schien die Renaissance als künstlerische Manifestation des Humanismus geeignete Lösungen für Bildungs- und Kulturanstalten zu bieten: Ferstels Wiener Universität, ja selbst sein Chemisches Institut huldigten ebenso den

klar gegliederten Renaissanceformen wie Theophil Hansens Musikverein oder Akademie der bildenden Künste.
Für Schlösser, Stadtpaläste, Theater hielt man hingegen Barockformen für angemessen, und zwar mit zunehmender Begeisterung: Denn gerade durch die Zitate österreichischer Barocktradition wollte man sich in Wien gegen den Neo-Renaissancegeschmack des Deutschen Reichs Kaiser Wilhelms I., aber auch gegen den Neo-Empire-Stil Napoleons III. absetzen. Und Barock voll üppigster Dekorationswut wurde sogar noch in den letzten Jahren der Monarchie vom Thronfolger Erzherzog Franz Ferdinand als bevorzugter Reichsstil propagiert.
Spätere Generationen haben diese Bauten als Stilmischmasch abgetan. Dennoch wird man bei genauer Prüfung der Ringstraßenarchitektur in der Wahl der Stile und Symbole zwar künstlerische Freiheiten und phantasievolle Lösungen entdecken, die oft durch Grundrisse, Bauerfordernisse oder Bauherrenwünsche bedingt waren, kaum hingegen Willkür. Da hielt man sich an die »Regeln« wie in den Jahrhunderten vorher, als die Wahl der Säulenordnungen als Bedeutungsträger sehr strengen Gesetzen unterworfen war.
Kehren wir zurück zu den Bauarbeiten am Ring, die seit Anfang der sechziger erstaunlich schnell vorangetrieben wurden. Das berühmte Architektengespann Johann Julius Romano vom Ringe und August Schwendenwein von Lonauberg errichteten jetzt einige der vornehmsten Paläste – »Palazzi prozzi« nannte der Volksmund ihre Prunkarchitekturen –; Theophil Hansen, der Däne mit klassischer Griechenlanderfahrung, der in Athen u.a. die Bibliothek und die Universität errichtet hatte, ging aus dem Atelier Ludwig Försters hervor und bekam auch dank seiner Heirat mit Försters Tochter Großaufträge, wie das Gebäude der Gesellschaft der Musikfreunde, die Akademie der bildenden Künste, den Monumentalbau der Börse mit dem goldschimmernden Kassettenplafond, den Palast des Hoch- und Deutschmeisters Erzherzog Wilhelm, die Palais Gustav von Epsteins, der Brüder Moritz und Eduard von Todesco, des Ritters von Ephrussi und vor allem das Hauptwerk der Ringstraße, den Bau des Reichsrats im griechischen Stil. Der Neugotiker Friedrich Schmidt baute das neue Rathaus im flämischen Stil, die Kuppelkirche Maria vom Siege und – nachdem das Ringtheater abgebrannt war – das neugotische

Das neue Parlamentshaus. Nach dem Plan des Architekten Hansen, Xylographie

Sühnhaus. Der Gotik- und Renaissancefachmann Heinrich Ferstel wurde mit dem Bau der Österreichisch-Ungarischen Bank (heute: Palais Ferstel) und nach dem mißglückten Attentat auf Kaiser Franz Joseph mit dem Bau der Votivkirche betraut, die Erzherzog Maximilian zu einer nationalen Grabkirche des Kaiserstaates und einer Walhalla der großen Feldherren ausgestalten wollte. Außer der Universität baute er vor allem das für die gesamte Monarchie beispielgebende, Forschung und Kunsthandwerk fördernde Museum für Kunst und Industrie. Ihm ist die Konzeption des Schwarzenbergplatzes zu danken, wo er hier bedeutende Privatpaläste errichtete, so für Erzherzog Ludwig Victor und den Industriellen Franz von Wertheim: Eine städtebaulich streng harmonische Anlage, in der Baufluchtlinien, Säulenfassaden, Dachzonen mit den Dachkämmen und Ernst Julius Hähnels 1867 entstandenes Reiterstandbild Karl Fürst Schwarzenbergs, des Siegers der Völkerschlacht bei Leipzig, genau aufeinander abgestimmt wurden.
Die größte Aufgabe und die monumentalste städtebauliche Gestaltung im Europa des 19. Jahrhunderts entwickelten aber der Hamburger Gottfried Semper und der Wiener Carl Hasenauer mit ihrem Pa-

Der große Saal im neuen Börsengebäude zu Wien, Xylographie

lastkonzept für das allerdings nie vollendete Kaiserforum. Nach jahrelangen Streitigkeiten um den Ausbau der alten Hofburg, in deren Räumen die Sammlungen der Habsburger schon lange nicht mehr unterzubringen waren, griffen der Obersthofmeister Franz Josephs, Konstantin Fürst Hohenlohe, Architekt Carl Tietz und Hasenauer ein: Semper wurde gewonnen. 1871 kam er nach Wien. Sein Plan war sensationell und begeisterte den Kaiser. Das Riesenareal zwischen dem Leopoldinischen Trakt und Fischer von Erlachs Hofstallungen sollte zu einem Forum zusammengefaßt werden. Der Maria-Theresien-Platz mit Kaspar von Zumbuschs monumentalem Denkmal (vollendet 1888) wurde durch die beiden Hofmuseen, das Kunsthistorische und Naturhistorische, nach beiden Seiten abgeschlossen. Als Verbindung zwischen den Museen und der Hofburg sollten zwei Palastanlagen mit geschwungenen Säulenfassaden und ein Festsaaltrakt entstehen, die den elliptischen Platz mit Fernkorns Reiterstandbildern Erzherzog Karls und Prinz Eugens umfangen sollten. Triumphbogen sollten die Ringstraße überspannen und die Palastanlagen durch den neugestalteten Volksgarten mit dem Hofburgtheater verbunden werden. Insgesamt hätte das Neue-Burg-Projekt selbst den Pariser Louvre in der Gewaltigkeit der Konzeption übertroffen: Architektur im spätrömischen Kaiserstil sollte da ein letztes Mal das Erbe habsburgischer Macht, das Erbe des Heiligen Römischen Reichs und des Kaiserstaates Österreich, repräsentieren.

Noch während des Baus der Museen kam es zwischen Semper und Hasenauer zu Zerwürfnissen. Solange der ehrgeizige Baubaron Hasenauer mit der Planung der Rotunde für die Weltausstellung beschäftigt war, ließ er Semper arbeiten. Jetzt hatte er Zeit und intrigierte. Vor allem über die Planung des Burgtheaters, über die Gestaltung der Kuppel des Kunsthistorischen Museums und über Ausstattungsfragen, in denen Hasenauer stets die Idee des Gesamtkunstwerks vertrat, kam es zum Krach, und das Generationsproblem spielte in diesem Streit eine nicht geringe Rolle: Semper dürfte sich dem erfolgreichen Hasenauer gegenüber stets lehrerhaft schulmeisternd verhalten haben. Er konnte es kaum ertragen, daß der dreißig Jahre Jüngere, der seit 1864 Akademieprofessor und ein international hochgeschätzter Architekt war, in seinen Ideen oft weit über Semper hinausging. Vor allem in seinen dekorativen Vorstellungen war Hasenauer der typischeste Vertreter des Zeitalters Hans Makarts und des Wiener »Farbenrauschs«. Nicht von ungefähr zählte der Kaiser die Künstlertrias Makart, Hasenauer und den sensualistisch-feinfühligen neobarocken Bildhauer Viktor Tilgner zu seinen Lieblingskünstlern. 1877 führten die Streitigkeiten zum Ausscheiden Sempers. Er ging tief getroffen nach Rom, wo er 1879 starb. Carl Freiherr von Hasenauer feierte den Triumph seines Lebens: Er übernahm die alleinige Oberleitung der kaiserlichen Hofbauten.

Ferstels Kritik an der Ringstraße

Heinrich Freiherr von Ferstel, der ebenso wie die meisten anderen führenden Architekten der Epoche vom Kaiser in den Freiherrenstand erhoben worden war, sprach 1881, zwei Jahre vor seinem Tod, von der Baukunst der Ringstraße als »versteinerter Geschichte«. Ein Satz, der vor allem den Architekten der nächsten Generation den wichtigsten Ansatz für ihre extrem kritische Auseinandersetzung mit der Ringstraßenarchitektur bot.

Aber Ferstel sah das Projekt in seinem Werden, in seiner Größe, in seinen historisch-politischen und kulturgeschichtlichen Dimensionen. Er hatte das Ringen um das Ringstraßenkonzept erlebt, hatte die Eröffnung des Boulevards am 1. Mai 1865 und den kahlen Straßenzug mit seinen riesigen Baugruben und Baulücken im Gedächtnis, als der berühmte Wiener »Spaziergänger«, der Feuilletonist Daniel Spitzer, 1867 sich mokierte: »Auf der Ringstraße verliert das Spazierengehen allen Reiz, man fühlt sich dort wie in der Fremde ... Die Häuser, die sich im Bewußtsein ihrer Zinserträgnisse stolz aufsteifen, riechen nach jungen Maurer-Rechnungen, die Spaziergänger machen den Eindruck von Verirrten, die Polizeimänner sehen melancholisch drein, als wenn sie auf verlorenem Posten wären, und es drängt sich einem die Überzeugung auf, daß auf der Ringstraße nur das neue Geschlecht wird spazieren können, das bereits unter der Staatsschuld von viertausend Millionen geboren wurde.« Er hatte es erlebt, wie um jeden Standort jedes Gebäudes von den Architektenclans gefeilscht, gekämpft, intrigiert wurde. Oder wie die großen Angelpunkte des Straßenzugs fixiert wurden: der Schwarzenbergplatz, der Standort der Hofoper und das Viertel rund um die Votivkirche, das Ferstel selbst bauen sollte – die Kirche als österreichisches Nationalmonument, als Walhalla, und rundum im Bann- und Schutzkreis von Kirche und Kronprinz-Rudolph-Kaserne (heute: Roßauer Kaserne) die Universitätsgebäude.

Er hatte aber auch erlebt, wie das Militär Projekt um Projekt und Entscheidung um Entscheidung mit Einsprüchen zu verändern trachtete. So brach um die Verbauung des Paradeplatzes der Armee ein jahrelanger Heckenschützenkampf aus, ehe das Neue Rathaus dank der Entscheidung des Kaisers gebaut werden durfte. Und es war Ironie des Ringstraßen-Schicksals, daß man dem Militär die monumentale Breite der Straße von 57 Metern zu verdanken hatte. Denn das Revolutions-Trauma von 1848 waren die Regierenden noch immer nicht losgeworden; so wollte man wenigstens den Bau von Barrikaden besonders erschweren und durch die Breite des Straßenzugs Truppenverschiebungen erleichtern. Aber es gab auch immer wieder Auseinandersetzungen um großflächige Grünzonen, also Parkanlagen, die das verlorene Glacis ersetzen sollten.

Ursprünglich hatte man gedacht, daß durch die Stadterweiterung am Ring zugleich das Problem der Wohnungsnot gelindert würde. Doch diese Hoffnung erwies sich als trügerisch. Entsprechend Ludwig Försters Konzept wurden immer größere Randzonen einbezogen: Der Ring wurde zu einer breiten Monumentalzone mit Parallelstraßen, Parkanlagen, Plätzen. Aber auch diese neuen Straßen wurden mit zum Teil sehr luxuriösen Gebäuden gestaltet. Ein Nobelbezirk entstand, eine Repräsentationszone, deren Homogenität wir heute bewundern.

Ferstel selbst hatte gemeinsam mit Rudolf von Eitelberger an dieser Entwicklung und an den verschwenderischen Palastbauten immer wieder Kritik geübt, weil diese die Wiener Wohnungsnot nicht beseitigen konnten. Beide hätten eine Verbauung nach Londoner Vorbild bevorzugt – es gibt von Ferstel reizvolle Entwürfe, die die Stadterweiterungsgründe zwischen Stadtkern und alten Vorstädten mit Einfamilienhäusern und Gartenanlagen zeigen, riesige Cottageanlagen für rund Hunderttausend, wie Ferstel sie später in seinem Cottageviertel im 18. Wiener Gemeindebezirk anregte. Schon 1860 kämpften Ferstel und Eitelberger dafür in ihrer Schrift »Das bürgerliche Wohnhaus und das Wiener Zinshaus«. Und der deutsche Kunsthistoriker Carl von Lützow äußerte sich noch nach der Weltausstellung von 1873 über die Ringstraße durchaus gesellschaftskritisch im Sinne des Liberalismus, freilich nur im Hinblick auf den Mittelstand und ohne an die Heere in den Wiener Elendsquartieren zu denken: »Noch unwiderstehlicher als der ideale Drang machte sich das praktische Bedürfnis der großen Gesellschaftsklassen geltend, welche in der modernen Bauentwicklung die Führerrolle zu übernehmen hatten ... der zu Reichtum und politischer Bedeutung gelangte Mittelstand erheischte zugleich einen architektonischen Ausdruck seiner neugewonnenen Machtstellung, welcher mit den stolzen Adelspalästen der Adelsgeschlechter aus älterer Zeit wetteifern sollte.«

Der Liberalismus hatte für die entfesselte Bautätigkeit der frühen Gründerzeit die Grundlagen geschaffen: 1859 wurde Steuerfreiheit auf 18 Jahre für Häuser gewährt, die innerhalb der nächsten fünf Jahre vollendet wurden, und von 15 Jahren für die binnen einem Jahrzehnt fertiggestellten Wohnbauten. Den Neubauten auf dem ehemaligen Glacis wurde darüber hinaus eine besondere 25- bis 30jährige Steuerbefreiung gewährt. 1868 dehnte man diese Steuerbefreiung auch auf die Vororte aus: Eine ungeheure Welle von Neu- und Umbauten noch vor der Weltausstellung war die Folge. Aber auch nach dem Börsenkrach von 1873 kurbelte man die Bautätigkeit durch die Aufhebung der Verbrauchssteuer auf Baumaterialien und Erleichterungen bei der Gründung von Baugesellschaften an: Die 1869 gegründete Allgemeine österreichische Baugesellschaft, die 1870 entstandene Union-Baugesellschaft und der Wiener Bauverein von 1871 wurden die Träger riesiger Aufträge, die auch die Krisen der Gründerzeit überdauerten; die zahllosen kleineren Gesellschaften, die nur aus Spekulationsgründen gegründet worden waren, erwiesen sich hingegen als Börsenschwindel und gingen 1873 alle in Konkurs.

Einen weiteren Anstoß zur Hebung der Baulust brachte auch die neue Bauordnung von 1868, wobei sich die großen Baugesellschaften vor allem der Bodenspekulation und Parzellierung widmeten, kleinere Unternehmen die Projekte bauten. Doch in einem Bereich versagte das liberalistische Wirtschaftsprinzip völlig: Die streng kapitalorientierten Organisationsformen des ökonomischen Denkens erhöhten zwar den Anteil von Kleinstwohnungen am Wiener Wohnraum beträchtlich; aber der Masse der Wohnungsuchenden, den Industriearbeitern, konnte man keine preisgünstigen Wohnungen anbieten. Da verschlechterte sich die Situation rapid ...

Ferstels Kritik an den Zuständen war ernst gemeint. Doch er war vor allem ein Erfolgsmensch des Liberalismus, der sich wesentlich an der

Bauentwicklung des Straßenzugs und des ganzen riesigen Umfelds der ehemaligen Glacisanlagen, aber auch an der Entwicklung der Bau-Ideologie beteiligte. So sehr die einzelnen Gebäude stilistisch ihr Eigenleben führten, wurde eine monumentale Einheit durch »administrative« Ordnung (wie Fluchtlinien, Bauhöhen, strenge Achsen) erzielt. Gebäude mit betont repräsentativen Fassaden, reich gestaltetem plastischem Dekor und stark betontem, prunkvollem »Entrée« spiegeln noch heute das Baudenken der Zeit. Besonders deutlich wird das im Riesengeviert des Rathausplatzes, wo verschiedene Baustile zu Bedeutungsträgern werden, aber letztlich eine »historistische« Einheit ergeben: das Parlament als Sitz der Demokratie in griechisch-klassischer Strenge, die Stadtverwaltung in flämisch inspirierter Gotik, die Universität in einer frei abgewandelten Renaissancearchitektur, die für den Humanismus steht, und das Burgtheater als Paraphrase venezianischer und barocker Elemente imperialer Repräsentation. Arkaden binden die Reichsratsstraße und die umliegenden monumentalen Wohnblöcke an den Rathausplatz und die Rathausfluchtlinie an. Camillo Sitte (1843 bis 1903), der bedeutende Stadtplaner und Autor des Standardwerks »Der Städtebau«, der im »germanisch«-nationalen Fahrwasser eine »Heimatkunst« forderte, hatte bereits 1890 die »administrative Ordnung« mit ihren Rasterverbauungen und luxuriös getarnten Mietblöcken kritisiert. Er gehörte allerdings auch nicht mehr zur Generation der strengen Historismusbaukünstler, ihm war das Vernetzen von Kunstepochen und Ideen und die Schaffung eines »Idealstils« ebenso fremd wie das Denken in »versteinerter Geschichte«, die unablässig Symbole zu einer theatralischen Inszenierung vereinte.
Ferstel war aber auch an der Entwicklung der Wohnhäuser beteiligt, die dem Repräsentationsgedanken mit einer streng hierarchischen Gliederung der Stockwerke folgten. Er hat da Gebäude von höchster Eleganz geschaffen. Über den Lokalen im Erdgeschoß lagen die Beletage und ein weiteres Nobelgeschoß, mit einem eigenen Stiegenaufgang und zur Straße gerichteten Herrschaftsräumen. Der Hausherr inszenierte hier seine Selbstdarstellung in höchster Prunkentfaltung der Zeit. Für die Obergeschoße, die meist vermietet wurden, und für das Personal gab es eigene enge Dienerschaftstreppen und Räume zu den Lichthöfen. Ein besonderer Typus des Wiener »Mietpalastes« bot mehrere gleichwertige Wohnungen mit eigenen Stiegenanlagen bei

einem gemeinsamen, meist besonders reich gestalteten Vestibül. »Nicht Nützlichkeit, sondern kulturelle Selbstdarstellung bestimmt die Ringstraße«, resümierte der Fin-de-siècle-Forscher Carl Schorske. Doch wer sich solche Mietpaläste errichten ließ, sie von den ersten Firmen der Monarchie ausstatten ließ und sie selbst bewohnte, fragte meist nicht nach Kosten, sondern nur nach Erträgen. Träger dieses Repräsentationswillens waren denn auch die Vertreter des imperialen Machtanspruchs, Hofbürokratie, hohes Militär und Klerus sowie das wirtschaftlich erstarkte, im Zuge der Industrialisierung reich gewordene liberale Bürgertum: Es machte das feudalherrliche (Bau-)Denken der Aristokratie zu seiner eigenen Sache, wurde aber vom Adel – noch – nicht akzeptiert. Geringschätzig nannte man sie die »Ritter vom Ring«.

Die Aristokratie selbst nahm eine Zwischenstellung ein: Denn so mancher altaristokratische Grundherr hatte sich mit der Industrialisierung – den Zeichen der Zeit folgend – in einen Industriebaron verwandelt. Außerdem durften seit 1860 gemäß dem Wirtschaftsdenken des Liberalismus auch die Juden Grundbesitz erwerben, und so stieg eine weitere Gesellschaftsklasse in den Kreis der Auftraggeber der Ringstraße auf. Sie alle – der Staat, der Kaiser, alte und neue Aristokratie, jüdische Bankiers und Industrielle – waren auch Ferstels Auftraggeber.

Man wundert sich heute stets darüber, woher die Gründerzeit das Kapital für diese unvorstellbar aufwendigen Bauten bekam und dennoch keine Schulden machte. Der Kaiser, in Geldfragen stets ein Realist und kleinlicher Rechner, hatte das System ausgeklügelt und weitblickend gehandelt. Geldmittel für Monumentalbauten und für Ausstattungen waren dem sogenannten Stadterweiterungsfonds zu entnehmen. Die Summen, die aus dem Verkauf jener Bauparzellen in den Fonds flossen, die durch Zuschüttung der Gräben und Einbeziehung des Glacis entstanden waren, fielen dem Stadterweiterungsfonds zu. Der Staat legte aber darauf besonderen Wert, daß im Bereich der neuen Ringstraße und ihrer Nebenzonen vorwiegend luxuriös-repräsentative Bauten entstanden: Die Industrien sollten vom Bau profitieren, das Handwerk durch die Anforderungen der Ausstatter, Architekten und Künstler auf möglichst hohes Niveau gebracht werden. Also gewährte man für Neubauten Steuererleichterungen.

Unzufrieden war damit allerdings die Gemeinde Wien: »Diese Maßnahmen gingen auf Kosten der Gemeinde, der ohnehin durch die Aufschließung, durch Kanal- und Straßenbauten gigantische Kosten erwuchsen, die aber nie ernstlich dagegen Einspruch erhob, daß über ein zumindest ihrem Lebensbereich gehörendes Areal von Staats wegen verfügt wurde.« Das blühende Geschäft mit dem Ring wurde nicht einmal durch den Börsenkrach von 1873 ernsthaft in Frage gestellt. Mittel waren genug vorhanden – so wurden die Staatsbauten finanziert, ebenso konnte man auch bei zu wenig abgesicherten Projekten Privater rettend einspringen. Dabei legte die dem Innenministerium unterstellte Stadterweiterungskommission in künstlerischer Hinsicht an alle Projekte stets strenge Maßstäbe an, ja, wenn künstlerische Überlegungen besondere Finanzregelungen erforderten, half die Kommission, um den strikten Forderungen des Kaisers nachzukommen. Denn was die staatliche Repräsentation unter Kaiser Ferdinand und dem Staatskanzler Fürst Metternich bis 1848 versäumt hatte, versuchte Franz Joseph nun im Wettstreit mit Paris, London und Berlin aufzuholen.

Als man 1911, nach dem Verkauf der letzten Baugründe der Stadterweiterungszone, eines kleinen Streifens vor der ehemaligen Heumarktkaserne, Bilanz zog, erwies sich, welch ungeheure Bauleistung Wien seit der Demolierung der Befestigungsanlagen vollbracht und welch enormen wirtschaftlichen Ankurbelungseffekt der Ringstraßenbau bewirkt hatte. Insgesamt hatte der Stadterweiterungsfonds, der das freigewordene Areal verwaltete, 2,4 Millionen Quadratmeter abgetreten: etwa 1,5 Millionen Quadratmeter waren für Straßenzüge, Plätze und Parkanlagen verwendet worden, fast 380 000 Quadratmeter an Private verkauft worden, dabei viele Gründe um rund 500 Gulden pro Quadratmeter. Der Stadterweiterungsfonds erzielte Einnahmen von rund 126 Millionen Kronen (nach der Berechnung von 1911), zuzüglich die Interessen des Fonds, so daß die Gesamteinnahmen sich etwa auf 220 Millionen Kronen beliefen. Bedenkt man, daß die Gesamtkosten der Monumentalbauten trotz zum Teil verschwenderisch luxuriöser Ausstattung bis 1910 nur 105 Millionen Kronen ausmachten und für Straßen und Brücken etwa fünf Millionen ausgegeben wurden, kann man ermessen, welch enormes Geschäft der Ringstraßenbau in Gang setzte.

Erst jetzt versteht man, daß die Ringstraße in jeder Hinsicht ein neues Lebensgefühl bescherte. Wien, das im Vormärz einen Zug romantischer Idyllik angenommen hatte, mußte Metropole werden, um als »Reichshaupt- und Residenzstadt« alles zu überstrahlen. Das war eine zutiefst politische Entscheidung. Man fühlte sich in dieser Epoche des Flächen- und Farbenrauschs und der verschwenderischen Prachtentfaltung wieder wie in den Tagen der großen Barockkaiser, die es sich leisten konnten, sich als Götter auf den Plafonds von Palästen und Prunkstiegen selbst der Klöster darstellen zu lassen. Freilich, die Feudalaristokratie war ihrer Macht längst beraubt und in den Mechanismus der Konstitution eingespannt worden. Der Kaiser, die Kirche, die Militärs und des Kaisers Bankiers – das waren die neuen Herren. Und wie diese ihre Welt künstlerisch und geschmacklich gestalteten, wurde im kleinen von den Kleinbürgern der Vorstädte, von den Seidenfabrikanten, die seit der Stadterweiterung von 1890 am Gürtel ihre Häuser bauten, oder von Mietskasernenbesitzern nachgeahmt. Sie wollten genauso ihre vollbusigen Karyatidendamen, ihre muskelprotzigen Atlanten und ihre dekorierten Säulen als Träger des Mittelbalkons der Hausherrenwohnung ihr eigen nennen, wie sie es an den Ringstraßenpalästen der Todesco, Wertheim, Epstein, Sturany, Ephrussi, Leon-Wernberg sahen.

Die »Ritter vom Ring«

Wer waren diese »Ritter vom Ring«? Diese neue Gesellschaftsklasse der »Neureichen«, die der alten Aristokratie überall Konkurrenz machten, auch wenn sie die klingenden alten, und vor allem kreditwürdigen Namen immer noch brauchten – nämlich als glanzvolle Repräsentanten in den Gründungskomitees der Banken und Aktiengesellschaften, in den Verwaltungsräten der neugegründeten Finanz- und Industrieunternehmungen, als Aushängeschilder in den Versicherungsgesellschaften und Spekulationsgeschäften ... Das einträchtige Nebeneinander dieser Bankiers, Großhändler und Spekulanten Ringstraßen-Wiens in einer Porträtgalerie ließe einen staunen: Wie sie einander ähnelten und wie sie alle ihren Monarchen nachahmten! »Die Straßen waren von zahlreichen Franz Josephs bevölkert«, erinnert sich Franz Werfel, »überall in den Ämtern sah man bekannte und unnahbare Gesichter mit dem weißen Backenbart. Selbst die Portiers an den majestätischen Pforten der Palais trugen dieselbe Maske.« Doch hinter der vornehmen Fassade, die Würde, Glanz, Reichtum und Ehren suggerierte, schlugen die Herzen von Erfolgsmenschen, wie sie nur die Gründerzeit kannte. Entweder hatten sie schon von ihren Eltern ein gutbürgerliches Vermögen geerbt, dann wurde dieses Kapital jetzt, in der Hochblüte der Gründerzeit, in gewagten Spekulationen vermehrt. Oder sie hatten als Wirtschaftsabenteurer und Glücksritter sich aus kleinen Verhältnissen selbst emporgearbeitet. Dann kämpften sie umso unerbittlicher um ihren gesellschaftlichen Aufstieg und gegen ihre Konkurrenten. Höchstes Ziel war der Titel eines »Ritters von« oder gar eines Freiherrn. Man heiratete eine attraktive Frau, die dem Haus, vor allem dem Salon, Glanz geben mußte und für gesellschaftliche Attraktionen zu sorgen hatte. Und Künstler, von deren Existenz die neuen Herren früher nicht einmal etwas geahnt hätten, machte man nun zu

Freunden, weil im Wien des Mäzenatentums erst die Kunst das Geschäft wirklich adelte.

Die Ringstraße beherbergte in den »goldenen siebziger Jahren« nach den offiziellen Statistiken 350 private Bauherren, wenig bekannte neue Namen, Männer der Industrie und des Geldes, die gerade die Erfolgsleiter hinaufstiegen, und auch solche, deren Familie erst in der nächsten Generation den Zenit erreichte, daneben uralte, geschichtsträchtige Familien, die sich über die krampfhaften Bemühungen der »nouveaux riches«, sich rasch Noblesse und Savoir vivre anzueignen, lustig machten. Eduard Todesco war ein solcher Erfolgsmensch. Ein Mann des Großhandels, ein Bankier. Bildung empfand er zwar nicht als seine Angelegenheit, die feine, kultivierte Sprache ebenfalls nicht. Satirische Zeitschriften wie »Der Floh« stellten ganze »Todesciana« zusammen, bei welcher Gelegenheit Todesco Fremdwörter falsch verwendete. Er stand da der wegen ihrer Unbildung fast schon legendären Frau Pollak, Frau des Zündholzfabrikanten Adolf Pollak, der sich am Kärntner Ring 10 1863 ein Palais errichten ließ, durchaus nicht nach; 1868 stiftete Pollak das Rudolfinum (heute Rudolfsstiftung) und wurde dafür in den Ritterstand »von Parnegg« erhoben.

Todesco hatte es zur Baronie gebracht. Und seine Frau Sophie, Tochter der noblen jüdischen Familie Gomperz, wußte, wie man ein glanzvolles Haus führt und den eigenen Namen mit Schöngeisterei und mondänem Ästhetentum in Zusammenhang bringt. Mit ihrer Schwester Josephine von Wertheimstein, die draußen in Döbling in einer vornehmen klassizistischen Villa residiert, liegt sie im Konkurrenzkampf. Wenn ein Dichter wie Eduard von Bauernfeld von Josephine schwärmt, läßt das Sophie keine Ruhe. Wenn Ferdinand von Saar für Josephine Gedichte schreibt –

»Josphine, schlichter Name
Den die ferne Freundin führt –
Keinen gibt's, der sanfter, linder
Mir die tiefste Seele rührt ...«

– oder wenn der berühmte Maler des Münchner Historismus Franz von Lenbach Josephines schöne Nichte Franziska umschwärmt und malt, kann Sophie Todesco nicht nachstehen. Man mußte imponieren. Ab 1860 baut Ludwig Förster in der Kärntner Straße gegenüber der Hofoper das Palais Todesco. Theophil Hansen gestaltet die prunkvollen, schwer vergoldeten Kassetten des Plafonds mit allegorischen Deckenbildern von Carl Rahl. Todesco ist deswegen wohl niemandem gebildeter erschienen, aber jetzt sagte man wenigstens, er habe Stil. »Man hat wohl nicht bloß in Wien die Wahrnehmung gemacht, daß in den Familien der großen Bankiers die Frauen und Töchter feingebildet und für alles Schöne empfänglich sind, während die Herren ihren Geist meistens nur für die Börse geschult haben und ausschließlich dort verwenden«, ätzte der alte Zyniker Dr. Eduard Hanslick, das »musikalische Gewissen des Reiches«, über die Familie Todesco und war hier ebenso unerbittlich wie in seinen Kritiken über Richard Wagner und Anton Bruckner, die er unaufhörlich beflegelte. »Aber die Herren des Hauses stört das nicht. Genug, wenn sie freundlich gelaunt sind und sich nicht viel einmischen!« Unfreundlicher reagierte hingegen Bauernfeld, der auf Sophie und Eduard Todesco reimte:

»Jedes Licht hat seinen Schatten,
jede Frau hat ihren Gatten …«

Die Pracht des Hauses Todesco hatte für Wien ihr Gutes. Wiens Gesellschaft kam auf den Geschmack; Hansen durfte nach diesem ersten, brillant gelungenen Exempel seine raffinierte Interieurkunst noch in vielen anderen Häusern erproben. Getäfelte oder mit Seide bespannte Wände, schwer vergoldete und bemalte Kassettendecken, dunkeltonige Deckenbilder mit Göttern und Helden – am besten Abundantien und Allegorien auf Wirtschaft, Wissenschaft, Geld und Fortschritt –, goldschimmernde antikisierende Bronzeluster, intarsierte Parkettböden, Speisesäle mit Stuccolustro-Wänden oder Marmor und dazu viele Palmen, ja ganze Wintergärten … Im Haus Todesco hatte Hansen erprobt, wie man eine Wohnung in eine schimmernde Wunderwelt verwandelt: Das Ergebnis war so faszinierend – und ist es auch heute noch! –, daß die Ausstattungsmarke Hansen sogar für luxuriöse Mietwohnungen zum Vorbild wurde: Als Hansens Heinrichhof, benannt nach dem größten Ziegelfabrikanten der Monarchie, Heinrich Drasche, gegenüber der Oper schlüsselfertig war, pilgerten Architekten aus der ganzen Welt nach Wien. Ein sensationeller Bau, dessen Fassade Carl Rahl und August Eisenmenger mit Fresken

auf Goldgrund dekorierten. Der nobelste Zinspalast mit märchenhaft eleganten Wohnungen, in denen alle Probleme auch funktionell und technisch perfekt gelöst waren. Der Heinrichhof machte Schule. Und es mutet heute unverständlich an, daß Wien dieses bedeutendste Baudenkmal der Miethausarchitektur des Rings nach dem Bombardement im Zweiten Weltkrieg nicht zu retten versuchte, obwohl dies nachweisbar möglich gewesen wäre.
Wenige Meter weit von Eduard Todesco wohnte sein Bruder Moritz. Seine Freundin Henriette Treffz, Star der Dresdner Hofoper, führte seinen Salon. Als ihr dort 1862 Johann Strauß begegnet, gibt es für sie kein Zurück. Wien hat seinen Tratsch. Jetty wird Frau Strauß, regiert im Haus des Walzerkönigs, macht aus ihrem »Jean-Buben« aber auch den großen Komponisten, indem sie seine Karriere in die Hand nimmt und ihn vom Dirigieren und Stehgeigen in Gasthaus- und Gartenkonzerten befreit. Aus dem urwüchsigen Jean macht sie einen eleganten Mann, der wie Franz Joseph Kaiserbart trägt.
Der Schwarzenbergplatz wurde nach den Vorstellungen des Bildhauers Julius Hähnel, des Schöpfers des Schwarzenberg-Denkmals, von Heinrich von Ferstel einheitlich in Baulinien, Bauhöhen und Fassadengliederung konzipiert. Und Ferstel errichtete die Paläste für Erzherzog Ludwig Victor, den Bruder Franz Josephs und kapriziösen Kunstsammler, und für Franz Freiherr von Wertheim, der Werkzeuge und feuerfeste, einbruchsichere Kassen herstellte, die seit der Wiener Weltausstellung 1873 zu einem Verkaufsschlager wurden. Wertheim sah vor allem drauf, daß sein Palast dem des Erzherzogs Paroli bot: Monumentale Säulen akzentuieren die Fassade, aufs Dach ließ er eine riesige Wappenkartusche mit Krone setzen. Und in seinem Palais eröffnete er für sich und seine Gäste ein Theater, wo von ihm geförderte Schauspielelevinnen debütierten – und mitunter sogar Talent zu mehr zeigten ...
Eine der erfolgreichsten Persönlichkeiten der Ringstraßenzeit war Heinrich Drasche Edler von Wartinberg, der »Ziegeldrasche«. Von seinem Onkel, dem Ziegelbrenner Alois Miesbach, übernahm er die Ziegeleien auf dem Wienerberg und legte hier den Grundstein für ein Vermögen und eine Firma, die dank der genialen kaufmännischen Fähigkeiten Drasches zu einem Imperium wuchs. Seine unternehmerischen Qualitäten setzen noch heute die Fachleute in Erstaunen. Er

Das Adelige Casino, Spielsalon (heute Schubertring 5)

erwarb Kohlengruben im südlichen Niederösterreich, um billige Energie zur Verfügung zu haben, er pachtete den Wiener Neustädter Kanal für den günstigen Transport, er unterstützte von Anfang an das Stadterweiterungsprojekt, das ihm eine enorme Steigerung seiner Ziegelproduktion und schließlich sogar eine Monopolstellung garantierte. Mit dem Kauf des Riesenareals gegenüber der Hofoper half er dem Stadterweiterungsfonds, und sich selbst setzte er mit dem Heinrichhof, dem »elegantesten Zinshaus der Welt«, ein Denkmal, das international zum Vorbild wurde. Drasche schwebte in der Architektur die fruchtbare Zusammenarbeit von Kunst und Industrie vor: Er wollte den Baumeistern handwerklich und geschmacklich »edle« Produkte zur Gestaltung von Fassaden bieten. Und er hatte erkannt, daß die Vervielfältigung guter Formen eines der Erfolgsgeheimnisse dieser Zeit war. Das Ergebnis waren die von Drasches Firma serienmäßig hergestellten Terrakottafiguren, -vasen und -ornamente, mit denen in Hinkunft viele der Ringstraßenfassaden dekoriert wurden. Und Ar-

chitekt Hansen wurde bei seinen zahlreichen Palastbauten zum eifrigsten »Verwerter«, ja sogar »Designer« dieser Dekorelemente ...
Hochburg des sonst auf der Ringstraße nicht besonders stark vertretenen Hochadels war das von Johann Julius Romano vom Ringe erbaute Adelskasino am ehemaligen Kolowratring (heute Schubertring), dessen Fassade nach dem Zweiten Weltkrieg abgeschlagen und dessen Inneres verheerend verwüstet wurde. Notdürftig hat man nun vor wenigen Jahren wenigstens die Ringstraßenfront rekonstruiert. Hier war man »unter seinesgleichen«. In den feudalen Fremdenzimmern und Salons richteten sich Exzellenzen ein, die ihrer Familie wie der Fadesse ihrer Schlösser und Landsitze überdrüssig waren. Wie der Eigenbrötler Rudolf Graf Hoyos, das gesellschaftliche Haupt des Wiener Ästhetenkreises, Freund des dichtenden Freiherrn von Warsberg, der als Reisebegleiter Kaiserin Elisabeths sich sogar um den Bau ihres Sommersitzes Achilleion kümmern mußte und mit seinem Gedichtband »Ithaka« ein klassisches Beispiel der Ringstraßen-Albumpoesie vorlegte ... Im rotgoldenen Salon, zwischen kostbaren Gemälden und Skulpturen, schrieb Hoyos seine Modepoesie:

»Ich war vom Traumgott in den Schlaf gesungen;
er zeigt mir lieblich wechselnde Gestalten,
die sich an unsichtbare Fäden halten,
zu märchenhaftem Blüthekranz verschlungen ...«

Eines der schönsten Palais der Ringstraße wurde hinter dem Goethedenkmal an der Nordseite des Opernrings von Friedrich Baron Schey von Koromla, Finanzberater Erzherzog Albrechts, errichtet. Schey war ein Schöngeist: Er war Freund und Förderer des Burgtheaterdirektors Heinrich Laube und einer der Initiatoren des Stadttheaters an der Seilerstätte, wo heute das Etablissement Ronacher steht; er gehörte zu den Protektoren des Wiener Künstlerhauses, des Musikvereins und des Museums für Kunst und Industrie. Vor allem förderte er die Errichtung der Handelsakademie am Karlsplatz, mit der er sich und der Industrie ein Denkmal setzte.
So lebten sie, die »Ritter vom Ring«: die Fabrikanten und Geldleute wie Freiherr von Leitenberger oder Simon Freiherr von Sina, Skene, Epstein und Ephrussi, Bankiers wie Jonas Freiherr von Königswarter,

Alexander von Schöller oder Schey von Koromla, der Textilindustrielle Philipp Haas, für den Eduard van der Nüll das berühmte Haas-Haus am Stephansplatz im französischen Renaissancestil errichtete, Glasfabrikant Ludwig Lobmeyr und der Klaviererzeuger Ludwig Bösendorfer, der Waffenfabrikant und Stahlindustrielle Franz Mayr Freiherr von Melnhof und viele andere. Und natürlich Nikolaus Dumba, einer der bedeutendsten, vielleicht sogar der am meisten von Kunst besessene Mäzen der Ringstraße, der Makart als Förderer und Freund verbunden war und von ihm sein legendäres Arbeitszimmer gestalten ließ. Dumba war ein leidenschaftlicher Sammler und Förderer von Talenten. Die Wiener Gesellschaft der Musikfreunde, der Wiener Männergesang-Verein, das 1865 von August von Weber erbaute Wiener Künstlerhaus, Rudolf von Eitelbergers Museum für Kunst und Industrie, die großen Konkurrenzen zur künstlerischen Ausgestaltung Wiens … überall arbeitete Dumba mit, überall plante, organisierte, finanzierte er oder regte er Neuerungen an. Doch darüber mehr im Zusammenhang mit Hans Makart.

Die Alt-Aristokratie

Spitzenstellungen in der Wiener Ringstraßengesellschaft nahmen nur wenige ein. Die reichen Neugeadelten mußten erst in diese Gesellschaft hineinwachsen, die vorerst von alten Namen dominiert wurde: So von Erzherzog Ludwig Victor und Erzherzog Wilhelm, von Herzog Philipp von Württemberg, vom Haus Hohenlohe, von Graf Crenneville, von Fürstin Pauline Metternich oder Edmund Graf Zichy. Doch profilierten sich auch die Neuen erstaunlich schnell, wie Nikolaus Dumba oder Baron Schey von Koromla zeigten.

Erzherzog Ludwig Victor hatte ein großes Verdienst: Er machte die Ringstraße als Wohnadresse »hoffähig«. Als der Schwarzenbergplatz parzelliert wurde, sah er eine Chance, einen Palast nach seinem Geschmack zu errichten, und beauftragte damit Ferstel, dessen Konzept einer einheitlichen Gestaltung ihm gefiel. 1888, zum vierzigjährigen Regierungsjubiläum Franz Josephs, erschien ein Armeealbum, in dem alle Mitglieder des Kaiserhauses vorgestellt werden; »Luzivuzi«, wie der jüngste Bruder des Kaisers genannt wurde, ist da nur »am Rande« berücksichtigt. »Er war eine sehr eigentümliche Persönlichkeit«, begründet die Gräfin Fugger die allgemeine Ablehnung Ludwig Victors. »Ein geistreicher Diplomat sagte von ihm, er sei ein Seladon, ein König des Madrigals, ein Fürst des Tanzes. Die Charakteristik ist nicht übel, wenn man hinzusetzt, daß Erzherzog Ludwig Victor nicht selbst tanzte, sondern nur gern dem Tanze zusah. Er war grundverschieden von seinen Brüdern, war weder militärisch noch kunstverständig, schwächlich, unmännlich, geziert und von garstigem Äußeren. Man fürchtete ihn wegen seiner Medisance. Er führte ein sehr weltliches Leben, war über alles – nicht immer richtig – unterrichtet, seine Zunge war scharf wie die einer Giftschlange. In alles mischte er sich ein, spann daraus Intrigen und freute sich, wenn kleine Skandälchen daraus wurden. Man hatte allen Grund, seine Indiskretionen und Tratschereien zu fürchten; doch er war der Bruder des Kaisers. Und so ließ man sich alles gefallen. Eine gute Seite hatte er aber doch: Er war der Freund seiner Freunde – mehr als seiner Freundinnen –, er verteidigte sie, wenn sie von der Welt angegriffen wurden, und bewies ihnen allerlei Amabilitäten. Alten – mehr als jungen Damen gegenüber war er von größter Aufmerksamkeit und Liebenswürdigkeit ... Wenig beliebt war er in der kaiserlichen Familie; denn auch da wußte er immer etwas zu bekritteln oder etwas zu betratschen. In seinem Palais am Schwarzenbergplatz gab es jeden Fasching mehrere Bälle, oft auch große Diners. Mit seinen Einladungen war er aber sehr wählerisch. Es gab Familien, die er grundsätzlich nicht einlud, nicht etwa weil sie sich etwas zuschulden hatten kommen lassen, sondern einfach nur deshalb, weil sie ihm nicht gefielen. Mein Mann stand sehr in Gnaden bei ihm ...«

Zweimal wollte Luzivuzi heiraten, einmal Prinzessin Ludwiga Lobkowitz, dann Kaiserin Elisabeths Schwester Sophie. Beide Damen hatten sehr bald seine Neigungen erkannt und beeilten sich, dieser Ehe zu entgehen. Und während der Hof und die Gesellschaft seine Affären mühsam zu vertuschen suchten, machte er kein Geheimnis daraus. Immer wieder wurden junge Bademeister im Palais am Schwarzenbergplatz engagiert, die nach kurzer Zeit entlassen wurden und goldene Uhren mit dem brillantbesetzten Monogramm »LV« ins Dorotheum zur Versteigerung brachten. Es war das traditionelle Geschenk an die Liebhaber des Erzherzogs. Der Kaiser versuchte es mit Geduld. Doch nun fuhr Ludwig Victor mehrmals wöchentlich mit seinem Hofwagen und Lakaien in das Zentralbad in der Weihburggasse. Dort kam es zum Skandal. Der Erzherzog hatte sich im Bad einem jungen Offizier unsittlich genähert und als Antwort eine Ohrfeige erhalten. Ludwig Victor wurde nach Salzburg verbannt, wo er sich in Schloß Kleßheim einrichtete. Wien durfte er nicht mehr betreten. Da er über ein beträchtliches Vermögen verfügte, widmete er sich nun ganz seiner Sammelleidenschaft: Kleßheim quoll bald über von Gemälden, Möbeln, Silber, Porzellan, Uhren, Waffen, Handschriften. 1919 starb er in geistiger Umnachtung. 1921 wurden die Kostbarkeiten vom Wiener Dorotheum versteigert – es machte sich damit international einen Namen! Der achtteilige Katalog ist heute noch eine kulturgeschichtliche Rarität.

Constantin Fürst Hohenlohe-Waldenburg-Schillingsfürst,
Obersthofmeister des Kaisers, in Majoruniform, und seine Frau Marie
geb. Prinzessing Sayn-Wittgenstein, Photographie

Am Parkring residierte Erzherzog Wilhelm, Sohn Erzherzog Karls, des Siegers von Aspern. Wie sein Vater war er Soldat und vor allem Artillerist aus Leidenschaft, der in der Armeeführung Entscheidendes zu sagen hatte und immer wieder reformierend eingriff. 1863 wurde er Hoch- und Deutschmeister; und bereits 1864 beauftragte der an Architektur und der architektonischen Entfaltung der Ringstraße besonders interessierte Erzherzog Theophil Hansen mit dem Bau eines marmornen Palais, dessen Innenausstattung selbst die prunkvollen Stadthäuser der Todesco oder Rothschild in den Schatten stellte. Wenige Innenausstattungen sind so sehr zum Gesamtkunstwerk aus Marmor, Holz, Vergoldungen, Goldbronze und Seide gediehen.

Mit ihm konnte nur Philipp von Württemberg konkurrieren, der sich am Kärntner Ring sein Palais erbauen ließ und 1865, nach der Fertigstellung, Maria Theresia, die Tochter des Feldmarschalls Erzherzog Albrecht, des »inspecteurs de moral« des Kaiserhauses, heiratete. Albrechts Tochter hatte mit dem schönen Lebemann kein Glück: Nach zahllosen Affären, Skandälchen und unglücklichen Finanztransaktionen mußte er das Palais verkaufen. Es wurde das heutige Hotel Imperial, das mit seinem romantisch-phantasievollen Stiegenhaus und seinen Marmorsälen zu den feinsten Bauleistungen der Ringstraße zählt.

Dem Haus Hohenlohe kam in der Gesellschaft der Ringstraße eine Führungsposition zu: Constantin Fürst Hohenlohe-Schillingsfürst, Obersthofmeister des Kaisers, aus habsburgtreuem altem mitteldeutschem Adel kam 1848 nach Österreich, nahm am Italien-Feldzug 1849 teil und wurde 1854 der General-Adjutantur des Kaisers zugeteilt. Seine Beziehungen zu Franz Joseph müssen sehr gut gewesen sein. Denn unmittelbar nach dem großen Revirement bei den Staats- und Hofstellen nach der Schlacht von Königgrätz wurde er provisorischer Obersthofmeister und Oberstkämmerer, 1867 bereits Obersthofmeister, während Franz Graf Foliot de Crenneville zum Oberstkämmerer bestellt wurde. Der Amtsantritt des ehrgeizigen Fürsten brachte eine straffe Neuorganisation der Hofbehörden in einem strengen Zentralismus; das erstarrte Hofzeremoniell wurde jedoch durch vernünftige Neuerungen erleichtert. Der Kaiser, der ihm vertraute, hatte ihn schon bald mit heiklen Aufgaben, wie den großen Diners und Soiréen, betraut. Die Aufgaben wuchsen, die Schwierigkeiten, die ihm Feinde bereiteten, wurden immer größer: »... es ging über Menschenkraft hinaus«, schreibt Hohenlohes Biograph Karl Edler, der Erzieher seiner Kinder, »darum hat es ihm auch das Leben verschattet, und man konnte nicht ohne eine gewisse unwillige Bewunderung zusehen, wie er schließlich daran zu Grunde ging.«

Sein »zweites Ich« war seine Frau Marie, in Südrußland geborene Tochter des deutschen Fürsten Nikolaus Sayn-Wittgenstein und der polnischen Prinzessin Carolyne Iwanowska: eine Frau von hoher Bildung, die fließend Französisch, Deutsch, Polnisch und Russisch sprach. Ihre exzentrische, rastlose Mutter hatte in Kiew den Virtuosen Franz Liszt kennen- und liebengelernt und zog mit diesem an die zehn Jahre durch Europa, bis sie sich mit Liszt und der damals elfjährigen Marie auf dem Landsitz Altenburg bei Weimar niederließ. Liszt war damals großherzoglicher Kapellmeister in Weimar – und Freund Richard Wagner redete die Fürstin als »liebe Kapellmeisterin« an! Zwischen 1850 und 1860 machte Carolyne Altenburg zum Musenhof der jungen Maler, Dichter, Bildhauer und Musiker. Marie durfte an all den Gesellschaften teilnehmen: Friedrich Hebbel widmete ihr ebenso Huldigungsgedichte wie Heinrich Hoffmann von Fallersleben; Richard Wagner schenkte ihr – wie Marie in einem Brief an Ferdinand von Saar schreibt – die Partitur seiner »Nibelungen«-Tetralogie mit den Worten: »Der Nibelungen Neid und Not, der Wälsungen Wonne und Weh, alles dem klugen Kinde zum Andenken an den dummen Richard.« Maler wie Julius Schnorr von Carolsfeld, Moritz von Schwind, Friedrich Preller, Ary Scheffer und Eugène Delacroix kamen ebenso wie die Bildhauer Ernst Rietschel und Ernst Julius Hähnel. Mit Liszt reiste »das Kind Marie« aber auch ins Schweizer Exil Richard Wagners und zu Gottfried Semper: »Wir hatten in Zürich Gottfried Semper kennengelernt – und ich erinnere mich, daß er uns mehrmals in dem alten romanischen Münster geführt hatte, und uns auf die fantastischen Verzierungen der einzelnen Capitäle aufmerksam machte.«

1858 heiratete Konstantin Hohenlohe Marie. Sie wohnten im Augartenpalais. Marie, die Festlichkeiten liebte, versammelte in ihrem Salon die Spitzen der Wiener Gesellschaft: die Erzherzöge Wilhelm und Ludwig Victor, Hans Graf Wilczek, Albrecht Graf Wickenburg, die Familien Salm, Liechtenstein, Mannsfeld, Auersperg, Hoyos. Franz

Liszt, Franz von Dingelstedt, Kapellmeister Johann Herbeck, Hans Makart, Rudolf von Eitelberger, die Architekten Heinrich Ferstel und Carl Tietz und der seit der Seeschlacht von Lissa gefeierte Held Admiral Wilhelm von Tegetthoff waren gern gesehene Gäste.
Das größte dieser Feste organisierte Marie im Augarten 1873 für ausländische Fürsten, die die Wiener Weltausstellung besuchten. Die Teilnehmerliste zeigt Stellung und Glanz des Ehepaars Hohenlohe und seinen Einfluß in Politik und Diplomatie: Es kamen Kaiser Franz Joseph, Zar Alexander II. von Rußland, zahllose Erzherzöge, Fürsten, Hoheiten, Exzellenzen, insgesamt 800 Gäste.
Constantin Hohenlohe war von Kunst fasziniert, und der Bau der Ringstraße, für deren Entwicklung und künstlerische Ausgestaltung er alle seine Beziehungen zu Künstlern einsetzte, war ihm eine Herzensangelegenheit. Seine erste Aufgabe sah er in der Fertigstellung der Hofoper, wo er die Architekten immer wieder mit Vorwürfen wegen des zu langsamen Weitergangs des Baus überhäufte. Ferner oblag es ihm, unter den eingereichten Projekten für den Bau der Hofmuseen die Entscheidung zu treffen. Dachte er zuerst an eine Verwirklichung der Pläne Theophil von Hansens, der die Museen als riesige griechisch-antike Palasteinheit errichten wollte, so entschied er sich nach langen Gesprächen mit Crenneville für das Projekt Carl von Hasenauers.
Hohenlohe kämpfte darum, die Bauleitung der Museen in seine Hand zu bekommen – bei der Hofoper lag die Leitung beim Wiener Stadterweiterungsfonds. Es gelang dem klugen Diplomaten: Nach anfänglichen Meinungsverschiedenheiten mit Wickenburg beauftragte man das Hofbau-Comité und vermied so in Hinkunft jede weitere Vermengung von Staatsgeldern und Privateigentum des Kaisers. Hohenlohe hatte aber noch Größeres im Sinn: Er setzte die Berufung Gottfried Sempers durch, den Marie aus ihrer Jugend kannte. Als es später zum Streit zwischen Semper und Hasenauer um die Hofburg- und Burgtheaterplanung kam, versuchte Marie bis zum endgültigen Bruch immer wieder eine Versöhnung herbeizuführen. Auch sie empfand dieses Burgprojekt als ihr Kind.
Viele entscheidende Fragen zur Errichtung der Ringstraße wurden letztlich von Hohenlohe in Übereinstimmung mit dem Kaiser entschieden: Auch Makart war über Vermittlung des Münchner Histori-

enmalers Wilhelm von Kaulbach und den Maler Joseph Berres von Perez und dank der Förderung des Fürstenehepaars nach Wien geholt worden; und obwohl man sich in den besonders konservativen Adelskreisen über Hohenlohes freundschaftliche Beziehungen zu dem »verderbten Maler« Makart mokierte, ließ sich Hohenlohe nicht beirren. Makart mußte sofort zwei Hohenlohe-Söhne porträtieren.

Gefördert wurden auch der Bildhauer Edmund Hoffmann von Aspernburg und der Maler Josef Hoffmann, der für Richard Wagners »Ring« die Bühnenbilder entwarf. Marie Hohenlohe erörterte in ständigem Briefwechsel mit Rudolf von Eitelberger vom Museum für Kunst und Industrie aktuelle Kunstfragen – wie etwa Gestaltung und Plazierung des Tegetthoff-Denkmals auf dem Praterstern. Einmal bittet Marie Eitelberger um Vermittlung eines Ateliers für den nach Wien zurückgekehrten Maler August von Pettenkofen, dann unterstützt sie wieder Eitelberger in so heiklen Fragen wie dem Guß des Maria-Theresien-Denkmals oder der Freskenausstattung des Burgtheaters. Und auch aus ihren Kontakten zu Albert Ilg, dem bedeutenden Kunsthistoriker und Kustos der Kunstsammlungen des Kaiserhauses, lassen sich entscheidende »Folgen« ablesen: Ilg war es, der der Fürstin den genialen Dekorateur Hasenauer und die neobarocken Skulpturen des hochbegabten jungen Bildhauers Victor Tilgner schmackhaft machte. Makart, Tilgner und Hasenauer, die »Dreifaltigkeit« der Ringstraßenkunst, wurden schließlich die Lieblingskünstler des Kaisers.

Es gab kein Kulturinstitut in Wien, das nicht von der Fürstin profitierte. Kreuz und quer durch Gesellschaft und Gesellschaftsschichten spann sie ihre kulturpolitischen Fäden: Hans Graf Wilczek, der Bauherr von Burg Kreuzenstein, oder Edmund Graf Zichy waren bei ihr ebenso gern gesehene Gäste wie der Geldadel, die Kunstkenner Nathaniel Rothschild und Nikolaus Dumba, der Historiker Alfred von Arneth, die Architekten Heinrich Ferstel und Carl Tietz, Burgtheaterdirektor Franz von Dingelstedt wie seine Schauspieler Adolf Sonnenthal oder Josef Lewinsky, wie der Dichter Ferdinand von Saar oder Ludwig August Frankl. Und es ist fraglich, ob Hasenauer und Makart den Auftrag für Bau und Schlafzimmerausstattung der Hermesvilla der Kaiserin bekommen hätten, wenn nicht die Fürstin mit Kaiserin Elisabeth immer wieder intime Gespräche geführt hätte – zum Beispiel auch über Kindererziehung und Eheglück ...

Pauline Fürstin Metternich-Sándor als »moderne Juno« in einer Benefizaufführung »Die Götterdämmerung«, Stadtpalais Schwarzenberg am Neuen Markt, 1886

Aus anderem Holz geschnitzt war Komtesse Pauline Sándor, Tochter des »Reitergrafen« Moriz Sándor und Leontine Metternichs, Enkelin des Staatskanzlers Fürst Clemens Metternich. Sie heiratete ihren Onkel Richard Fürst Metternich-Winneburg, aus des Staatskanzlers zweiter Ehe. Richard Metternich war österreichischer Botschafter in Dresden; 1860 schickte man ihn nach Paris, wo er Österreich bis zum Sturz Napoleons III. und des Zweiten Kaiserreichs 1871 vertrat. Metternich und seine Frau Pauline betrieben »Österreich-Werbung« mit höchster Perfektion. Ihr Salon wurde zum Zentrum für Zeitgeist-Gespräche, Kunst, Mode und Festlichkeiten. Denn Pauline galt bald als unvergleichliche Arrangeurin von Festen und großen Benefizgalas, sie spürte junge Künstler auf und beschäftigte sie und sang selbst und spielte Theater. Nach der Schlacht von Sedan und Napoleons Internierung auf Schloß Wilhelmshöhe bei Kassel kehrten die Metternich nach Wien zurück. Und nun wurde Pauline zur »Zeremonienmeisterin« der Festlichkeiten Wiens. Sie arrangierte, kommissionierte und konferierte, und so kam im Laufe der Jahre eine unglaubliche Zahl von Veranstaltungen zustande, die alle etwas gemeinsam hatten: Sie amüsierten die Reichen und brachten sie dazu, für gute Zwecke viel Geld zu spenden. Es gab Bälle, Soireen, Gartenfeste, Frühlingsfahrten, Kostümredouten Karusselle, Ausstellungen, Theaterabende ... Sie hatte das Zeug zur mitreißenden Schauspielerin und machte auch das Theaterspielen in der Wiener Aristokratie populär.

Der Burgtheaterdichter Adolf von Wilbrandt schrieb 1876 für eine Geburtstagssoiree im Hause Hohenlohe ein Zweipersonenstück für den berühmten Schauspieler Adolf Sonnenthal und die Dilettantin Pauline Metternich. Richard Metternich hatte Couplettexte komponiert. »Von Angesicht zu Angesicht« fand jedenfalls bei der ersten Privataufführung solchen Beifall, daß es öffentlich aufgeführt werden mußte. Im April 1876 wurden damit zwei Wohltätigkeitsvorstellungen der »Komischen Oper« bestritten. Wilbrandt selbst fand: »Sie spielt mit einer unwiderstehlichen, wilden Genialität. Hier entlud sich das ›Rassige‹, Urwüchsige ... Über den Abgrund der Posse ging sie auf gespanntem Seil festen Schrittes dahin, mit der Balancestange des wohlerzogenen Geschmackes.‹« 1879 gab es einen Theaterabend in der Reitschule des Palais Schwarzenberg, wo die Fürstin als »resche Person« auftrat; 1888 stürzte sie sich in eine Maria-Theresi-

en-Ausstellung, deren Reingewinn der Allgemeinen Poliklinik zufloß.
Schon im Mai 1886 hatte sie im Prater das erste Frühlingsfest gefeiert. Doch für die Überlassung des Praters mußte die Erlaubnis des Obersthofmeisters eingeholt werden: Hohenlohe geriet mit der Metternich in Streit. Sie verzieh ihm nicht, daß er ausgesprochen hatte, was schon ganz Wien dachte: daß diese Feste nur dazu da seien, die Metternich selbst zu amüsieren. Mit Briefen bombardierte sie nun alle, um »den Fürsten Hohenlohe zu bändigen«.
Doch sie selbst, ein Energiebündel, war nicht zu bändigen: Unaufhörlich produzierte sie Ideen und wurde damit unglaublich populär. Bei den alljährlichen Praterausfahrten am 1. Mai jubelten ihr die Wiener fast ebenso zu wie dem Monarchen. 1889 veranstaltete sie im Palais Schwarzenberg eine Goldschmiede-Kunstausstellung, in deren Rahmen Schätze aus dem Privatbesitz der Aristokratie gezeigt wurden, 1892 organisierte sie die Theater- und Musikausstellung in der Rotunde; es folgten Redouten, die berühmten Blumenkorsos, Monster-Tees, eine Altwiener Walzerjause für die Kuratorien der Poliklinik, des Niederösterreichischen Gewerbe-Vereins, des Technologischen Gewerbe-

Vinzenz Katzler, Ball bei Julius Graf Andrássy anläßlich des Besuchs der deutschen Kaiserin Viktoria Augusta am 29. Juni 1873, Xylographie nach der Originalzeichnung

museums, der Freiwilligen Rettungsgesellschaft, der Gesellschaft vom Weißen Kreuz, für den Künstlerverein und den Musikverein.
Einer der bedeutendsten Mäzene der Ringstraße war Edmund Graf Zichy, Mitglied der berühmten Familie Zichy-Vasonykeö. Nach der militärischen Laufbahn bei der österreichischen Armee bereiste er Spanien, Frankreich, Italien und vierzehnmal den Orient. Der mustergültigen Bewirtschaftung seiner Güter und der Pflege von Kunst und Kunstgewerbe gehörte sein ganzes Interesse. 1867 Präsident der ungarischen Ausstellungskommission für Paris, einer der ersten Kuratoren des k.k Museums für Kunst und Industrie, förderte er besonders die Wiener Kunstgewerbeschule und die Genossenschaft der bildenden Künstler im Künstlerhaus. Er sammelte alte Kunst, war aber auch ein idealer Partner der Kunsthandwerker, vor allem der Gold- und Silberschmiede, denen er große Aufträge gab. Und für Rudolf von Eitelberger war er ein leidenschaftlicher Mitarbeiter, der für die großen Kunstgewerbeausstellungen Leihgaben aus den Schatzkammern des alten Adels beschaffte, der aber auch von seinen Reisen Kunstgewerbearbeiten für die Mustersammlung des Museums mitbrachte.
Bei der Wiener Künstlergenossenschaft war Zichy vor allem während der Präsidentschaft Hans Makarts und Andreas Streits ein wichtiger Berater. 1881 setzte er die Erweiterung des Künstlerhauses August Webers um zwei Seitentrakte mit Hilfe Erzherzog Karl Ludwigs durch. Um die Umbauten rasch durchzubringen, fungierten Zichy und Nikolaus Dumba als Bauherren.
Zichy hat gewohnt, wie man sich das heute von einem Ringstraßen-Aristokraten vorstellt: Berühmt wurde ein Feuilleton über seine Wohnung im Palais Henckel-Donnersmarck an der Ecke Parkring – Weihburggasse, das der berühmte Ringstraßen-Chronist Ludwig von Hevesi für seinen Band »Wiener Totentanz« schrieb: »Er wohnt in einer Art Weltausstellung (Museum wäre zu wenig gesagt), und dennoch ist es keine, sondern bleibt immer noch Menschenwohnung, beseelt durch den eigenen Geist des Insassen, der zu jedem einzelnen Gerät oder Kunstwerk eine persönliche Beziehung hat. Vieles hat er geradezu selbst geschaffen. Schon die großen Teppiche, welche die Fußböden bedecken, sind nach eigenen Entwürfen bei Haas gearbeitet worden … Man durchmustere jene inhaltsreiche Wand, an und vor der sich eine ganze Sammlung indischer und chinesischer Bronzen aus-

breitet; da ist kein Stück, das nicht seinen spezifischen Wert hätte, es ist ein Kapitel aus der ›Geschichte der Arbeit‹, ohne Text und Illustrationen, bloß in lebendigen Mustern.«
»Am anderen Ende einer imaginären Ordnungsskala der Ringstraßenbewohner des neunzehnten Jahrhunderts« – so Elisabeth Springer – »ist Franz Freiherr von Wertheim zu denken.« Er war der Inbegriff vom Typus des »Ringstraßen-Barons«. Ein Großunternehmer, der sich am Lebensstil und äußeren Auftreten des Adels orientierte und durch seine Ansiedlung an der Ringstraße, an der luxuriösen Ecke Kärntner Ring – Schwarzenbergplatz, den Rahmen für seine Repräsentationskultur zu erwerben suchte.
Zum Unterschied zu Hohenlohe, Metternich, Zichy kam er aus einfachsten Verhältnissen. Wanderjahre in Deutschland, Frankreich, England. Als Zweiundzwanzigjähriger errichtet er in Krems eine Werkzeugfabrik, zu der er nach beachtlichen Erfolgen ein Hammerwerk in Scheibbs dazukauft. Seit 1844 werden seine Produkte auf den Industrieausstellungen prämiiert. 1852 gelingt ihm »sein Produkt«: Er entwickelt mit Friedrich Wiese die erste österreichische Fabrik für feuerfeste und einbruchsichere Kassen mit Spezialsperrsystem und errichtet eine Fabrik für Buntpapier und Zigarettenpapier.
Er war Erfolgsmensch wie alle Ringstraßenbarone. Sosehr seine »Weltmarken« die Zeitgenossen beeindruckten, so lachten sie aber doch über seine Leidenschaft, Orden zu sammeln und zu tragen, aber noch mehr über die Wertheim-Witze und -Karikaturen. Immerhin wurde er mit dem Eisernen Kronenorden zweiter Klasse ausgezeichnet und erhielt den so sehnlich gewünschten Freiherrntitel. Wertheim war ein »Großmeister der Reklame und Scharlatanerie«, schrieb etwa Bürgermeister Cajetan Felder in seinen Erinnerungen, »außergewöhnlich findig, tätig und energisch nicht bloß auf dem Gebiet der Industrie, sondern auch der Galanterie; er war Herold und Bannerträger aller Welt- und sonstigen Ausstellungen ...«
Für die Ringstraße bedeutsam wurde Wertheims elegantes Palais im Renaissancestil, das er am Schwarzenbergplatz genau gegenüber dem von Ferstel errichteten Palais für Erzherzog Ludwig Victor plazierte – was diesen maßlos geärgert haben soll. Auch für Wertheim baute Ferstel, und zwar das Privatpalais und ein anschließendes Zinshaus, das wenigstens einen Teil der Kosten wieder einspielen sollte.

Des Kaisers Rock: Soldatenleben

Es war der Höhepunkt im »militärischen Jahr« jedes Soldaten. Und ein Ereignis, an dem auch ein »distinguirtes Publicum« teilnahm: die Truppenparade auf der Schmelz. So berichtet die »Neue Freie Presse« vom 2. Mai 1879: »Bei freundlicher, aber kühler Witterung fand heute früh auf der Schmelz die übliche Frühjahrs-Revue der Truppen vor dem Kaiser statt. Zu diesem Zwecke waren unter dem Commando des Landes-Commandierenden FZM Baron Maroicic sämmtliche in Wien und nächster Umgebung garnisonirenden Truppen, inclusive der Cadettenschulen und der technischen Militär-Akademie, auf dem Schmelzer Exercirplatze in Parade-Adjustirung mit Waffenröcken ohne Mantel und mit Feldzeichen ausgerückt. In Summe waren es 35 Bataillone Infanterie, 10 Escadronen Reiterei und 96 Geschütze. Schon um 7 Uhr trafen die Spitzen einzelner Regimenter mit klingendem Spiele auf dem Platze ein. Um halbneun war die Aufstellung in fünf Treffen vollendet. Um dieselbe Zeit sammelten sich, um den Kaiser zu erwarten, am südlichen Eingange zur Schmelz die hier weilenden Erzherzoge (Karl Ludwig, Albrecht, Rainer, Eugen), die Garde-Capitäne mit ihren Special-Suiten, sämmtliche dienstfreie Generale, die fremdländischen Militär-Attachés, unter welchen besonders die englischen Officiere mit ihren rothen, reich mit Gold besetzten Uniformen auffielen, endlich zahlreiche active und außer Dienst gestellte Stabs- und Ober-Officiere. Der Kaiser erschien punkt 9 Uhr in einer zweispännigen Hof-Equipage, an der Seite seines Schwagers, des Herzog Ludwig in Bayern, und gefolgt von den beiden General-Adjutanten Baron Mondel und Ritter von Beck, einem Flügel-Adjutanten und dem Adjutanten des Herzogs in Bayern. Auf 100 Schritte der kaiserlichen Equipage voraus ritt Graf Andrássy in der ungarischen Generalsuniform, und in der gleichen Entfernung folgte dem Monarchen Erzherzogin Gisela. Sie fuhr in leichter Frühjahrs-

Toilette, begleitet von einer Hofdame, in einem englischen Viererzuge à la Daumont mit Vorreitern, dann kamen zwei zweispännige Equipagen mit Hofdamen und zwei Hofcavalieren.
Der Kaiser mit seinem nächsten Gefolge bestieg bei dem Schmelzer Friedhof die bereit gehaltenen Pferde und ritt, gefolgt von der glänzenden, aus mehr als 300 Reitern bestehenden Suite, gegen den linken Flügel des ersten Treffens. Auch die Botschafter Reuß und Robilant waren in der Suite, nach Entgegennahme der Meldung des Commandierenden ritt der Monarch unter den Klängen der Volkshymne und des Generalmarsches die Fronten aller fünf Treffen ab. Die Wagen der Erzherzogin und der beiden Hofdamen schlossen sich der Suite an. Nach dem Abreiten der Fronten, welches eine volle halbe Stunde beanspruchte, ließ der Kaiser die Truppen defiliren. Um halb 11 Uhr zog die letzte Abtheilung an dem Monarchen vorüber, und hiermit war die Parade beendet. Ein nach Tausenden zählendes, zum Theile sehr distinguirtes Publicum, welches den Kaiser und die Erzherzogin

Die große Frühjahrsparade auf der Schmelz (Erzherzogin Maria Annunziata, Erzherzog Wilhelm, Kronprinz Rudolf, Prinz Leopold von Bayern, Erzherzog Rainer, Kaiser Franz Joseph, Erzherzog Albrecht, Prinz Wilhelm von Preußen), Originalzeichnung von W. Grögler

Gisela bei ihrer Ankunft und Abfahrt mit Jubelrufen begrüßte, hatte sich auf der Schmelz eingefunden, um dem imposanten militärischen Schauspiel beizuwohnen.«
Die Parade war eine Demonstration militärischer Stärke, vor allem aber das Bekenntnis des Militärs zu seinem Monarchen, aber auch ein Bekenntnis des Kaisers zu seiner Armee. Seit Kaiser Josef II. das der Tradition entsprechende, zeremonielle Mantelkleid abgelegt – manche sagten: »eingespart« – hatte, war die Uniform des Offiziers hoffähig geworden. Die Monarchen selbst trugen nun häufig Uniform und unterstrichen damit den Vorrang des Militärs. Kaiser Franz Joseph wählte den Uniformrock aber als sein bevorzugtes Kleidungsstück: Wenn er nicht ausnahmsweise Jagdkleidung trug, präsentierte er sich als Feldmarschall oder Regimentsinhaber. Und ließ keinen Zweifel aufkommen, welche Bedeutung er dem Militär – neben dem Beamtentum – beimaß.
Auf dem böhmischen Schlachtfeld bei Königgrätz hatte dieses Militär 1866 seine ärgsten Verluste erlitten: 40 000 Soldaten fielen in der Schlacht gegen Preußen, Österreich verlor seine Vormachtstellung im Deutschen Bund; innenpolitisch mußte der Kaiserstaat 1867 dem »Ausgleich« mit Ungarn zustimmen und 1868 die Aufstellung der königlich-ungarischen Honvéd, eines national-ungarischen Truppenverbandes mit Kroaten, Banater Schwaben, Siebenbürger Sachsen und Rumänen, zugestehen und Ungarisch als Kommando- und Dienstsprache der Honvéd gestatten. Um die österreichische, die cisleithanische Reichshälfte, die »im Reichsrathe vertretenen Königreiche und Länder«, nicht zu benachteiligen, wurde 1869 für diesen Bereich die k.k. Landwehr ins Leben gerufen. Um eine übergroße Selbständigkeit der beiden Landwehren zu verhindern, erhielten sie eine Kommandostelle vorgesetzt: Erzherzog Joseph wurde Kommandant der k.u.k. Honvéd, Erzherzog Wilhelm, seit 1872 Erzherzog Rainer befehligte die k.k. Landwehr mit Deutsch als Kommando- und Dienstsprache, auch wenn andere Nationalitäten in der Mannschaft überwogen.
1866 hatte aber noch andere Folgen: Das »weiße Ehrenkleid« – seit Maria Theresias Zeiten das Kennzeichen der Infanterie – wich dem dunkelblauen Waffenrock, der weiße Mantel der Dragoner, Ulanen und Kürassiere verschwand. Nur die Generalität behielt das Weiß in

der Galauniform. Die Reiterregimenter erhielten krapprote Hosen. Und als Antwort auf die militärische Überlegenheit der Preußen leitete eine Untersuchungskommission nun eine Neubewaffnung der Infanterie ein: Vorhandene Lorenz-Gewehre wurden in Hinterlader umgebaut und schließlich durch Werndl-Gewehre ersetzt, die der gebürtige Steyrer Josef Werndl als Schlosser in der Remington-Waffenfabrik in den Vereinigten Staaten entwickelt hatte. Werndl kam zurück und baute das väterliche Handwerksunternehmen zu einer modernen Waffenproduktionsfirma um. 1863 war der erste Hinterlader fertig; doch erst nach Königgrätz zeigte die Heeresleitung Interesse: Die ersten hunderttausend Werndl-Gewehre wurden gekauft – Waffen von hoher Präzision, bei denen die einzelnen Werkstücke leicht ausgetauscht werden konnten. Sie erlangten in Europa Berühmtheit und wurden an zahlreiche Armeen geliefert.

Am 28. Dezember 1866 kam eine kaiserliche Verordnung heraus, die die allgemeine Wehrpflicht einführte. Aus dem altösterreichischen Berufsheer wurde – Schritt für Schritt, mit vielen Schwierigkeiten vor allem von ungarischer Seite – ein multinationales Volksheer. 1868 erfolgte die Sanktion des Wehrgesetzes: Der Militärdienst dauerte zwölf Jahre – drei Jahre aktiver Dienst bei der Truppe, sieben Jahre Reserve und zwei Jahre Landwehr. Vor allem Gegenden, die bisher kaum Soldaten gestellt hatten, empörten sich über diese Regelung; im südlichen Dalmatien und in der Bocche di Cattaro kam es sogar zu Guerillakriegen; in Kroatien erstickte General von Mollinary einen Aufstand im Keim.

Seit der Wehrreform umfaßte die Armee folgende Waffengattungen: Die Infanterie bestand aus 80 Regimentern (darunter etwa die Deutschmeister), jedes Infanterieregiment aus fünf Feldbataillonen und einem Ergänzungsbataillon; die Jägertruppe bestand aus einem Jägerregiment und 33 Feldjägerbataillonen – sie waren seit 1871 an ihrem schwarzen Jägerhut mit Federbusch und grüner (bzw. goldener) Schnur zu erkennen. In der Kavallerie wurden die Kürassierregimenter in Dragoner umgewandelt; der Unterschied zwischen leichter und schwerer Kavallerie fiel. Nach der Reform bestand die Heeres-Kavallerie Österreich-Ungarns aus 14 Dragoner-, 16 Husaren- und 11 Ulanenregimentern. Bei der Artillerie dauerte die Reform am längsten: Denn erst 1875 wurde die neue Feldartilleriekanone aus »Stahl-

bronze«, eine Erfindung von Franz Freiherr von Uchatius, eingeführt; sie bewährte sich bis in den Ersten Weltkrieg.
Die erste Bewährungsprobe hatte die reformierte Armee bereits 1878 zu erbringen. Österreich-Ungarn ließ sich auf dem Berliner Kongreß das Mandat zur Okkupation Bosniens und der Herzegowina erteilen, um dem »Störenfried« Serbien in seinen Expansionsbestrebungen zuvorzukommen. Erbitterte Kämpfe, bei denen eine Eskadron Husaren aufgerieben wurde, zogen sich ab dem Juli 1878 hin. Unter großen Verlusten wurde Sarajewo besetzt; erst als zusätzliche Einheiten mobilisiert wurden, konnte Feldzeugmeister von Philippovich die Aufständischen im Oktober unterwerfen. Der Okkupationsfeldzug, bei dem Österreich mehr als 5 000 Tote, Verwundete und Vermißte verzeichnete, führte zu einer weiteren Heeresreform im Jahre 1882. Die militärischen Operationen auf dem Balkan waren die letzte große Kriegsunternehmung der Donaumonarchie im 19. Jahrhundert. Franz Josephs Reich hatte in Hinkunft mit seinen inneren Problemen, den Nationalitätenfragen und -auseinandersetzungen wie dem wirtschaftlichen und industriellen Aufbau, genug zu tun.
Dennoch blieb das Militär wichtigster Machtfaktor, der sich neben dem Beamtenstaat mit allen Mitteln behauptete. Mochten die Beamten auch innerhalb des Staatsapparates ihre Vormachtstellung halten, so rangierten sie nach außen hin doch hinter den Offizieren, die – gleich welcher Nationalität – als »Soldaten des Kaisers« mit solcher Ausschließlichkeit auf die Einzelpersönlichkeit Franz Josephs eingeschworen waren wie vorher nur die Soldaten Napoleons. Auch wenn dieser »oberste Kriegsherr« nie ein Heerführer oder Kriegsheld war und in seiner Regierungszeit vor allem militärische Rückschläge erlitten hatte. »Königgrätz ist ein Trauma, wie die heutigen Psychologen sagen, das für die erstarkenden Deutschnationalen jener Epoche die besondere Tragik des Bruderkampfes symbolisierte«, schreibt Gunther Martin, »die Großösterreicher hingegen, die Alt-Österreicher von damals, beklagen nicht minder den Verlust der Position südlich der Alpen, vor allem die Abtrennung Venetiens.«
Franz Joseph war konsequent genug, den Offizieren – zumindest scheinbar – den ersten Platz neben dem Thron einzuräumen, und erntete dafür unbedingte Loyalität gegenüber dem Kaiserhaus, eine Loyalität, die von da ab fast ungebrochen alle Anfechtungen bis zum

Ende der Monarchie überstand. Der Offizier als Primus in der gesellschaftlichen Hierarchie, nicht Angehöriger eines Berufsstandes, sondern Repräsentant des wichtigsten Standes. Diese staatliche Auszeichnung versetzte die Offiziere allerdings in eine Situation, die vor allem materiell keine wirkliche Fundierung besaß. Und der einzelne sah sich oft in einen Rahmen gestellt, den er auf Grund seiner (Aus-)Bildung und seines zu geringen Vermögens gar nicht ausfüllen konnte, was zu Konflikten, ja mitunter zu persönlichen Tragödien führte.

Der bürgerliche Offizier konnte zum Beispiel nach dreißigjähriger einwandfreier Dienstzeit und Bewährung in einem Feldzug in den persönlichen Adelsstand aufsteigen. Jeder junge Leutnant durfte den Hofball des Kaisers besuchen. Aber er durfte sich öffentlich nicht mit Leuten zeigen, die einen »dekorumwidrigen Umgang« bedeuteten. Und er konnte keine Ehe nach eigenem Ermessen schließen. Dazu war eine Kaution nötig, deren Höhe je nach Rang genau festgeschrieben war und von der Braut als Mitgift in die Ehe mitgebracht werden mußte, um in günstig verzinsten Staatspapieren angelegt zu werden. So sollte zumindest eine standesgemäße Existenz des Paares gewährleistet sein. Denn die Offiziersgage war für Sparmeister gerade noch tragbar, für lebenslustige »Feschaks« aber der Grund für katastrophale Schulden. Auch als Erzherzog Albrecht einen Hilfsfonds für Offiziere gründete – in der Armee »Geld vom Onkel Albrecht« genannt –, half das nur bedingt.

Kein Wunder, daß der auf kaiserlichen Wunsch geplante Anschluß des Offizierskorps an den Hochadel an den Schranken scheitern mußte, die die »erste Gesellschaft« von alters her gegen ihre Umgebung errichtete – und das war Reichtum, den die neugeadelten Offiziere nur selten aufweisen konnten. Sie waren schließlich »ausgleichshalber« geadelt worden. Die Folge war eine Isolierung des Offizierskorps, die aber – zum Bewußtwerden der Eigenständigkeit – von oben gefördert wurde. »Denn sie allein schien in dem bunten Vielvölkerheer der Monarchie die Unbeeinflußbarkeit der Offiziere gegenüber den ständig stärker werdenden politischen und nationalen Spannungen und damit die absolute Verläßlichkeit der militärischen Führung im Sinne der Krone zu gewährleisten«, schreibt der Militärhistoriker Johann Christoph Allmayer-Beck.

Die Charakterschulung des Offiziers war erbarmungslos streng.

»Dienst mit fremdsprachiger Mannschaft in öden Garnisonsnestern, höchste persönliche Anspruchslosigkeit und untadeliges Verhalten. Die Verpflichtung: diesem von streitenden Nationen bevölkerten Reich zu dienen, die unmittelbare Bindung an den Herrscher, an die Trias Gott, Kaiser und Vaterland, das war der Kernpunkt des Offiziersdaseins.« Alles andere – schöne Uniformen, Feschaktum und Pantscherln – war Beiwerk, Begleiterscheinung, dankbarer Stoff für Operettenlibrettisten und Witze der humoristischen Wochenschrift »Die Muskete«, über die sich Fin-de-siècle-Wien amüsierte, meint Gunther Martin. Doch jene Dichter, die selber aus dem Heer hervorgingen und das »geistige Antlitz« der k.u.k Armee prägten, wußten um all diese Spannungen genau Bescheid: Aus dem dramatischen und erzählerischen Schaffen Arthur Schnitzlers, Ferdinand von Saars, Franz Karl Ginzkeys und besonders Carl von Torresanis, dessen autobiographische Erinnerungen und Erzählungen ziemlich genau das Leben in der Armee nachzeichnen, kennen wir die charmanten, famosen Feschaks mit dem Hang zur leichtsinnigen Zerstreuung als Statisterie – mitunter aber auch als Hauptfiguren – der Ringstraßen- und Fin-de-siècle-Welt. Für sie waren der Kasernenhof, das Manöver und die Parade auf der Schmelz, das Spiel mit »Weibern« und die Schulden, die »Assistenzen« gegen Demonstranten und die Duelle »das Leben«. Und das Leben eine Parade – auch als die Gegner dieses Standes sie längst als »Nonvaleurs« bezeichneten, als vorfabrizierte Typen einer Geisterbahn und Statisten eines Todeswalzers …

»Quartiere des Elends«: die Arbeitswelt

Dieses Buch ist den Elenden gewidmet, den Verdammten der Gesellschaft, den Lumpen von Schicksals Gnaden ... Es bringt Wirklichkeiten von heute und gestern, lebendiges Leid, das besteht, und physischen Jammer rund um die fortschrittstrunkene, prahlerische Hochkultur der Großstadt. Sehet Menschen, von Hunger gewürgt, von Krankheit verdorben, die im Kote nächtigen. Männer und Weiber in fliegenden Lumpen, gehetzt durch unsere blanken Straßen, deren Reichtum sie besudeln könnten, hinabgedrängt in die Kloaken und auch dort noch verfolgt von der Wut unserer Ordentlichkeit. Ihre Liebe ist das Brot. Ihr Ehrgeiz ein Lager für die Nacht, ihr Haß aber die satte Gesellschaft.« 1908 brachte Emil Klaeger sein rasch berühmt gewordenes, von vielen »Ahnungslosen« mit Entsetzen gelesenes Buch »Durch die Wiener Quartiere des Elends und Verbrechens« im Verlag Karl Mitschke heraus. Eine Anklage gegen die »potemkinsche Lügenhaftigkeit« der Kaiserstadt, hinter deren paradiesischem Glanz und deren fiktiver Schaufensterpracht sich eine irdische Hölle, ärgstes soziales Elend, verbarg.

Klaeger stieg hinab in das unterirdische Wien, in den riesigen Sammelkanal, in die Quartiere der Strotter und Sandler in den gewaltigen Gewölben des Wienflußkanals; er ging für eine Nacht ins neue Männerheim und in den Ziegelofen und in die polizeilich nicht genehmigten Massenquartiere, die in den »kleinen schmutzigen Winkelgassen der Leopoldstadt zu Dutzenden existieren«. Er erkannte die Gefahren des rapid anwachsenden Großstadt- und Lumpenproletariats, schnitt mutig das Thema »Verelendung« an, von der die Gesellschaft nichts wissen und nichts hören wollte. Er übte scharfe Kritik an den brüchig gewordenen Prunkfassaden der »heilen« Welt, die auf Gewölben ruhen, in denen die Wiener Unterwelt ihre Stadt in der Stadt eingerichtet hatte. Man brauchte nur vom Opernring, wo Tag für Tag

»Wohnungsnot«, zeitgenössische Darstellung

»ganze Prozessionen von zweibeinigen Bibern und Zobeln sich aneinander vorbeidrücken« und die rauschende Apotheose des Leichtsinns gefeiert wurde, ein paar Meter weit zu gehen, zu den Marktkiosken entlang des überdeckten Wienflusses. Dort vollzog sich allabendlich das andere Spektakel, »der Bodensatz unseres Lebens«, wenn die Obdachlosen der Reichshaupt- und Residenzstadt in das Labyrinth ihrer Schlupfwinkel hinabstiegen und »heimlich und ängstlich verhüllt dahinziehen unter den Wunderwerken und Prächten unserer Kultur«. Das gigantische Kanalisationsnetz, das der Stolz der Stadtverwaltung war, nennt Klaeger eine Topographie der Obdachlosen, und die nach Mitgliedern des Kaiserhauses und des Hochadels benannten Brücken verzeichnet er nicht als imponierende Leistungen moderner Ingenieurarchitektur, sondern in der Geschichte des Elends als Nachtquartiere der erniedrigten Kreatur.

Die Revolution von 1848 hatte die soziale Situation in Wien entscheidend verändert. Der Aufschwung von Wirtschaft und Industrie, Bauspekulation und Börsengeschäft hatte bis 1873 Ausmaße erreicht, wie sie bis dahin unbekannt waren. Eine stürmische industrielle Entwicklung hatte zur Konzentration des Kapitals geführt, bei der sich das Großkapital umso schneller auf Kosten des Kleingewerbes durchsetzte, als dessen Vertreter die Notwendigkeit der Rationalisierung der Arbeit zu spät oder gar nicht erkannten. Kleingewerbetreibende verarmten, wurden zum Teil ins Proletariat abgedrängt. Die Schwerindustrie erlebte – gesteuert durch Großmachtansprüche, wachsenden radikalen Nationalismus und Wettrüsten der europäischen Staaten – eine Blütezeit, die Waffenproduktion wurde angekurbelt, die Staaten überboten einander nicht zuletzt aus strategischen Gründen in Bahn-, Straßen- und Brückenbauten: Zwischen 1860 und 1868 hatte Österreich jährlich 24 Meilen Eisenbahnlinien gebaut, zwischen 1868 und 1871 bereits 199 Meilen und zwischen 1871 und 1873 sogar 303 Meilen. In der wachsenden städtischen Agglomeration Wien gab es um 1850 rund 2 000 Fabriken und Gewerbebetriebe, Anfang der siebziger Jahre bereits mehr als 40 000. Und zählte man 1860 in Wien 37 Aktiengesellschaften, so waren es 1872 bereits 275. Und diese Zahl explodierte im Jahr der Wiener Weltausstellung 1873. In Wien verdoppelte sich die Bevölkerung von 1848 bis 1870 auf 900 000 Einwohner und wuchs dann rapid weiter.

Der Fall der Befestigungsanlagen und die Erweiterung Wiens zur Großstadt durch das kaiserliche Dekret von 1857 bedeuteten auch für die Industrialisierung einen Schub, der Menschen aus allen Teilen der Monarchie magisch anzog. Fabriken und Industriebetriebe schossen aus dem Boden. Es bildete sich die Innere Stadt Wiens als »City« heraus, die Produktion wurde an den Stadtrand, in Vororte und Vorstädte gedrängt. Und das Leben in Unterkünften der Gewerbeherren oder Arbeitgeber war fürchterlich: Junge Bauernsöhne aus Böhmen kamen etwa den Sommer über zur »Campagne« nach Wien, auf den Wienerberg, wo sie Lehm abgruben, Ziegel formten und brannten: die »Ziegelböhm'«! Sie schliefen am Ziegelofen, ehe der Eigentümer, Industriebaron Heinrich Drasche für sie »Werkwohnungen« errichten ließ. Doch auch damit machte man Geschäfte: Die Wände dieser »Werkwohnungen« wurden nicht bis zur Decke hochgezogen, um der Steuerbehörde gegenüber nur einen einzigen – und somit sehr billigen – Raum deklarieren zu müssen. Statt Geld bekamen sie Blechmarken, die wiederum nur in Werkkantinen eingelöst werden konnten – zu einem Umrechnungsschlüssel, der an Wucher grenzte. Viktor Adler bezeichnete in einem Artikel die »Ziegelböhm'« als die »ärmsten Sklaven, welche die Sonne bescheint«, als die »elendsten aller Proletarier«.
Seit der »Befreiung« hatten die Bauern plötzlich in der Grundherrschaft keine Rückendeckung mehr; das zwang sie, sich als »freie Unternehmer« zu bewähren. Landflucht war eine Folge – zwischen 1872 und 1892 steuerten 180 000 bäuerliche Anwesen in den Ruin; die Zahl der Handwerker ging zurück; Proletarisierung und soziale Verelendung stellten sich ein.
Dafür läßt sich als Folge der »liberalen« Neuordnung des Gewerbewesens von 1859 zu Beginn der siebziger Jahre ein starkes Aufblühen gewerblicher Strukturen mit Betriebsgrößen von etwa zehn Beschäftigten ablesen: Von 179 388 Bediensteten der gewerblichen Wirtschaft hatten 55 Prozent keine eigene Wohnung, 23 Prozent wohnten noch beim Meister, 94 Prozent der Meister bewohnten aber noch eigenes Quartier. Erst um 1873 geriet dieses Kleingewerbe mit der Industrie in Konkurrenz und war dann dem Großkapital ebensowenig gewachsen wie vorher das Bauerntum.
Um 1870 begann man in den Vorstädten mit dem Bau von Zinskasernen: Sie erwiesen sich bald als lukratives Geschäft für Bauspekulan-

ten, bedeuteten aber für das Leben der Arbeiter dennoch einen Fortschritt. War es in den fünfziger und sechziger Jahren für Arbeiter fast unmöglich, einen Hausstand zu gründen, so besserte sich in den siebziger Jahren die Situation. Die hohen Mieten machten es allerdings notwendig, daß die ohnehin oft kinderreichen Familien Untermieter bei sich aufnahmen – vor allem sogenannte »Bettgeher«, die einander abwechselten: Wenn der eine zur Arbeit ging, kam der andere von der Arbeit nach Hause. In den Zimmer-Küche-Wohnungen von oft nicht mehr als 35 Quadratmetern hausten nicht selten zehn bis zwölf Menschen auf engstem Raum zusammengepfercht. Klo und Wasser befanden sich auf dem Gang. Schäbige Quartiere. Und doch wurden die Gebäude in der merkwürdigsten Weise »fassadiert«: Da entstand kaum ein Haus, das nicht aus dem Musterbuch des Zierrats mit Gesimsen, Giebeln, Balustern, Erkern, Maskerons und Statuen, aber auch Bildungssymbolen »aufgeputzt« worden wäre. Auch den Arbeitern der Vorstädte wollte man einen Hauch vom Glanz der Ringstraße und den Eindruck eines »guten« Hauses vermitteln; die Stilmaskerade sollte so über die Tristesse der Quartiere hinwegtäuschen – auch wenn die raffinierte Dekorationskunst der Ringstraße in vulgärsten Formen abgewandelt wurde.

So viel Illusion konnte man aber den Arbeitern gar nicht bieten, daß sie über ihre verzweifelte Lage hätten hinwegsehen können. Die Hungerlöhne reichten kaum für das einfachste tägliche Leben, der gesetzliche Normalarbeitstag dauerte elf Stunden, in Kleinbetrieben und Werkstätten aber oft sechzehn bis achtzehn Stunden. Bäckergehilfen hatten eine 105-Stunden-Woche. Noch schlimmer war das Los der Tramwaykutscher und -kondukteure: Sie mußten pro Tag bis zu 21 Stunden arbeiten – die Pferde hingegen nur vier Stunden! Beim Eintreten in das Unternehmen hatte jeder Kutscher eine Kaution von 30 Gulden zu erlegen und mußte im Zweifelsfall für alle Schäden an den oft altersschwachen Fahrzeugen aufkommen. Als 1889 ein Streik der Pferdebahnkutscher ausbrach, schrieb Viktor Adler in seinem Organ »Gleichheit«: »Menschenfleisch ist spottbillig in unserer Gesellschaft, Pferde aber kosten schweres Geld!«

Adler, der aus vermögendem Haus stammte, eröffnete 1879 in der Berggasse 19 eine Arztpraxis (Sigmund Freud sollte in der selben Wohnung ab 1892 seine Ordination eröffnen). Er behandelte arme

»DIE ZIEGELARBEITER AM WIENERBERG:
DER ANGEKLAGTE DR. V. ADLER KLAGT VOR DEM WIENER SCHWURGERICHT AN«

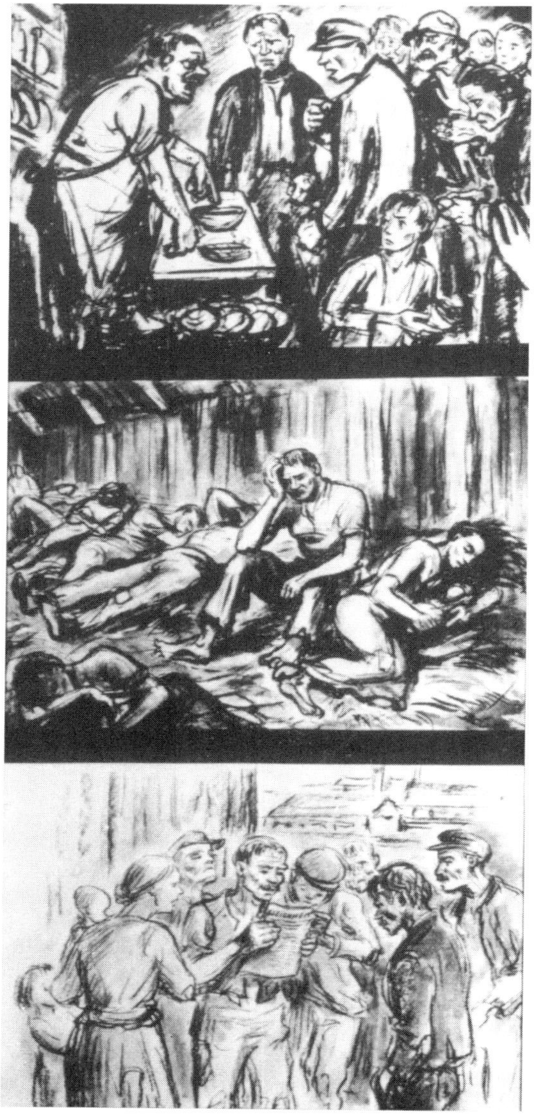

Patienten gratis, versorgte sie mit Medikamenten. Und lernte bei seinen Krankenbesuchen in den ärmsten Behausungen das Elend kennen: »Männer ausgemergelt« und abgearbeitet – das durchschnittliche Lebensalter eines Fabriksarbeiters betrug 33 Jahre! –, »Frauen frühzeitig verwelkt, die Kinder rachitisch. Tuberkulose und andere Krankheiten, die durch die katastrophalen hygienischen Zustände verursacht wurden, gehörten zu den täglichen Plagen.« Adlers politische Tätigkeit brachte ihm Verurteilungen und Arrest ein.
Dennoch sollte man nicht übersehen, daß es in Österreich-Ungarn schon verhältnismäßig früh zu wesentlichen Ansätzen einer Sozialgesetzgebung kam. 1883 wurde das Statut über die Gewerbeinspektorate erlassen, die nun über elfstündige Arbeitszeit, Sonntagsruhe, Einhaltungen der Bestimmungen für Lohnauszahlung und Arbeitsräume, Jugend- und Frauenbeschäftigung zu wachen hatten. 1888 wurde eine Unfall- und Krankenversicherung für Arbeiter eingeführt. 1895 die Sonn- und Feiertagsruhe im Gewerbe, 1897 für Arbeiter eine erste Wahlmöglichkeit für den Reichstag, aber erst 1907 das allgemeine, gleiche, direkte Wahlrecht.
Es war ein zäher (Überlebens-)Kampf, den die Arbeiter führten. Er sollte erst in der Einigung auf dem historisch bedeutenden Hainfelder Parteitag – 30. Dezember 1888 bis 1. Januar 1889 – mit der Gründung der Sozialdemokratischen Arbeiterpartei und der Wahl Vikor Adlers zu ihrem ersten Führer in eine neue Phase treten: Die Radikalen, die bis dahin den Kampf um Änderung der Arbeitergesetze »mit allen Methoden« zu führen trachteten, stimmten in Hainfeld einer Formulierung zu, nach der der Kampf der Proletarier »mit allen zweckdienlichen Methoden, die dem natürlichen Rechtsbewußtsein des Volkes entsprechen«, geführt werden sollte. Die Sprache der Sozialdemokratie blieb weiter kompromißlos; in der politischen Praxis zeigte sie jedoch auch Verhandlungsbereitschaft.
Wer von der Ringstraßen-, Gründer- und Makart-Zeit spricht, denkt meist nicht an diese Aspekte. Im Rückblick verhüllt die Welt des Glanzes, der Pracht, der kostbar und verführerisch leuchtenden Farben das Elend. Wir bestaunen die kolossalen Fassaden und die künstlerischen Relikte adeligen und großbürgerlichen Lebens einer Epoche, die zu den eindrucksvollsten Perioden der österreichischen Geschichte gehören. Wir reden von den Glanzleistungen der Architektur

und der Ingenieurkunst, von den Erfolgen junger Unternehmer und ihrer Firmenimperien. Aber wir vergessen fast immer auf den Bedarf an Arbeitskräften, ohne die der Bau der Ringstraße und ihrer Paläste, die Errichtung der Industrieanlagen, die Donauregulierung und die damit zusammenhängenden Brückenkonstruktionen oder die wirtschaftlichen Erfolge der neuen Unternehmer unmöglich gewesen wären. Und wir vergessen, wie billig Arbeitskräfte waren, weil sie überall in den Kronländern rekrutiert werden konnten. Uns beeindrucken die prunkvollen, vornehmen Fassaden – aber wir vergessen das Elend der Hinterhöfe, Not, Armut, Krankheit. Das war das andere Gesicht der Ringstraße: Ringstraßengeschichte »von unten«.

Kultobjekt Frau: der Traum vom Aufstieg

Sie standen im Mittelpunkt, die Zeit war ihnen hold. Schriftsteller schwärmten über die Schönsten von ihnen in den süßlichsten Worten, daß ihre Augen »wahre Lichtschmetterlinge«, ihre Stimmen von dunklem Samt und biegsam wie Stahl und ihre Gesten malerisch seien. Maler malten sie in den Boudoirs hingegossen und »übergossen vom Rosenlicht der Ampel, halb begraben im Spitzenwerk der Polster«. Sie ließen den Betrachter den Rausch erotischer Abenteuer ahnen und verführten ihn zu gewagten Träumereien … Die Frauen der Ringstraßenwelt durften sich als Sonnen fühlen, um die die Männer kreisten, »Prachtausgaben von Frauen, die wie Prachtalben aus Saffianleder und vergoldeten Beschlägen zu den guten Zimmern gehörten«. Sie lebten in ihren seidengesteppten Liebesnestern, unter Himmeln von Brokat und orientalischen Teppichen, ihre Seidenunterröcke mit den zahllosen Rüschen raschelten, Spitzen überrieselten ihre Negligés. Durch die Salons, Foyers und über die großen Prunkstiegen glitten sie lautlos mit ihren Schleppen aus »lichtblauem Atlas mit Straußenfedern garniert und mit weißem, in goldenen Blumen besticktem Tüll verschleiert«.
Eine farbenprächtige, knisternde Szenerie, in der die Schleppen sich wie etwas Tierhaft-Lebendiges bewegten, schrieb einmal Ann Tizia Leitich: Schleppen, die lautlos gleiten wie Schlangen, die sich majestätisch entfalten wie Pfauenräder, die rauschend-prunkend rollen oder unverschämt paradieren, die leise flüstern oder heimlich versprechen. »Jede hatte ihre Individualität, und das lag nicht nur in ihrer Machart, über die sich die Schneider den Kopf zerbrochen haben wie Dichter über ein Heldengedicht. Es kam von der Eigenart der Trägerin, strömte aus ihren Bewegungen, ihren Blicken, ihren Nerven in das leblose Material und verwandelte es in einen Teil ihrer selbst … Und so erschienen alle diese Frauen wie jene verführerischen Ge-

»Kultobjekt Frau«: Franz Xaver Winterhalter, »Kaiserin Elisabeth«, Ölgemälde

Marie Marberg, Schauspielerin am Stadttheater Wien, dann Mitglied des Ringtheaters, 1881, Photographie

»Wäschermadl (verschwind! –)«,
zeitgenössische Photographie

stalten aus der deutschen Märchenwelt, die den Elementen angehörten und doch so gern Seele haben wollen; Seide und Marabu verdeckten ihre Schuppenschwänze. Unter dem Artifiziellen ihrer Erscheinung, unter dem engen Schnürleib der Taille, die sie oft mit schweren Leberleiden bezahlten, waren sie elementare Naturwesen, die Himmel und Hölle in sich hatten. Nichts vermochte diese rätselhafte, die Männerwelt verwirrende Zwitterhaftigkeit mehr zu unterstreichen als die Schleppe. Es war deren Aufgabe im Reich der Erotik.«

In dieser Welt der holdseligen Träume und des Schmachtens nach Schönheit waren die Frauen zu »Kultobjekten« aufgestiegen, die von der Männerwelt verehrt und begehrt wurden – doch sollte man nicht besser sagen, daß sie zu Kultobjekten degradiert worden waren? Denn diese theatralische Szenerie war ebenso künstlich wie die »lebenden Bilder«, als die sich die vornehme Gesellschaft der Ringstraße in den vielgepriesenen Tableaux vivants darzustellen liebte. Es waren altgewordene Formeln feudaler Erziehung und Courtoisie, die die Zeit mit den historischen Inszenierungen der Räume übernommen hatte. Die Formeln der Galanterie für die Verehrung der Frau waren ein Ritual, das jeder junge Mann aus gutem Haus perfekt beherrschen mußte. Doch dieses Ritual verdeckte den übelsten Materialismus, der das Denken der Lebemänner bestimmte. Man kann es überall in der Literatur bis zu Arthur Schnitzler nachlesen: »Man betrachtete Frauen wie Rassepferde: kritisch, abschätzend nach den Möglichkeiten des Genusses, den sie zu geben versprachen. Aus dem parfümierten Bart heraus, der auf die Weiblichkeit eine so unwiderstehliche Anziehungskraft hatte, flüsterte man: ›Ich liebe Sie‹ – auf den volksliedhaften Reiz des Du hatte man vergessen – oder: ›Sie haben eine wundervolle Büste‹, was ungefähr dasselbe bedeutete, doch zu nichts verpflichtete.« Tatsächlich war schrankenloser Genuß gefragt. Maler, Dichter und Zeitschriftsteller priesen ihn. Und das Zeitalter des Hedonismus verklärte die schöne Frau zur Göttin – des Salons, der geistvollen Konversation, der Bühne …

Und was taten Frauen, die nicht aus einem vornehmen oder zumindest vermögenden Haus kamen, aber dennoch von einem solchen (Illustrierten-)Leben träumten? Sie hatten nur wenige Möglichkeiten, Glanz und Luxus wenigstens am letzten Zipfel zu erwischen: Immerhin, der Maler Hans Makart brauchte Modelle; und wenn eine seinen

Vorstellungen entsprach oder gar weiße Haut und leuchtendrote Haare hatte, konnte sie als Modell für seine Historienbilder gut verdienen; oder sie ging zur Bühne, freilich auf die Gefahr, sehr bald in einem jener gefährlichen Nachtcafés zu landen, wo außer einem Flitterkostüm nichts, nicht einmal ein Funken Talent, nötig war … »Wien, die Sirene unter den Metropolen, wo reiche Männer Schönheit und Jugend um jeden Preis zu kaufen bemüht waren, wo in den Auslagenfenstern der Photographen nicht nur die berühmten Schauspielerinnen, sondern neben Erzherzoginnen und Komtessen auch die Beautés des Tages ausgestellt waren, die in der Liebe Karriere gemacht hatten, diese vollbusige Stadt war heißer Boden für arme Mädchen.« Schon den Schwestern Stubel, deren eine mit Johann Orth alias Erzherzog Johann ausgerissen war, hatte man geraten, Stubenmädchen zu werden. Doch wer wollte das schon! Dienstmädchen zu sein bedeutete in der Ringstraßenzeit ein erbärmliches Leben. Von zeitig früh bis spät in die Nacht dauerte die Arbeit, der Lohn war gering, Mädchen mußten froh sein, wenn sie eine fensterlose Kammer zugewiesen bekamen und die Männer der Familie nicht auch noch ihre sexuellen Ansprüche stellten. Aber gewöhnlich gab es für Dienstmädchen nur ein Tafelbett in der Küche, das tagsüber als Tisch diente. Und wenn eine ihren Unterhalt als Putzmacherin, Näherin, Schneiderin, Federnschmückerin, Stickerin, »Schanillimadel« oder Goldspinnerin vom Brillantengrund verdienen wollte, hatte sie es wohl kaum leichter: Die Fabriken zahlten schlecht, die sogenannten »kollektiven« Unternehmungen privater Heimarbeit noch viel weniger. Es reichte oft gerade für den Zins.

Doch auch den Mädchen des Mittelstands ging es nicht gut, wenn die Eltern keine entsprechende Mitgift angespart hatten. Sie konnten zwar dank etwas höheren Bildungsniveaus immerhin Gouvernanten werden; wer aber einen Beamten oder gar einen Offizier ehelichen wollte, mußte Geld in die Ehe mitbringen, um den Männern den vorgeschriebenen Aufwand zu ermöglichen. Einen Offizier ohne vorgeschriebene Kaution zu ehelichen war aus »militärischen« Rücksichten auf den Stand des Mannes verboten. Josef Unger hatte schon recht, wenn er über den Materialismus der Zeit schrieb: »Hundert Stück Südbahn (Aktien) heiraten hundert Stück Nordbahn (Aktien).«

Das Zeitalter Hans Makarts

Franz Kollarz, Das Atelier Hans Makarts, Xylographie, um 1880

Makart erobert Wien

In wenigen Jahren war der junge Salzburger Hans Makart die Erfolgsleiter sehr hoch hinaufgeklettert. Im Sommer 1868 hatte Makart sein Goldgrund-Triptychon »Moderne Amoretten«, ein »laszives Weihespiel verbotener Kindererotik« als Salonschmuck, zum meistdiskutierten Werk der Ausstellung im Münchner Kunstverein gemacht; und im November desselben Jahres stellte er, abermals im Münchner Kunstverein, seine vorerst monströseste Gemäldeinszenierung vor: »Die Pest in Florenz«, ein Triptychon von mehr als sechs Meter Länge. »Das Ganze in seiner Mischung von halbnackten mit modern kostümierten Figuren, die sich von einem mit Bäumen und Gesträuchen durchschnittenen Goldgrund abheben, wirkt in seinem tollen Durcheinander voll bezaubernder Schönheit und so berauschend, daß seine Ausstellung einen förmlichen Aufruhr in dem sonst so phlegmatischen München veranlaßte, wie er seinesgleichen nur im Auftreten des Dante und Vergil von Delacroix im Pariser Salon gehabt haben kann«, registrierte der Makart-Mentor und Kritiker Friedrich Pecht über die »Amoretten«. Von einem Zug zu »altkluger Koketterie und greisenhafter Lüsternheit« sprach hingegen Rosenberg. Weit heftigere Reaktionen, ja Stürme der Empörung und des Abscheus löste aber das Triptychon »Die Pest in Florenz« aus, das – auch unter den Titeln »Die sieben Todsünden« und »Après nous le déluge« – vom Wiener Kunsthändler Georg Plach nach einer Präsentation in Wien in verschiedenen Städten Europas gezeigt wurde und fast überall Skandale auslöste. Als das Werk etwa im Paris Napoleons III. vorgestellt werden sollte, wies die Jury des Kunstsalons das Kolossalwerk trotz einer Intervention des kaiserlichen Obersthofmeisteramts als zu anstößig zurück, so daß der Pariser Kunsthändler Goupil es schließlich in einer Privatausstellung zeigte. Ein paar Urteile der Zeitgenossen, welche Auseinandersetzungen, wieviel erbitterte Gegnerschaft,

aber auch welch sensationelle Erfolge die Werke des 28jährigen Hans Makart auslösten.
»Sie fragen mich, was ich von Makarts Bild halte«, schreibt Moritz von Schwind, der Maler der Fresken in der Loggia der Hofoper, über die »Pest« an den deutschen Romantiker Eduard Mörike: »Diese Konzertpossen mit ihrem syphilitischen Hintergrund sind mir von Herzen zuwider. Wahrscheinlich ist es sehr zeitgemäß.« Und an den Freund, den Dichter Eduard von Bauernfeld, der in der Wiener Bankiers- und Industriellengesellschaft großen künstlerischen Einfluß ausübte, schreibt er ein weit härteres Urteil – offenbar in der Hoffnung, daß er gegen die bevorstehende Berufung Makarts nach Wien Stimmung machen könne: »Nun auf besagten Hammel zu kommen … Diese Narrheiten des Publikums habe ich schon so oft durchgemacht, daß es mir zum Sterben langweilig ist. Die Deutschen müssen immer so einen haben, an dem sie sich erholen von dem Ärger, denen ihnen alles Tüchtige macht … Mir liegt gar nichts dran, wenn's auf einem Bild nicht ganz anständig hergeht, von dem, was Correggio oder die Antiken gemacht haben, gar nicht zu reden … aber was ich von Makart höre, ist verwirrt, gedankenlos, affektiert und mit ungesunden kleinen geilen Farbeneffekten aufgestützt – es hat alles was Venerisches. Die Menschen müssen gar keine schön gemalten Bilder ihr Lebtag gesehen haben, daß diese porzellanenen Weibspersonen gar so viel Wirkung machen. Wie gesagt, es ist schon bis zum Ekel oft dagewesen.« Und geradezu von Haß erfüllt, polemisierte der aus Speyer gebürtige Historienmaler Anselm Feuerbach, der 1872 auf Anregung des Wiener Kunstgewerbepapstes Rudolf Eitelberger als Professor an die Wiener Akademie der bildenden Künste berufen wurde, deren Aula er auch mit monumentalen Deckenbildern ausgestattet hat. »Das Hetärenhafte Makartischer Gestalten liegt nicht in obszönen Bewegungen oder in geschminkten Augenbrauen, sondern es liegt in der normalen Unkenntnis des menschlichen Organismus«, urteilte er in seinen Aufzeichnungen »Der Makartismus«. »Wer in Prunkteppiche eingewickelte Menschen ohne Seele, Muskeln und Knochen für große Kunst erklärt, der möge nach Italien gehen, dort findet er die Originale, die allerdings von tiefstem Respekt vor der Natur beseelt sind … Makart verhält sich zu Veronese wie der Bediente zu seinem Herrn. Eine Parallele ist allerdings vorhanden, inso-

fern Makart den Veronese nach allen Richtungen bestohlen hat, und wo Veronese nicht mehr ausreichte, da tut Tiepolo treffliche Dienste.« Feuerbachs Kritik gipfelt in dem Satz: »Makart liebt nicht die Kunst, sondern sich selbst.« Andere wie der große Historienmaler Wilhelm von Kaulbach urteilten weniger neiderfüllt und lobten »Wert und Reiz in der Behandlungsweise und in den wunderbaren Farbenwirkungen«. Kaulbach erkannte, daß »das Bild die Phantasie der heutigen Welt, namentlich der Frauenwelt, stark beschäftigen« würde. Makart war wie eine Lawine über die Kunstszene gekommen.

»Kann und darf ich sowas malen«, hatte der junge Bursch seine Münchner Freunde gefragt, nachdem er während einer Lesung italienischer Novellen eine Reihe kühner Bleistiftskizzen angefertigt hatte. Menschengruppen in wildem Gebalge, ineinandergeschlungene Körper, zuckende Leiber. Alles bäumt sich auf, ist prall und voll Gier nach Leben und Lust. Ein hypertrophischer Sumpf der Schönheit und der raffinierten mondän-krankhaften Unmoralität. Wie besessen malte Makart sechs Wochen lang. Dann war das dreiteilige »Pest«-Gemälde mit hundert Figuren fertig. Giovanni Boccaccios Erzählung vom Ausbruch der Pest, 1455 in Florenz, berichtet vom Taumel entarteter Leidenschaften, in die sich die ganze Stadt im Bewußtsein des Untergangs gestürzt hatte. Welch ein Thema für Makart, den übersensiblen, von Ekstase und Dekadenz faszinierten Künstler. Was im Triptychon der »Modernen Amoretten« noch behutsam anklingen durfte, explodierte in den Szenen der Pest: ein lasziver Wachtraum in drei Phasen. »Totentänze der Hoffart, des Geizes, Zornes, der Wollust, Schwelgerei, Trägheit, Mordgier. Satanische Schemen entnervender Lust des lüsternen Fleisches, ein Taumel des Sinnengenusses, eine Orgie allen Lasters und Grauens. Mit Mitteln überschwenglichen, gefährlich schwülen Farbenrausches sind in Glut und Goldglanz die nackten und kostümierten Körper zusammengeballt in ein Helldunkel, das er dem Venezianer Veronese abgelauscht hatte. Diese ganz hemmungslos-besessene Dämonie, die, über die Schranken aller Wahrscheinlichkeit hinweg, mit ›barbarischem Behagen‹ selbst vor letzten Konsequenzen nicht mehr zurückschrickt, ist in eine strotzende Hochrenaissancearchitektur von Pilastern, Gebälken, Gewölbebogen, von bekränzten Hermen, mit überquellender Früchte- und Blumenfülle fast den Rahmen sprengend, gestellt. Ein blutrünstiges

Bacchanale rasender verzückter Liebesekstasen, gemeinen Geldwuchers und ruchlosen Meuchelmords. Eine entartete Theaterdramatik!«

Vergleicht man Makarts »Pest« mit anderen Kunstereignissen von 1868/69, etwa mit Moritz von Schwinds poetischen, feinen Fresken in der Loggia der Hofoper, mit dem diskret Grau in Grau gehaltenen »Gastmahl des Plato«, dem Monumentalgemälde des »halben Hellenen« Anselm Feuerbach, oder mit den dumpfen, erdhaft schweren Historien Carl von Pilotys, des Lehrers Makarts in München, versteht man den Aufruhr. Makart hatte nicht mehr und weniger provoziert als die Auflösung der Form seiner Riesengemälde durch die Farbe. Seine »Pest« war eine Fanfare nie gesehener verwegener Farben, ein Furioso, in dem Stimmung, Rausch, Ekstase, Sensualismus alles und Inhalt des Dargestellten fast nichts bedeuteten.

Der Malerfürstensitz, »Palais der Illusionen« oder »asiatische Trödelbude«?

Der Name des jungen Salzburgers Johann Ferdinand Apollonius – kurz, Hans – Makart, geboren am 28. Mai 1840 als Sohn eines Zimmeraufsehers im Salzburger Schloß Mirabell, war ganz plötzlich in aller Munde. Mit 18 hatte er die Vaterstadt verlassen, um an der Wiener Akademie Malerei zu studieren. Wenige Monate später flüchtet er auch aus Wien, weil sein Lehrer, der strenge Historienmaler Christian Ruben, Makart erbärmlich untalentiert findet – zumindest nährte der eitle Erfolgsmensch Makart später stets dieses Gerücht –; er übersiedelt gemeinsam mit dem Maler Joseph Schiffmann nach München und bekommt schließlich einen Platz in der Klasse Carl von Pilotys, zu dem er bald freundschaftliche Beziehungen pflegt. So besucht er 1862 mit Piloty und Franz Lenbach die Londoner Weltausstellung und anschließend Paris, 1863 geht er mit Pilotys Bruder auf Italienreise. 1865 beendet er sein Studium. Durch Ausstellungbeteiligungen, 1866 im Pariser Kunstsalon, 1867 auf der Pariser Weltausstellung, 1868 im Münchner Kunstverein, wird der Wiener Kaiserhof auf ihn aufmerksam. Wilhelm Kaulbach hatte ihn an Kapellmeister Johann Herbeck und Marie Fürstin Hohenlohe empfohlen. Josef Berres Edler von Perez, Makarts Kollege im Atelier Pilotys, und Konstantin Fürst Hohenlohe-Schillingsfürst, erster Obersthofmeister Kaiser Franz Josephs, überzeugten Makart, daß es für ihn das beste wäre, nach Wien zu übersiedeln. Und sie ebnen – in den Dokumenten irrtümlich für »Franz Makart« – die Wege für seine Berufung. Am 14. April 1869 bewilligt der Kaiser den Umbau der »Gußhausrealität« im Bereich der k.k. Kunsterzgießerei in ein Atelier mit Wohntrakt auf Staatskosten, was Makart als Bedingung gestellt hatte. Makart darf auf Staatskosten nach Prag reisen; der Kaiser kauft sein Riesengemälde »Die scheintote Julia« um 7000 Gulden in der Ausstellung im Künstlerhaus und läßt die kleine Erzherzogin Valerie porträtieren. Im November 1869 sind schließlich die Adaptierungsarbeiten im Atelier in der heutigen Gußhausstraße abgeschlossen. Makart stürzt sich mit Feuereifer in die künstlerische Ausgestaltung seines künftigen »Malerfürstensitzes«, der für die einen zum wunderbarsten, für seine Gegner zum wundersamsten Monument der Ringstraßenzeit und des Ringstraßenlebens wurde.

Seit seinen Münchner Tagen hatte sich Makart mit der Gestaltung seiner Wohn- und Arbeitsräume beschäftigt. Die »Modernen Amoretten« waren als wesentliches Gestaltungselement seines Münchner Ateliers gedacht: ein Triptychon, das durch seine »Altarbildhaftigkeit« den Arbeitsraum in einen Weihe- und Kultraum der Kunst verwandeln und die Arbeit des Meisters zur schöpferisch-sakralen Handlung aufwerten sollte. Was in München Torso blieb – die »Modernen Amoretten« wurden schließlich im Wiener Künstlerhaus von Graf Palffy für sein Schloß Königshaiden erworben; heute befinden sie sich im Besitz der Bank-Austria –, verwirklichte Makart in Wien. Wie er hier den Rahmen für sein Leben und Arbeiten, das heißt, den Rahmen eines Makart-Kults inszenierte, vermitteln Rudolf von Alts und Hugo Charlemonts berühmte Aquarelle, Zeichnungen Wilhelm Gauses und zahlreiche Photographien.

Den Zauber, den dieses »Palais der Illusionen« auf die Zeitgenossen Makarts in Europa, aber auch in Amerika ausgeübt haben muß, kann man indessen nur schwer vermitteln. »Das war kein kleines Museum, wie es sich etwa Rembrandt in seinem Hause in der Amsterdamer Jodenbreedstraat aufgestapelt hatte, noch weniger ein Sammelsurium von echtwertigen Kunstschätzen und Pasticci, ein Raritätenladen im Sinne landläufiger Liebhaber«, beschreibt Robert Stiassny das Atelier. »Wohl gerieth man auch hier vom Hundertsten ins Tausendste und schienen sich alle Zeitalter und Völker ein kosmopolitisches wie synchronistisches Stelldichein gegeben zu haben. Da begegnet man auf reich ornamentierter, deutscher Renaissancetruhe einem chinesischen Idol oder einem hellenistischen Anathema in Terracotta! Unter einem Baldachin, getragen von zwei spätrömisch gewundenen Säulen, der Armatur eines Geharnischten; in einem Spinde altitalienischer Arbeit prunkt eine Kollektion gold- und perlenbesetzter orientalischer Hauben; von einem hohen, kaminartigen Aufsatze grüßt aus phantastisch in Holz geschnitztem Encadrement ein weibliches Brustbild nieder, das zwei flott modellierte Allegorien flankieren; Smyrnaer und Gobelins verkleiden die Wände, von denen sich eine Anzahl guter Kopien nach alten Italienern und Niederländern wirksam absetzen, abenteuerlich geformte Kronen, Ampeln, Leuchterweibchen lassen den Blick zum mächtigen Deckengetäfel empor schweifen; antikes und mittelalterliches Gewaffen ziert hier einen Thürsturz, hüllt dort eine Ecke. Und auf Boullemöbel oder Intarsiengestühl sitzend, umgeben von Büsten, Tierskeletten, Mumien, Oleanderbäumen und Musikinstrumenten, kommt man erst allgemach dazu, in der scheinbar wüst durcheinanderwogenden Herrlichkeit die künstlerischen Einklänge zu entdecken. Denn zu welch wunderfein zusammengestimmten Gruppen gliederte sich nicht, in welche Farben- und Linienharmonien ergoß sich nicht dieses Chaos!«

Seit 1869 hatte Makart an diesem Wunderwerk geplant und dekoriert. 1872 erweiterte er das vom Kaiser überlassene Atelier um eine große Halle mit offenem Sparrendachstuhl, die lediglich durch ein Westfenster erhellt wurde, weil Makart den milden Goldton des Nachmittag- und Abendlichts liebte. 127 000 Gulden hatte er investiert, um seinen Künstlerkollegen, den Sammlern, den Wienern und der Welt zu zeigen, wie der Künstler, sein »Malerfürstensitz« und sein Werk hier eins wurden. Wobei diese Inszenierung seiner selbst und seines Lebensraums fraglos genauso zum Geschäft und zur Popularisierung gehörten wie die pompös inszenierten Tourneen, die Makarts gewaltige Historienbilder kreuz und quer durch Europa und Amerika absolvierten.

Alles, was hier angehäuft und arrangiert wurde, war Bestandteil des Nimbus des hypersensiblen »modernen Künstlers«: echtes und falsches Mobiliar, feinstes Kunstgewerbe und originelles Talmizeug, buntes Glas, orientalische Monstrositäten und in ihrer Bedeutung überhöhte Malrequisiten, das Nebeneinander von Antike, Okzident und Orient im Dämmerlicht der Damastportieren, das Gedränge von luxuriösem Hausrat und Absurdem – das waren die Versatzstücke dieses »Atelierarkadien«, in dem Erdteile, Kulturen, Geschichte und Gegenwart harmonisiert wurden. Ein Triumph des Historismus, der in »lebenden Bildern« inszeniert und sogar gelebt wurde.

Ob man als vornehmer oder auch nur sehr reicher Auftraggeber kam, als Gast der berühmten Künstlerfeste, mit denen Makart seinen eigenen Glanz mehrte und für das Klingeln seiner Kasse sorgte, oder als kleiner Mann, der sich das Geld absparte, um zwischen 16 und 17 Uhr gegen eine hohe Eintrittsgebühr Olympierluft atmen und einen Blick in die Zauberwelt des »großen Träumers« werfen zu können – jeder wurde hier in den »magischen Kreis eines totalen Sensualismus« gezogen. Das bestätigten selbst seine Gegner. Jeder erlag der überwältigenden Theaterinszenierung, die eine Materialschlacht sondergleichen bescherte, jeder war von dem dreidimensionalen »Bild« fasziniert, das gerade bei Künstlerfesten zu einem der im 19. Jahrhundert so beliebten »tableaux vivants« wurde: zum »lebenden Bild«, in dem – wie auf Makarts Historienbildern – strahlend schöne Frauen, kostbare Stoffe und Edelsteine, Architektur und Requisiten ihren magischen Zauber entfalteten.
Obwohl auch die Wohnräume des Makart-Hauses überaus prunkvoll ausgestattet waren, gab es keine Frage: das Herzstück war der riesige Atelierraum, der zugleich Arbeitsstätte, Salon, Festsaal war. Hier arrangierte Makart mit viel Absicht die kunstvolle malerische Ungeordnetheit; hier stimmte er jedes Versatzstück dieser Schatzkammer auf die übrigen Requisiten und Kulissen farblich ab, wobei er gesättigtwarmen, tiefen Tönungen den Vorzug gab; hier kalkulierte er Lichteinfall und -stärke genau ein, um dem komponierten Bildausschnitt dieser Abundantia die richtige Temperatur und Leuchtkraft zu geben. Es ist bezeichnend, daß in dieser Welt schönen Flitterscheins und gebrochener Goldtöne, deren Architektur durch die Innendekoration gleichsam überspielt und entmaterialisiert wurde, für Pflanzen kaum ein Platz war. Zwar liebte Makart Palmen – wie ein Baldachin breitete etwa eine prächtige Fächerpalme ihre Blätter über seinem Schreibtisch aus –; aber Makart hatte sie künstlich unverwelkbar gemacht. Und wohin man blickte, sah man nur gebleichte Palmenwedel, verdorrte Schilfkolben, gefärbte Binsen, Disteln, getrocknete Strohblumen, präparierte Gräser, trockene Ranken und Rispen, zwischen denen japanische Fächergestecke, Pfauenfedern und seidene Schmetterlinge zum Bild »toter Natur« erstarrten. Kein anderes Gesteck hätte für Makarts Welt charakteristischer sein können als das »Makart-Bouquet«, jenes als »geschmackvoll-künstlerisch« angepriesene

kunstgewerbliche Wahrzeichen der Zeit, das bis zum Ende der Ringstraßenzeit hinter Spiegelrahmen in bürgerlichen Salons und Boudoirs verstauben sollte.

Seit 1872 galt Makarts Atelier als »Wunderwerk der Werkstatt«, das ein »Muß« jedes Wien-Besuchs wurde. Autoren wie Carl von Vincenti, der der »Wiener Kunst-Renaissance« 1876 ein wichtiges Buch widmete, schrieb vom »schönsten Atelier der Welt«; er schwärmte davon, wenn in der Gußhausstraße im Abendlicht »der Farbenzauber sein Weben beginnt, die Pastosen erglühen, das Fleisch an den Leibern aufschauert und aus Rahmen und Getäfel sachte die prächtigen, geschmeidelüsternen Weiber steigen, ihre goldkrustigen Gürtel schüttelnd. Hier schafft Makart, im Bann der Farbensirene. Das Atelier ist glänzender Ausdruck seines decorativen Genies, ein Theil seines Ruhmes, ein Theil von Makart selbst. Beim Künstler ganz besonders erlaubt das Schaffensheim einen Rückschluß auf seine Eigenart, man unterschätze deshalb nicht das Verweilen bei solcher Äußerlichkeit in seiner charakteristischen Bedeutung. Um einen Künstler von so farbenvisionärer Phantasie, so eminent sinnlichem Lebens- und Stimmungsgefühl richtig zu beurteilen, muß man nicht allein die schöne Sinnlichkeit der Farbe nicht fürchten und farbig zu sehen im Stande sein, sondern auch den Maler selbst – inmitten seiner magischen Kreise fassen, freilich dann aber auch gegen den Zauber gefeit sein.«

Mochten auch Makarts kritische Künstlerkollegen und die Kritiker sich gegen seine »asiatische Trödelbude« wenden, sein Schaffen als »Parvenükunst« verurteilen und vom zweifelhaften Geschmack dieser »künstlerischen Seidenmagazine« sprechen, so gierte doch das Publikum danach, seine Schaulust zu befriedigen. Makart selbst sprach belustigt von den »autochthonen Thabern, die in dieser Kunstwerkstatt alles anstaunend beschnüffelten«. Und schließlich pilgerte auch jeder Fremde in die Gußhausstraße, um diese Attraktion Ringstraßen-Wiens zu erleben. Zu ungelegener Zeit ertrotzte zum Beispiel einmal ein ehrgeiziger reicher Amerikaner das Vergnügen des Eintritts als einziger Besucher: Er zahlte Makart einen Betrag von 15 000 Gulden – was nicht wenig zur Legendenbildung um den Maler beitrug.

Das inszenierte Leben

Für den Sinneskünstler Makart waren Kunst, Leben und Lebensraum untrennbar. Künstler zu sein bedeutete für ihn, ein Gesamtkunstwerk zu inszenieren. Und darin war er sich mit den bedeutendsten »Regisseuren« der Ringstraßenarchitektur, mit Gottfried Semper und Carl von Hasenauer, einig – umso mehr, als auch sie in ihm den idealen Künstler sahen, der mit seinen Decken- und Wandgemälden ihren Bauten die Weite und den Glanz einer olympischen Kunst-Welt zu geben vermochte, der den Menschen verzauberte und entrückte, den Bürger der Ringstraße durch seine Allegorien in einen Teilnehmer dieses »lebenden Bildes« des Olymps verwandelte. So muß man Makarts aufbrechende Himmelsvision »Sieg des Lichts« verstehen, die über der Prunkstiege des Kunsthistorischen Museums von Semper und Hasenauer schweben sollte, aber durch Makarts frühen Tod nicht mehr ausgeführt wurde, so muß man auch seinen illusionistischen »Sommernachtstraum«-Entwurf verstehen, den er für das Schlafzimmer Kaiserin Elisabeths in Hasenauers Hermes-Villa schuf und dessen Ausführung Rudolf Carl Huber, Eduard Charlemont, Julius Berger und Pietro Isella betreuten: In tiefem Blau dringen Träume durch eine sich verflüchtigende, goldschimmernde Architektur. Schon einmal hatte Makart 1871 einen »Sommernachtstraum« auf den Vorhang des Wiener Stadttheaters gemalt. Blau und Gold sind die Töne des Außerordentlichen, Festlichen, der Gala und des Himmelsmantels Marias. Was auf dem Vorhang als erotisches Traumbild gedacht war, das allabendlich in der Wiener Operette seine Erfüllung fand, steigert das Schlafzimmer der nervösen, träumerischen Kaiserin zur Traumfabrik, zum Sommernachtstraum-Wald, in dem erotische Bilder aus dem Unterbewußtsein aufsteigen. Hatten die Kunstschriftsteller Makart nicht zu Recht den »größten Träumer seiner Zeit« genannt? … »Die Vollendung des

Scheins ist zugleich die Vollendung des illusionären Kunstwerks«, hatte Adorno formuliert.

Man mag heute darüber lächeln, daß damals, anno Makart, vor allem millionenschwere, hartkalkulierende Börsianer und Spekulanten, Bankiers und Industrielle, deren Väter gerade vor einer Generation reich geworden waren, im Atelier Makarts aufs Kalkulieren vergaßen und den Mummenschanz mitmachten, in den der Meister sie unerbittlich einspannte. Makarts Illusionskunst half ihnen, sich in ihren luxuriösen Beletage-Wohnungen ihre eigene ästhetische (Ersatz-) Welt zu schaffen. Viele von ihnen versuchten, Makarts Atelier zu kopieren – und brachten doch nur Nobelherbergen voll staubigem Luxusrödel und schlechtem Geschmack zustande. Wie etwa der berühmt-berüchtigte Mäzen Edmund Graf Zichy, über dessen Wohnung im Ringstraßenpalais der Grafen Henckel-Donnersmarck der Feuilletonist Ludwig Hevesi nach einem Besuch schrieb: Zichy lebt inmitten »einer Art Weltausstellung der Kulturgeschichte«.

Makarts Gemälde wurden zu astronomischen Preisen gehandelt; Innenausstattungen hat er aber nur wenige geschaffen. Meist lieferte er Gemälde, die als Decken- oder Wandbilder in Täfelungen montiert wurden. So malte er Najaden und Faune für den Speisesaal im Palais des Unterstaatssekretärs im Unterrichtsministerium, Josef Alexander Freiherr von Helfert. Friedrich Freiherr von Leitenberger, einer der bedeutendsten Wiener Mäzene, der den Ehrgeiz hatte, »die Lieblinge Wiens zu Freunden zu haben«, bemühte sich sehr um Makart und kaufte seine »Japanesin mit dem Vogelnest« und zwei Kleopatra-Gemälde. Für den Salon und Speisesaal der Wohnung des Baumeisters und Grundstückspekulanten Anton Ölzelt von Newin schuf Makart den Zyklus »Morgen-Mittag-Abend-Nacht« und »Wein, Weib und Gesang«, für das Haus Auspitz von Artenegg »Schneewittchen«-Bilder und für den Galeriebesitzer Bühlmayer das kleine Bild »Siesta am Hofe der Mediceer«.

Seine Meisterleistung der Wiener Interieurkunst der Ringstraßenzeit, ein Werk, das Kunstgeschichte machte, gelang ihm allerdings mit der Gestaltung des Arbeitszimmers des Industriellen Nikolaus von Dumba. Hier war nichts von jenen protzigen Atelierkopien zu merken, mit denen die Neureichen Wiens und der Donaumonarchie es Makart gleichtun wollten, indem sie ihre Wohnungen zu altertümelnden Mö-

Hans Temple, Das Komitee zur Errichtung eines Makart-Denkmals tagt im Arbeitszimmer Nikolaus Dumbas, Ölgemälde

belmagazinen voll mit geschnitzten und hochgepolsterten Pseudo-Antiquitäten machten, unmotiviert Staffeleien mit Ölgemälden aufstellten und die Räume mit schweren Damastvorhängen im altgoldgedämpften »Atelierton« verdunkelten. Und hier fand man auch nichts von dem Makart-Modeindustrie-Trödel mit den angestaubten Buketts, den ausladenden Makart-Federhüten der Damen und den gestickten Kostümen, die irgendwo umherlagen, den eigens gezüchteten Makart-Rosen und dem leuchtend makartroten Samt, der Makart nach seinem Tod entsprechend in Mißkredit brachte, so daß Anselm Feuerbach mit seinem niederschmetternden Urteil zumindest vorerst einmal recht behalten sollte: »Dieses diarrhöe-artige Produzieren in seiner asiatischen Trödelbude mißfällt mir und wird außer Kurs kommen.«

Makarts Arbeit im Palais Nikolaus Dumbas war da eine Ausnahme: Da zelebrierte der Virtuose seine Kunst, Wände und Decken schwerelos zu machen und aufzureißen. 1871 hatte der aus einer mazedonischen Familie stammende Handelsherr, Eigentümer von Baumwollspinnereien, Landtagsabgeordneter und Mitglied des Abgeordnetenhauses und einer der großen Mäzene, bei Makart einen Gemäldezyklus für sein Arbeitszimmer im Palais am Parkring 4 bestellt. Makart studierte daraufhin – als Gast Dumbas – in Italien Interieurkunst und malte bis November 1871 den Zyklus: einen Bacchantenzug mit Allegorien auf Handel und Industrie, Wissenschaften, Chemie, Bildhauerei und Malerei sowie als Deckengemälde eine Allegorie der Musik. Eine Apotheose der bürgerlichen Ringstraßengesellschaft. Makart hatte aber auch die Gestaltung des Mobiliars übernommen und schuf jenen harmonischen Raum, wie ihn Rudolf von Alt auf zwei berühmten Aquarellen festgehalten hat.

»Man gehe in Dumbas berühmtes Makartzimmer und denke darin an irgendein Gemach des Dogenpalastes mit Bildern von Tintoretto und Paolo Veronese«, konnte der Kunstschriftsteller Hevesi um 1900 noch schreiben und die Wirkung des Werks selbst nachprüfen. »Man hat den Eindruck, als stünde man in einer Stanza della nervosità. Die Maler Alt-Venedigs hatten keine Makart-Nerven. Wenn er auch in ihre Farbentöpfe langt und ihre Pracht über Wiener Wände verbreiten will, es wird etwas ganz anderes daraus. Ein anderer Schiller und Schimmer stiebt von seinen Stoffen und von seinen Nackten, ein Phosphoreszieren und Irisieren, ein fiberisch gesteigertes Detailleben des Lichts. Die magistrale Ruhe, mit der jene Meister ihre Paste groß und breit, förmlich episch hinsetzten – Tizian war ja ein Epiker der Palette –, ist bei Makart nicht zu finden. Der einzelne Strich, den er hinzieht, ist tatsächlich schon facettiert und blitzt in Lichtern. Das ist der persönliche Erregungszustand in seinem Handgelenk, aber auch der spezifische Wiener Stegreifgeist, dieser Kobold, der auch den Walzer erfunden hat und im Fasching als Prinz Gschnas auf die Maskeraden geht. Makarts malerische Handschrift ist schon ganz Fin de siècle. Selbst wo die Pranke des Löwen fehlt, ist eine Klaue sicher zu merken: Er war von denen, die keine Schule haben und keine machen. Sie regen nur die Luft auf und werfen ihr Fieber in die Menge, daß sie plötzlich ein Erlebnis hat und dann auf lange Zeit für alles Zahme verdorben ist. Mit dieser ganz persönlichen Weise von Empfindung und Arbeit war Makart der unmittelbare Vorläufer einer Zeit, die ihr ganzes Programm auf die Persönlichkeit gründen sollte … Wahrhaftig, er war auf dem geraden Wege, als ihm das Licht ausging. Heute

wäre er sechzig Jahre alt und ein Moderner. Mit welcher Wonne würde er sich als Mann ohne Vorurteile in der Bewegung tummeln, einer Kunst, die, wie sein Traum gewesen, das ganze Leben zu durchdringen beginnt.«
Nikolaus Dumbas testamentarische Verfügung, daß dieses Arbeitszimmer in seiner unvergleichlichen Schönheit erhalten bleiben müsse, wurde von seiner Witwe nicht eingehalten. Die Erben zerstörten herz- und rücksichtslos das Makart-Zimmer ebenso wie die Musikzimmerausstattung Gustav Klimts und das Speisezimmer von Franz Matsch. Das Makart-Gemälde vermachten sie dem Historischen Museum der Stadt Wien, das in der Kriegszeit diese Schenkung aus Platzmangel nicht annehmen konnte.

Hans im Glück und die modernen Sirenen

Makart in Wien – da mangelte es nicht an Aufträgen und noch viel weniger an Anträgen. Magisch zog der zierliche, elegante junge Mann mit dem blassen Gesicht, mit der »wie gemeißelten Stirn, die mehr träumt als denkt«, den dunklen flackernden Augen, die überall überirdische Schönheit suchten, die Schönheiten der Donaumetropole an. Als Adolf Wilbrandt den Künstler zum ersten Mal sah, wirkte dieser »... wie aus einem fernen Land gekommen, aus schwarzen, still brennenden träumenden Augen in die Welt schauend und in ihr mehr erschauend als andere Sterbliche«. Und Ludwig Speidel rühmte: »Dies große dunkle Makartauge, welches im Ausdruck nur empfangend, nicht gebend war, ist ein wundersames Organ gewesen. Es hat in Farben gelebt, geschwelgt, es hat Farbnuancen entdeckt.« Die schwarzen Locken und der breite dunkle Vollbart gaben ihm ein düsteres, fast dämonisches Aussehen. Die schönen Hände waren in allem, was sie anfaßten, erstaunlich geschickt – Carl von Lützow schrieb: »Er würde jedes Handwerk mit Leichtigkeit, gewissermaßen aus innerer Ahnung erlernt haben: ich bin überzeugt, er wäre unter Umständen ebenso gut der erste Zauberer oder dergleichen geworden, wie er der erste Maler seiner Zeit war.« Unmalerische Herrenmode lehnte er ab und trug den Salonrock höchst ungern. Hingegen kleidete er sich am liebsten in Pumphosen, bis zum Knie reichenden Stulpstiefeln und einem spanischen Wams, wie man es in der Rubenszeit getragen hatte. Das mag nach Pose, Theaterverkleidung und Pathos klingen. Aber er war kein Poseur. Eher scheu, ein wenig naiv, ein kleiner Mann, der die Armut seiner Kindheit in einem prachtvollen Prunkhimmelbett auf golddurchwirkten Kissen vergessen wollte, der nur ein paar Speisen liebte – weil sie so schön aussa-

Hans Makart, Der Einzug Karls V. in Antwerpen, Gemälde, 1877/78 (Gruppe der Ehrenjungfrauen)

hen! – und der im übrigen so einsilbig sein konnte, daß man ihn »den kleinen Schweiger« oder »Moltke der Malerei« nannte. Und sein engster Freund und Malerkollege Leopold Carl Müller, der »Orient-Müller«, der mit ihm auf Reisen ging und auch statt des schwerkranken Makart gemeinsam mit Viktor Berger das Schlafzimmer Kaiserin Elisabeths in der Hermesvilla malte, erklärte allen: »Makart spricht nicht und kann auch nicht sprechen. Er denkt nur in Linien und Farben ... Wer aus Makarts Rede auf die Bedeutung dieses Mannes schließen wollte, würde sich gründlich täuschen.«

All seiner Einsilbigkeit und Scheu zum Trotz umschwirrten den Künstler die Damen Ringstraßen-Wiens mit entnervender Beharrlichkeit: von der Burgtheaterheroine Charlotte Wolter, die ihm etwa für sein »Messalina«-Gemälde saß, über die zahlreichen Aristokratinnen, die er porträtierte, und die jüdischen Bankiersfrauen bis zu den Wäschermädeln, die sich für ihn auch fast alle auszogen, wenn er für eines seiner Gemälde ein Modell brauchte.

Als er 1878 im Wiener Künstlerhaus sein Kolossalbild »Der Einzug Karls V. in Antwerpen« vorstellte, gerieten Kunstfreunde, Sammler, Mäzene und Kunsthändler vor Begeisterung und die Moralapostel vor Entsetzen aus dem Häuschen. Das Publikum der Ringstraßenzeit war neugierig, informationshungrig, sensationslüstern. Lange Menschenschlangen pilgerten zu Makart ins Haus am Karlsplatz. Die einen fanden, daß Makart nie zuvor ein Monumentalgemälde mit derart hinreißendem Schwung, mit ähnlicher Bravour der Darstellung und in ähnlich glühenden Farben gemalt hätte. Die anderen kamen, um die Darstellungen zu prüfen – und um ihrer Erregung und Empörung Luft zu machen. Denn da entdeckten Herren von Stand auf der Breitleinwand ihre eigenen Frauen und Freundinnen, womöglich in koketter Animierpose, lediglich mit einem provozierend durchscheinenden Schleier notdürftig verhüllt. Da sah man, was die ganze Stadt schon längst gemunkelt hatte ... »Daß die Antwerpnerinnen dem Künstler so gelangen, verdankt er den Wienerinnen, denn unter den Frauen und Mädchen findet man fast ausschließlich Porträts früherer und gegenwärtiger Stadtschönheiten ... Wir begegnen da etwa den schönen edlen Zügen der Frau H.« – gemeint war, der Silberschmiedtochter Hanna Klinkosch, spätere Fürstin Liechtenstein –, »die himmlische Rosen ins irdische Leben eines unserer Volkswirte webt, auf dem Bild aber vor dem einherreitenden Kaiser Blumen streut; Frau von T. mit leuchtenden Augen und rosenlachendem Mund ...« usw. Und für die Wiener war es der größte G'spaß, auf dem Ringstraßenkorso zwischen Sirk-Ecke und Schwarzenbergplatz fast täglich die ehrenwerten Schönen promenieren zu sehen, die im Künstlerhaus auf Makarts Bild Ehrenjungfrauen spielten. Es war wohl vor allem das Vergnügen, sich selbst als Betrachter und Voyeur in das Bildgeschehen einzubeziehen, das die Menschen vor dem Künstlerhaus Schlange stehen ließ. Im März 1878 kamen innerhalb weniger Tage 34 000 Besucher, dann triumphierte Makarts »Karl V.« bis Januar 1881 in Berlin, München, Dresden, London, Hannover und Basel. So versteht man, daß etwa der berühmte Kritiker Ludwig Speidel solche Präsentationen als »geräuschvolles, die Geister aufregendes Ereignis« beschreibt, wie man es sonst »weder auf theatralischem noch auf musikalischem Gebiet erlebt« hatte: Denn diese Bilder waren »in Wien, und was mehr sagen will, aus Wien heraus gemalt worden«. Mehr noch, dieses gemalte »Kostümfest« – das Sensationsbild »Karl V.« ist nur eines von vielen – befriedigte jenes Kunstbedürfnis, das im Wien der Ringstraße den Ton angab: die Sehnsucht, die Grenzen zwischen Kunst und Leben aufzuheben und die Grenzen zwischen Sein und Schein, Wahrheit und Lüge, Wirklichkeit und Traum wenigstens lose zu verwischen. »Alles ist hier Übergang, ästhetisch kontaminiert, alles läßt sich von der Kunstlockung freundlich umspielen, aber nicht auf eine Form bringen, die dem Leben, statt ihm zu schmeicheln, als Herausforderung entgegentritt.«

Makart als Huldigungsmaler – das war für ihn eine publikumswirksame Rolle, die freilich oft falsch gedeutet wird. Denn »Karl V.« war kein Auftragsbild – etwa des Kaisers oder der Familie Habsburg. Für Makart war es vor allem, wie Werner Hofmann analysierte, ein Vorwand, seinem eigenen Handwerk, der Malerei, zu huldigen. Die Studien und die große Komposition waren seit 1874 weit gediehen, als Makart 1877 als Vertreter der Genossenschaft bildender Künstler (1881 wurde er deren Vorstand) zu den Feierlichkeiten der 300. Wiederkehr des Geburtstags Rubens' nach Antwerpen reiste. Hier bekam er entscheidende Anregungen, und in der Folge wurde sein Werk im Grunde zu einer Huldigung für ein Künstlerdreigespann mit einem

»gemalten Kostümfest«, wie es wohl nur Ringstraßen-Wien in dieser Pracht hervorbrachte – hervorbringen konnte. Denn statt der Huldigung für Kaiser Franz Josephs Ahn Karl V. feiert Makart Albrecht Dürer, der das historische Ereignis des Einzugs Karls V. in Antwerpen selbst miterlebt hat – Makart malt sein Porträt in der linken Bildhälfte –, dann Rubens, dessen Farbsinnlichkeit aus der Sinnenfreude des Genius loci abgeleitet wird, und schließlich sich selbst, Hans Makart, weil er überzeugt ist, daß es ihm gegeben ist, die Kunst des großen Flamen zu erneuern und zu vollenden. »Makart malt und vergegenwärtigt Geschichte als Kunstgeschichte. Der über seine Themenwahl frei entscheidende Künstler bittet gleichsam den Kaiser wie einen Ebenbürtigen zu sich in sein fürstlich ausgestattetes Atelier, er läßt die erlauchte Vergangenheit für sein Bild auftreten. Nicht er huldigt dem Monarchen, dieser läßt sich vom Pinselfürsten in Szene setzen.« Was die Zusammenhänge zwischen Makarts Künstlerkult, seinen Historiengemälden und seinem »Ideenhauptwerk«, dem 1879 auf der Ringstraße inszenierten Makart-Festzug, einem »lebenden Bild« schlechthin, umso deutlicher werden läßt. Doch darüber später.
Sein größtes Gemälde hatte Makart schon 1872/73, also wenige Jahre nach seiner Ansiedlung in Wien, für den Kunsthändler Hugo Othmar Miethke gemalt – es sollte ein »Aushängeschild österreichischer Malerei« für die Wiener Weltausstellung des Jahres 1873 werden: »Venedig huldigt Caterina Cornaro, der Königin von Zypern«, eine auf der Breitleinwand erstarrte Thronszene, fast elf Meter lang und vier Meter hoch. Rechtzeitig hatte Makart noch seinen Ateliertrakt erweitert, um das Werk vollenden zu können.
Am 31. März zelebrierte er anläßlich der Fertigstellung seines »Palais des Illusions«-Ateliers und »Caterina Cornaro« zu Ehren eines seiner prunkvollsten Feste. Und dann, am 1. Mai, die Eröffnung der Ausstellung im Künstlerhaus! In einer Präsentation, die Makart mit Miethke genau ausgeklügelt hatte. Der Saal im ersten Stock wurde zur Gänze mit schwerem schwarzem Tuch ausgeschlagen, zu beiden Seiten des Gemäldes standen exotische Pflanzen, und das Oberlicht war so raffiniert geführt, daß die dramatische Wirkung der Huldigung in rauschhaft leuchtendem Tizianrot und gebrochenem Gold aufs höchste gesteigert wurde. Schon von ganz unten, vom Ansatz der Marmortreppe, sah man das Werk magisch leuchten, so daß der Besucher, den

Blick gebannt, hinaufschritt zum Makart-Heiligtum und gar nicht anders konnte, als an diesem Altar der Kunst ergriffen seine Devotion zu verrichten.

Die Neugierigen kamen zu Tausenden. Erboste Kritiker kramten zum Teil erneut ihre alten Vorurteile aus und erinnerten sich der Bissigkeiten und des Unflats, den sie schon anläßlich der »Pest in Florenz« vier Jahre vorher über Makart ausgeleert hatten. »Schlecht gezeichnet und mit Hurensalbe lasiert«, hatte doch einer geschrieben, ein anderer von »vergrößerten Lampenschirmen für ein Pariser Bordell, bewundernswert, ehe man die Lampen auslöscht ...« Wieder andere fanden es geschmacklos, daß der Maler der Fürstin die Züge seiner »unebenbürtigen« ersten Frau geliehen hatte: Amalie Franziska Makart, geborene Roithmayr, Münchner Fleischhauerstochter, die er als Untermieter der Familie kennengelernt und 1868 geheiratet hatte – sie starb 1873 27jährig! –, als Symbol des »ewig Weiblichen« unter der Maske der großen Historie! »Zwischen Hoheit und Laster, Askese und Triebhaftigkeit pendelt das vieldeutige und vielgedeutete Bild der Frau, Surrogat für den strengen bürgerlichen Moralkodex. Die Rolle der Frau in Makarts Bildern ist so abgelöst vom Alltag, wie es genau den repräsentativen Gesellschaftsspielen entsprach: Sie glänzte auf Bällen, auf der Bühne, auf Festen. Und sie glänzte gelegentlich geheimnis- und skandalumwittert als Heldin der Geschichte – etwa als Caterina, Messalina oder Kleopatra.«

Daß Makart seine Frau dargestellt hatte, konnte man ihm wohl nachsehen. Ließ doch fast jeder neureiche Bankier, Industrielle oder Spekulant in diesen Jahren sein Eheweib als antike Göttin, seine Freundin als Muse und seine Kinder als Genien oder allegorische Bengel auf den Plafond seines Hauses pinseln. Unerbittlich äußerten sich aber die Kollegen von der neidgenössischen Malerzunft. Anselm Feuerbach, einst mit Makart befreundet, in Hinkunft sein aufmerksamster, gewissenhaftester Feind, notierte nach dem Besuch im Künstlerhaus: »Mit brillanter Farbe die Unkenntnis des menschlichen Körpers bedecken ist auch keine Freude. Mein bescheidenes Glück ist, daß meine Figuren Füße haben, zu stehen und zu gehen, und Hände, um etwas anzufassen ...« Aber: »Das Oberlicht wirkt scharf. Das Bild müßte durch die raffinierte Ausstellung, selbst wenn es schwach in der Farbe wäre, immerhin eine magische Wirkung erzielen.«

Was der Kunsthändler Miethke sich ausgerechnet hatte, erfüllte sich: Makart bekam das beträchtliche Honorar von 30 000 Gulden, für die Miete des Obergeschoßes des Künstlerhauses legte er 38 000 Gulden aus, der Verkauf brachte ihm später 80 000 Gulden. An Makarts Hals-über-Kopf-Karriere zweifelte niemand mehr. Und darauf, daß die Spekulation, die mit seinem Namen getrieben wurde, aufging, konnte man sich verlassen. Sorgte doch die Presse mit ihren Sensationsberichten aus seiner Werkstatt, über seine neuesten Bilder, seinen kunstgewerblichen Firlefanz und von seinen skandalumwitterten Atelierorgien, an denen von der Hocharistokratie bis zu »Damen von fragwürdiger Tugend« ganz Wien teilnahm, für eine weitere Überhitzung der Preise. Gerade vor dem Börsenkrach am 9. Mai 1873, dem Schwarzen Freitag nach der Eröffnung der Wiener Weltausstellung, kletterten die Preise für Makart-Bilder besonders hoch.

Während die »Neue Freie Presse« Makart als »neuen Veronese« feierte und die Welt der Weltausstellungs-Spekulanten in Trümmer ging, erlitt Anselm Feuerbach eine seiner schwersten Schlappen: Er zeigte im Künstlerhaus seine in Rom gemalte, fünf mal acht Meter große »Amazonenschlacht« und hoffte, damit den Makart-Freunden demonstrieren zu können, was er unter solider, anatomisch richtiger, kultivierter Malerei altmeisterlicher Tradition verstand. Doch im Februar 1874 ließ Feuilletonist und Kritiker Daniel Spitzer ungnädig seine Blicke über Feuerbachs Werk schweifen. »Damenfreistilringen« war noch seine freundlichste Reaktion. Sein Kommentar ließ an Bissigkeit und hämischer Schadenfreude nichts zu wünschen übrig, so daß Feuerbach alle Schuld an diesem Urteil den guten Beziehungen des Makart-Clans zur Wiener Presse gab – freilich, ohne die eigenen, heute sehr deutlich erkennbaren Schwächen und Fehler seiner Werke zu sehen. Spitzers Bericht: »Das Wetter ist düster, und man sieht es dem Himmel an, daß es bald Schokolade regnen wird. Wahrscheinlich hat es sogar schon geregnet, denn die armen Amazonen sind so schmutzigbraun, daß sie bis auf die Haut naß geworden zu sein scheinen. Das Meer jedoch ist ein Philosoph, es nimmt von dem schokoladefarbigen Himmel keine Notiz und ist in seliger Erinnerung an den gestrigen blauen Himmel von einer rührenden Bläue. Weder die Krieger noch die Amazonen geben einen Laut von sich, keiner öffnet den Mund – so habe ich mir in meinen Träumen immer eine Schlacht in einem Taubstummeninstitut vorgestellt ... Ob Roß und Reiterin mit Öl gemalt sind oder mit Karlsbader Sprudel, wage ich nicht zu entscheiden.«

Aber was ging das Makart an! Seine Freunde sicherten seiner »Caterina Cornaro« einen Siegeszug. »Ungefähr so haben die besten Bilder Veroneses ausgesehen, als sie frisch aus der Werkstatt des Meisters kamen«, posaunten sie hinaus. »Kann man einen modernen Koloristen höherstellen, als damit geschieht?«

»Caterina« zog durch die Kunstwelt, triumphierte auf internationalen Ausstellungen, zuletzt 1876 auf der Weltausstellung in Chikago. Makart hatte die Malerei der Ringstraßenzeit zumindest vorübergehend »international« gemacht. Sein Ruf war damit auch in den Vereinigten Staaten so weit gefestigt, daß sein Bruder Fritz, der den Aufstieg vom Lithographen zum Kunsthändler geschafft hatte, Makarts fast zehn Meter langes Gemälde »Jagd der Diana« 1880 an den Amerikaner James A. Banker verkaufen konnte, der das Werk im Speisesaal seiner Villa in Irvington am Hudson aufhängte und später mit enormem Gewinn an das New Yorker Metropolitan Museum weiterverkaufte.

Künstlerblut, Blaublut, Goldblut

Es ist keine Übertreibung, wenn man behauptet, daß Makarts Feste alles übertrafen, was seit den Tagen des Wiener Kongresses veranstaltet worden war. In ihnen spiegelten sich Leben und Glanz der Gesellschaft der Ringstraße. Schon knapp nach seinem Eintreffen in Wien überraschte er am 12. Januar 1870 im Wiener Künstlerhaus mit dem ersten Gschnasfest, von dem man nicht nur in Wien schwärmte. Seine kühne Phantasie, sein Beschwören »aufregender Momente« der Geschichte, die er zugleich zur Huldigung für sein Genie ummünzte, die Sicherheit seiner magischen Beschwörungen heroischer Atmosphäre, in der das Kostbare und der Talmi in einer Synthese eins und zu etwas überraschend Originellem wurden – das alles hatte für die Wiener und alle, die kamen, das Fluidum eines phantastischen, noch nie geträumten Traums. Wie kühn waren schon seine ersten Gschnas-Dekorationen: barocke Kolonnaden, als deren Karyatiden bekannte Wiener Künstler karikiert werden sollten. »Die besten jungen Maler quälten sich vergeblich, den Schwung der Makart-Skizze ins Große zu übertragen, alles blieb recht reizlos und so nüchtern ... Da kam Makart, nahm den breitesten Bürstenpinsel, tauchte ihn tief in die Farbtöpfe, mischte die Töne rasch zusammen, bestieg die Leiter und warf den farbigen Saft an die Wände, daß es dick durcheinandertriefte ... Makart und sein stattlicher Hofstaat überboten einander dabei durch witzige Einfälle, die ganz Ringstraßen-Wien lachen ließ. Durch solche Mummenschanzereien war dem Meistermaler aus dem Gußhaus gegen die Anspannung in seinem ernsten Ringen um die Bildgestaltungen ein Ventil gegeben, durch das er seine ungestüme, unbändige Lebenslust ausströmen lassen konnte. Diese Feste in Permanenz gaben seinem Schaffensprozeß starke Anregungen ...«

Die kunstpolitischen Vorstellungen, die Obersthofmeister Fürst Hohenlohe-Schillingsfürst dem Kaiser als Begründung für die Beru-

fung Makarts dargelegt hatte, gingen in Erfüllung: Hohenlohe versprach nicht weniger, als daß von diesem »ungewöhnlichen Kunstgenie« Makart ein »folgenreicher Aufschwung für die Kunst zu erwarten sein wird!« Makart kam, tauchte mit dem Pinsel Wien in einen Farbenrausch und wurde zum meistbewunderten Künstler der Ringstraßenzeit; um ihn scharten sich »Künstlerblut, Blaublut und Goldblut«, wenn er bei jedem seiner Feste seine Phantasie die kühnsten Kapriolen schlagen ließ.
Er war ein verschwenderischer Gastgeber, wenn er bei seinen Kostümfesten im Stil der Rubenszeit, van Dycks, der Venezianer oder des Directoire Regie führte, zeichnete für jede einzelne der geladenen Damen die Gewänder und arbeitete rastlos, bis Raum und Menschen so perfekt zusammenstimmten, daß in diesen »Feuerwerken seiner Farbennächte« Schein und Sein eins wurden. Er war glücklich, wenn am Abend »das schaulustige, neugierige Volk stundenlang vor der Auffahrt in der Gußhausstraße Spalier stand, um wenigstens etwas von dem Glanze der Großen zu erhaschen, wenn sich beim Entsteigen der Privatwagen unter den Mänteln die Flitterpracht der Kostüme oder ein hochaufgetürmter Kopfputz sehen ließ, über die dann am nächsten Tag genaue Schilderungen in den Zeitungen zu lesen waren«.
Von »sybaritischen Ausschweifungen« sprach nach jedem Atelierfest ganz Wien. Auserlesen waren die Gerichte, die auf monströsen Tafelaufsätzen mit Blumen und Früchten zu exotischen Stilleben arrangiert wurden. Kostümierte Diener servierten, die Musikanten waren im jeweiligen Stil des Festes gekleidet, und alles drehte sich um – die schöne Wienerin, der auf diesen »Festen der Frauen« Makarts Huldigung galt. Sich mit Schönheit zu umgeben gehörte für Makart fast schon zum Ritual, und wenn das Fest turbulent wurde, öffnete Makart seine geschnitzten Truhen, wühlte in Samten, Damasten, Brokaten, Spitzen und Stickereien, drapierte sie wie ein Modekünstler mit geschickten Handgriffen an attraktiven Körpern, holte prompt Pinsel und Palette und bat die flämische »Vrouwe, orientalische Odaliske oder römische Fürstin, ein bißchen still zu stehen, den Kopf etwas zu wenden, die Hand ans Kinn zu legen – und schon war eine Studie für eines seiner nächsten Historiengemälde fertig.«
Eine Geschichte, die sich mit Charlotte Wolter, der strahlenden Heldin des Burgtheaters, ereignet hatte, war für Wiens Feuilletonisten

ganz nach dem Zeitgeschmack. Die Gäste eines solchen Festes hatten Makart und die Wolter überall im Haus gesucht. Endlich entdeckte man sie im dämmerig schwülen Ampellicht einer abgelegenen Altarnische: die Wolter, in die riesigen orientalischen Daunenkissen zurückgesunken, träumend von noch mehr Ruhm und Glanz, Makart, auf dem Teppich liegend, starrte sie mit brütendem, alles bannendem Blick an, aus dem er sie nicht mehr entließ. Er hatte in Gedanken wieder ein Wolter-Bild geformt – war es ihr Messalina-Bild oder einer ihrer vielen Tode als Kleopatra? Oder ersann er so ihr berühmtes Kostüm als Lady Macbeth? Wir wissen es leider nicht mehr.

Bis 1879 sorgte Makart in seinem »zauberischen Kulissensaal« (Adolf Wilbrandt) für die spektakulärsten Gesellschaftsereignisse der Kaiserstadt, nach denen später nur noch die Festlichkeiten der ehrgeizigen Fürstin Pauline Metternich ähnliches Aufsehen erregten. Hauptereignisse zwischen vielen kleinen Festen und Bällen waren am 31. März 1873 ein venezianisches Kostümfest anläßlich der Fertigstellung seines großen Ateliers und anläßlich der Vollendung des Weltausstellungsgemäldes »Caterina Cornaro« und am 3. März 1875 ein Fest zu Ehren Richard und Cosima Wagners, zwei sensationelle Veranstaltungen, die nur noch durch die Spektakel des Jahres 1879 übertroffen wurden: durch den Ringstraßen-Festzug am 27. April, das Fest der Ingenieur- und Architekten-Vereinigung am 10. Juni auf dem Kahlenberg zu Ehren des Festzug-Triumphators Makart und des Ringstraßen-Barons, Architekt Heinrich Ferstel, der anläßlich der Einweihung der von ihm gebauten Votivkirche die Ehrenbürgerschaft der Stadt Wien erhielt und vom Kaiser in den Freiherrenstand erhoben wurde; und als Weihnachtsüberraschung am 22. Dezember schließlich ein niederländisches Fest.

Seit den Münchner Studienjahren war Makart mit dem Maler Franz von Lenbach befreundet; mit ihm unternahm er immer wieder Reisen, und wenn Lenbach seine Wiener Freunde, vor allem Josefine und Franziska von Wertheimstein, besuchte, arbeitete er sogar in Makarts Atelier. Lenbach hatte die Idee, Richard Wagner einzuladen. Und da der Komponist für den Wiener Wagner-Verein im Musikvereinssaal ein Werbekonzert für das Bayreuther Festspielhaus dirigierte, ließ er sich den Besuch im Makart-Atelier nicht entgehen. Hatte ihm doch

Lenbach versichert, daß Makart jenen Lebens- und Wohnstil und jene Art der Selbstinszenierung verwirklicht habe, von der Wagner lange geträumt hatte.
Richard Wagner und Hans Makart, die angeblich »Geistesverwandten« – Ludwig Hevesi schwor, daß dem »dämonischen Rattenfängergenie« Makart nur Wagner gleichkomme – begegneten einander am 3. März 1875 und entdeckten, daß sie einander – fast nichts zu sagen hatten. Lenbach schrieb seine Eindrücke von dem Fest nieder. »Makart lud alles Weibliche ein, was in seinen Augen schön war, schöne Schauspielerinnen und Tänzerinnen, ja auch Damen von fragwürdiger Tugend, wenn sie nur seinem Ideal von Form, Farbe und lieblicher Erscheinung entsprachen. Frau Cosima rief eine Menge von hervorragenden Persönlichkeiten herbei, so daß bei diesem Feste nichts fehlte, was Schönheit, Ruhm, Rang und Stand repräsentierte.«
Wie Richard und Cosima Makarts Haus im Detail beurteilten, ist nicht überliefert und schwer auszumachen. Der Radierer William Unger, Makarts Intimus, berichtet, daß es dem »Makart der Musik«, wie man Wagner damals nannte, angesichts des märchenhaften Pomps in »humoristischem Neid« entfuhr: »Ja, ja, das hat nur so einer, so ein Maler hat das!«
Frau Cosima notierte stolz, daß sie in Wien Wagners Gönnerin der Pariser »Tannhäuser«-Zeit, Pauline Fürstin Metternich, sowie Rudolf Fürst Liechtenstein und endlich auch Marie Fürstin Hohenlohe, die Frau des Obersthofmeisters, wieder gesehen hätte und daß Makarts Atelier im übrigen eine »sublime Rumpelkammer« sei. Wagner aber schloß Freundschaft mit der bildschönen vierundzwanzigjährigen Marie Gräfin Dönhoff, einer geborenen Principessa di Camporeale, die 1886 den späteren deutschen Reichskanzler Bernhard Fürst Bülow heiratete und in diesen Jahren in Wien und später in Bayreuth Wagners eifrige Förderin wurde.
Der Höhepunkt dieser Einladung war aber Wagners Wiederbegegnung mit Gottfried Semper, der in Wien in diesen Jahren Kaiser Franz Josephs Kaiserforum mit den Hofmuseen, der Neuen Burg und dem Hofburgtheater plante. »Als Wagner ihn erblickte«, berichtet Lenbach, »eilte er stürmisch auf ihn zu, umarmte und küßte ihn, und die beiden setzten sich in eine Ecke an einen Tisch und tranken und schwatzten die ganze Zeit miteinander, ohne sich im mindesten um

das Fest zu kümmern.« Nach den alten Auseinandersetzungen um das Festspielhaus in Bayreuth saßen sie schließlich noch am Morgen einander gegenüber, »offenbar bemüht, den Ton der früheren Jahre zu treffen«.

Wagner hatte allerdings erwogen, Makart als Bühnenbildner für seinen Bayreuther »Ring des Nibelungen« zu gewinnen, ein Plan, der indessen nicht über ein vages Projektstadium hinauskam. Makart war zwar seit seinen Münchner Tagen von Wagner fasziniert, und er kannte die Künstler, die für die Wagner-Bühne tätig waren. Aber er dürfte sehr gezögert haben. Im Herbst fuhr er mit Lenbach, Leopold Carl Müller, Graf Lanckoronski und mehreren Mitgliedern des Hochadels nach Ägypten, wo der Vizekönig den Reisenden einen Mamelukenpalast in Kairo als Wohnsitz zur Verfügung stellte. Makarts große Ägyptenbilder entstanden; und auch Müller malte seine berühmten orientalischen Szenen, die in Wien einen regelrechten Orient-Malboom auslösten.

Wagner hatte sich inzwischen für den Theaterpraktiker Josef Hoffmann, einen Schüler des Wiener Historienmalers Carl Rahl, als Ausstatter für den »Ring des Nibelungen« entschieden. Im August pilgerte Makart, der Wagner noch immer grenzenlos bewunderte, gemeinsam mit seinem treuesten Sammler Karl Lanckoronski zur Aufführung des »Rings« – übrigens in bester Wiener Gesellschaft mit Rudolf Fürst Liechtenstein, Julius Graf Andrássy, den Grafen Salm, Csáky und Appony sowie mit Anton Bruckner und dem Maler Heinrich von Angeli.

Welch tiefe Eindrücke Makart vom Bayreuther »Ring« empfing, beweist, daß er sich daraufhin voll Nervosität um das »Ringthema« bemühte und seit 1882 konsequent damit beschäftigte. Im Frühjahr und Sommer 1883 malte er dann die acht Gemälde seines düsteren »Nibelungen«-Zyklus, der zu seinen reifsten, aufregendsten Spätwerken zählt. Der Farbenmagier streifte seinen Farbenzauber ab und malte – Grau in Grau! Dramatisch wild bewegte Kompositionen, in denen er auf anatomische Zusammenhänge fast völlig verzichtete, sich von allen Vorstellungen der Illustration absetzte und mit elementarer Ausdruckskraft den Mythos deutete.

Wagner, der Meister intellektueller Selbstverwirklichung, vermochte zwar mit Makart, dem Meister sinnlich-intuitiver Selbstdarstellung, nicht viel anzufangen, aber Makarts Werk und vor allem seine Gestaltung von magisch belebten Räumen faszinierten ihn. Als Wagner 1881 für seinen Bayreuther »Parsifal« sein Konzept der Darstellung Kundrys als nackte tizianische Venus nicht mehr verwirklichen konnte, wählte er Makarts Charlotte-Wolter-Gemälde »Messalina« als Vorbild für seine Bilddramaturgie.

Triumphbogen und Baldachin

Festliche Umzüge und prunkvolle Ausfahrten im Galawagen, allegorische Demonstrationen der Macht Habsburgs und der edlen Verbindung der habsburgischen Mäzene mit den Göttern und Musen, mit heute kaum noch vorstellbarem Pomp gefeierte Eröffnungen und Einweihungen gehörten zum Leben der Ringstraßenzeit, die sich für diese äußerlichen politischen (Macht-)Demonstrationen die barocke Prachtentfaltung der Casa d'Austria als Vorbild wählte. Bälle, Bankette, musikalische und literarische Soireen jagten einander, Empfänge für fürstliche Gäste arteten mitunter sogar zu Festzügen aus, Jubiläen wurden am liebsten in historischen Kostümen zelebriert, um Legitimität und Kontinuität der Macht darzustellen. Sehen und Gesehenwerden und zugleich das Zurschaustellen der eigenen Geschichte und der eigenen Bedeutung in der Gegenwart waren die entscheidenden Aspekte des Zeremoniells, mit dem Kaiserhaus, Hochadel und neuer Geldadel dem Leben Glanz zu geben, zugleich aber das Leben zum Kunstwerk zu veredeln trachteten. Denn nur das Kunstwerk konnte all das geben, was die Religion in dieser Welt übersteigerter materialistischer Träume vorenthielt – die Erfüllung im Diesseits: die Wiederkehr des Goldenen Zeitalters, das Paradies auf Erden, den olympischen Frühling, wie Makart ihn in seinem letzten unvollendeten Riesengemälde in himmlisch leuchtenden Farben dargestellt hatte. »Die Künste führen uns in das ideale Reich hinüber, in dem allein wir reine Freude, reines Glück, reine Liebe finden können«, wird Gustav Klimt – als Secessionist hatte er sich gerade vom Historismus und vom Adeptendaseins des Meisters Hans Makart losgesagt – den »Erlösungsgedanken« anläßlich der Vorstellung seines Beethoven-Frieses 1901 formulieren.

Das Leben als Kunstwerk: In der Kunst des Tafelns, bei den Festbanketten, Nobelbällen, in den Luxusetablissements – überall regierte die

Otto Wagners Triumphbogen für den Einzug Kronprinzessin Stephanies am 9. Mai 1881 in Wien, Photographie

Lust an der theatralischen Inszenierung, die die Bürger Ringstraßen-Wiens mit barocken Fürsten wetteifern ließ. So lädt etwa Bürgermeister Andreas Zelinka anläßlich der Schlußsteinlegung und Eröffnung des Wiener Künstlerhauses am 1. September 1868 die Spitzen der Gesellschaft – Aristokratie, Mäzene, Millionäre – in die märchenhaft dekorierten Blumensäle der Gartenbaugesellschaft am Parkring zum Festbankett. Die Karte mit der Menüfolge ist erhalten geblieben, und wir wissen, woran sich die erlauchten Protektoren und Gönner delektierten – nämlich an Hummersuppe, Straßburger Gänseleber mit Aspik, Forellen, Hechten, Schill à la hollandaise, Roastbeef, Rindfleisch, Ragout und Poularden, Rehfilets mit Trüffeln, Croquettes mit Sprossen, Enten und Kapaunen, Salaten und Kompotten, Pudding à la Wellington, Käse, Torten, Obst, Gefrorenem, Kaffee und Likör. Für die Tafelmusik sorgten die Brüder Strauß.
Als Kronprinzessin Stephanie, die Tochter des Belgier-Königs Leopold II., am 9. Mai 1881 in Wien einzog, um zwölf Tage später mit Kronprinz Rudolf, dem »jungen Lebemann, der sie schon während der Verlobung betrog«, vermählt zu werden, entwarf der junge Otto

Wagner im Auftrag der Festkommission des Wiener Gemeinderats eine neubarocke Festdekoration. Ein reich geschmückter Kuppelbaldachin mit Kaiserkrone, Statuenschmuck, getragen von Säulen und bekränzt mit Blumengirlanden, erinnerte an die Gemäldestaffage einer barocken Kaiserallegorie. Als Kaiser Franz Joseph am 26. September 1891 im Kaiserpavillon aus Gußeisen und Glas der Prager Jubiläumsausstellung seine Dankansprache an Industrie, Handel und Gewerbe des Königreichs Böhmen hielt, hatte man ihm einen von Säulen getragenen Baldachin von den Ausmaßen des Bernini-Altars im römischen Petersdom errichtet. Bei Bernini und bei Fischer von Erlachs Vermählungsbrunnen auf dem Wiener Hohen Markt entlieh man dazu die Form und dekorierte diesen Tempel kaiserlicher Macht und Gönnerschaft so mit gestickten Draperien, daß hier Franz Josephs Ahnherr Kaiser Karl VI. ebensogut eine barocke Krönungsoper hätte aufführen lassen können. Überall, wo der Kaiser oder in seinem Auftrag Erzherzoge oder Stellvertreter kaiserlicher Macht auftraten und vor allem wo ein Treffen mit anderen Monarchen »inszeniert« werden mußte, wurden Ehrenpforten, Triumphbogen, Obelisken und Trophäenarrangements, Triumphhallen und bunt leuchtende, reich gestickte Festzelte mit Kronen, Emblemen, Statuen, Stickereien, vergoldeten Palmwedeln und goldenen Quasten aufgestellt, deren Entwürfe von den italienischen Barockmalern, von Rubens und dem österreichischen Barock inspiriert waren und von Architekten und Dekorateuren wie Heinrich von Ferstel, Carl von Hasenauer und vor allem vom jungen Otto Wagner entworfen wurden. Der Kaiserstaat präsentierte sich bei seiner politischen Selbstdarstellung effektvoll in den Kulissen und Dekorationen jener Epochen, die Habsburgs glanzvollste Machtentfaltung symbolisierten.

Hier präsentierten sich die Festteilnehmer »unkostümiert«, im Kleid der Zeit, vor allem im Militärrock; doch die große Sehnsucht nach dem historischen Kostüm, nach der Verkleidung, die die Gesellschaft zu einem Teil der »großen geschichtlichen Epochen« werden und sie sogar in lebenden Bildern dieser Zeiten auftreten ließ, bewirkte mehr: Die Sehnsucht, als Statist des Goldenen Zeitalters zu posieren, war gerade in der Ringstraßenzeit allen eigen. Da traten die reichen Bürger und die Neugeadelten, aber auch Hochadel und sogar Erzherzöge kostbar kostümiert auf – und jeder in dem Kostüm, das dem Rang,

Tor zur Wunderwelt der Weltausstellung 1873: Der von Heinrich Ferstel entworfene Triumphbogen der Wienerberger Ziegelfabrik (davor eine Statue Wotans)

Stand, Einfluß und der Aura der Familie entsprach. So präsentierte sich Kronprinz Rudolf in »lebenden Bildern« am liebsten als Habsburgs großer Ahnherr Rudolf I. oder – wie beim berühmten Makart-Festzug zur silbernen Hochzeit des Kaiserpaares Franz Joseph und Elisabeth – im Renaissancekostüm Kaiser Karls V., Erzherzog Carl Ludwig als Herold des Heiligen Römischen Reichs, Erzherzog Johann

als Botschafter des Reichs Georg von Firmian und Erzherzog Ludwig Victor, der jüngste, exzentrische Bruder Franz Josephs, der die Spitznamen »Luzivuzi« oder »Bubi« trug, in – Damenkleidern, wenn auch nur bei privaten Tingeltangelveranstaltungen, für die er ein besonderes Faible hatte.
Bis ins frühe 20. Jahrhundert lassen sich die Aufführungen solcher »lebenden Bilder« dokumentarisch belegen, an denen Franz Josephs Familie und der Adel sich beteiligten. So wurde noch am 1. Dezember 1908, also am Vortag des 60jährigen Regierungsjubiläums des Kaisers, im Schönbrunner Schloßtheater eine letzte Huldigungs-Apotheose inszeniert, an der zahlreiche Habsburger mitwirkten und ein von Erzherzogin Marie Valerie gedichteter Epilog gesprochen wurde, nachdem bereits am 12. Juni ein Kaiser-Huldigungszug nach Art des Makart-Festzugs von 1879 über die Ringstraße gezogen war. Eines der reizvollsten Dokumente der »lebenden Bilder« hat übrigens der Hofphotograph Fritz Luckhardt geschaffen, als er die aristokratischen Teilnehmer des Historienfests »Am Hof Karls des Großen« im Wiener Musikvereinsgebäude aufnahm.
Am 24. April 1879 feierte das Herrscherpaar Franz Joseph und Elisabeth das Fest der silbernen Hochzeit. Der Kaiser hatte zwar gefordert, daß seine Untertanen nicht mit den Kosten geplanter Feierlichkeiten belastet werden dürfen. Aber der Gedanke eines Huldigungszugs, den die Stadt Wien selbst veranstaltete, gefiel ihm selbst – praktisch, wie er nun einmal dachte, erkannte er die Möglichkeit, mit einem solchen Riesenauftrag Wiens Kunst, Kunstgewerbe und -handwerk zu fördern. Die Idee des Festzugs, in der Renaissance geboren, im Barock immer wieder für Staatsaktionen und -feierlichkeiten aufgegriffen, beschäftigte die Gründerzeit ganz besonders. Doch nun wollte man keine antiken Götterallegorien auf den Kaiser, wollte weder Mars noch Venus oder Apollo und die Musen bemühen. Die bürgerliche Gesellschaft der Gründerzeit wünschte, daß ihre eigenen Vertreter zur großen Parade antreten und das Hohelied auf heroische Geschichte und große Gegenwart, auf Industrie, Wirtschaft und Handwerk singen sollten. München hatte 1858 zum 700jährigen Bestehen einen historischen Umzug veranstaltet, Dresden folgte 1878 mit einem Huldigungszug zur silbernen Hochzeit des sächsischen Königspaares. Wien konnte da nicht nachstehen, umso weniger, als es jetzt, 1879, den idealen

Schauplatz bot: Wo einst Bastionen die Stadt einengten, breitete sich dank der politischen und wirtschaftlichen Initiative des Kaisers die »erweiterte Stadt« mit ihrer prunkvollen Ringstraße aus. Der Straßenzug selbst: »versteinerte Historie«! Und wenn auch alle Monumentalbauten längst noch nicht vollendet und gerade Hauptwerke wie die Hofmuseen noch eingerüstet waren, zeichnete sich doch schon die Großartigkeit dieser Stadt-Inszenierung mit ihren unvergleichlichen »Architektur-Kulissen« ab.
Die wichtigsten Vorschläge kamen vom Wiener Historienmaler Karl Geiger, der im Dezember 1878 einen Entwurf einreichte; Bürgermeister Julius Newald berief dafür eine Reihe von Kommissionen; Gemeinderat Wilhelm Ritter von Wiener stellte schließlich im Januar 1879 den Antrag, einen Festzug zu veranstalten, in welchem »die Betheiligung der verschiedenen Korporationen, Vereine und Genossenschaften in Aussicht genommen wurde, damit dieser Akt den Charakter einer allgemeinen von den verschiedenen Kreisen der Bevölkerung dargebrachten Huldigung erhalte«. Ab Mitte Januar wurde geplant. Und von Anfang an stand für alle Beteiligten fest, daß der elliptische Festplatz an der Ringstraße, mit Tribünen und Kaiserzelt zwischen dem Burgtor Peter von Nobiles und den Hofmuseen, die Krönung dieser theatralischen Inszenierung sein mußte. Um den Museen Paroli bieten zu können, errichtete man überkuppelte Pavillons aus simuliertem Stein im »imperialen« Renaissancestil. Ein – wie die alten Photographien beweisen – hinreißend elegantes Ensemble, in dessen Mitte das prunkvoll ausgestattete Kaiserzelt stand. Damit hatte sich ein junger Architekt seine Sporen verdient; er sollte sehr bald nicht nur zu den Vielbeschäftigten gehören, sondern der Erneuerer des Architekturdenkens werden: Otto Wagner. Und auch in anderen Teilen der Ringstraße wurden Tribünen errichtet, um für einige tausend Personen Sitzplätze zu schaffen.
Berühmte Künstler, deren Werke heute zu den Höhepunkten der Wiener Malerei des Historismus zählen, verdingten sich hier als Gestalter und Ausstatter der historischen Gruppen: so Julius Blaas, Rudolf Huber, vor allem aber Hans Makart, der die Leitung übernahm. Seine kühnen Skizzen zerstreuten von Anfang an die Befürchtungen, aus der Huldigung für das Kaiserpaar könnte ein Karnevalsumzug, ein skurriles Kostümfest oder ein Mummenschanz werden. Makart,

voll unbeschreiblicher Energie, stürzte sich in das Kunstabenteuer und wurde zum Motor des Ereignisses. Und da er ein hervorragender Organisator war, der überdies auch die vielfältigen Vorstellungen anderer schnell auf den Punkt bringen konnte, entstand in kürzester Zeit ein Konzept, das in seiner überwältigenden Größe, seiner geschmacklichen Sicherheit und seiner Eleganz nicht nur Wien staunen ließ. Allein schon die Skizzen, die er Anfang Februar für kurze Zeit in seinem Atelier ausstellte, waren atemberaubend luxuriös, feierlich und gravitätisch. Sie zeigten die Abfolge der einzelnen Gruppen des Festzugs: Fahnen- und Standartenträger, Gefolge mit Berufszeichen und Produkten, schließlich den Festwagen jeder Gruppe, der mit Symbolen und Allegorien reichlich staffiert war. Renata Kassal-Mikula führt die Details dieser Gruppen detailliert an: Makart begnügte sich nicht mit Schaubildern, sondern ließ Produktionsprozesse ablaufen; so bearbeiteten die Gerber den Gerbbaum, die Tischler werkten an der Hobelbank, Werkmeister planten Vorlagen, eine Feldschmiede stand in Betrieb; auf dem Wagen der Buchdrucker, den der gefeierte Historienmaler Ferdinand Laufberger entworfen hatte, druckten Gehilfen unter der persönlichen Anleitung Gutenbergs eine Chronik, die an die Zuschauer verteilt wurde.
Makart machte mit seiner Inszenierung einen Kreislauf sinnfällig: Gruppen der »Großhändler«, der »Schiffahrt« und der »Eisenbahnen«, welche die Waren in fremde Länder trugen, aber auch »Bergbau« und »Maschinenbau«, die Grundlagen zu Energie und Transport, ergaben ein Szenario der modernen Wirtschaft. Und die weiblichen Personifikationen auf den Festwagen verkörperten die weitläufigen Kontakte der Monarchie mit dem Ausland bis hin nach China (Makart sah darin vor allem eine Möglichkeit, schöne Frauen in exotischer Staffage zu zeigen). Unter der Obhut »Merkurs« schmückte den Wagen der »Großhändler« eine Weltkugel, umgeben von Tauen, Ankern, Rudern, Kisten, Ballen, Fässern, Teppichen, Palmzweigen; einem Füllhorn »entströmte Gold«. Der mit Delphin- und Danubiuskopf, See- und Flußtieren, Muscheln, Tritonen und Nereiden verzierte Wagen der »Schiffahrt« trug ein reichvergoldetes Modell eines alten Bucentaur mit Masten und Takelage – der Bucintoro war eines der Symbole der Serenissima Venezia, für deren Farbenwelt Makart eine besondere Leidenschaft empfand. Die »Eisenbahnen« symbolisierte

ein geflügeltes Rad mit posaunenblasenden Genien, welche die Hochzeit von Feuer und Wasser, die Vermählung des »Feuergottes« mit einer »Wassernymphe«, ankündigten, die sich auf einem von Nixen gestützten Thron vollzog. »Mittels solcher Rückgriffe auf alte mythologische Chiffren versinnbildlichte Makart das Moderne. Beim ›Maschinenbau‹ waren es Mühlrad und Zahnrad, die auf die neuen Techniken verwiesen. Die Rohstoffgewinnung beim ›Bergbau‹ simulierte er durch eine goldschimmernde ›Diamantenkönigin‹, die einem Kohlenschacht entstieg, den ›gigantische Erdgeister‹ unter den Augen von ›Bergkönig und Bergkönigin‹ geöffnet hatten.«
Heute hätte das Publikum vermutlich Schwierigkeiten, all diese Allegorien und Symbole in einen Sinnzusammenhang zu bringen; anno 1879 war man daran gewöhnt, das Symbolhafte inszenierter Bilder und Programme zu deuten. Waren doch die Ringstraßenpalais und ihre Salons von solchen beziehungsvollen Anspielungen überschwemmt. »Die Sichtbarmachung des Gegenwärtigen erfolgte durch Darstellungsmittel einer vorindustriellen Zeit und die Zuhilfenahme

Vinzenz Katzler, Ringstraßen-Festzug zum silbernen Jubiläum des Kaiserpaares, Makart zu Pferd vor der Kaiserloge, Xylographie nach einer Photographie von Ludwig Angerer

allegorischer Assoziationen. Es ging nicht um die Reflexion des Wirklichen, sondern um die Versetzung in konfliktlose ästhetische Bildwelten, die Stimulans für das Einbetten des Daseins in idyllische Refugien sein sollten.« Makart tauchte seine Visionen in den Stil der »deutschen Renaissance«, entwarf Kostüme von größter Pracht und brachte damit diese Lust der Ringstraßen-Gesellschaft auf den Punkt: Wiens Gesellschaft in den Posen und kostbaren Brokaten jener Epoche, deren aufblühende bürgerliche Kultur die mittelalterlichen Fesseln sprengte, die sich auf den Menschen besann und im Humanismus ihre Hochblüte erreichte.

Den Höhepunkt des Festzugs bescherte der mit Rosen dekorierte Wagen der Künstler, der Makarts Kunstvision bis in Details spiegelte. Hier inszenierte er seine kulthafte Verehrung des Weiblichen. Im Spannungsfeld von Sinnlichkeit und Erotik belebte er das ewige Thema von Maler und Modell nach seinen modellhaften Idealvorstellungen von der Darstellung weiblicher Schönheit. Und das Ewig-Weibliche, das nach Goethe hinanzieht, erwies sich in Verbindung mit seiner überfeinerten, oft lasziven Malmanier und venezianischer Koloristik als ideales Mittel, die Wünsche und Sehnsüchte dieser Ringstraßen-Gesellschaft darzustellen. »Ein Kranz von schönen Damen hatte im Innern des Wagens Platz genommen«, berichtete die Neue Freie Presse am 28. April 1879 vom Festzug. »Sie waren alle prachtvoll costümirt und besonders reich mit Spitzen geschmückt. Als Königin der Schönheit – eine medicaeische Venus – thronte Fräulein Andersen in blonder Herrlichkeit auf dem erhöhten Sitz unter dem Baldachin, zu ihren Füßen ein reizender Knabe als Page ... Vor dem Wagen ritt Makart-Rubens auf seinem herrlichen Schimmel, begleitet von sechs Künstler-Adjutanten hoch zu Roß. Dem Wagen folgten die übrigen Künstler zu Fuß, alle in höchst charakteristischen und eleganten Costümen aus der Rubenszeit. Die Architekten Hasenauer, Kaiser und Schmoranz erschienen in noblem Schwarz. Streit sehr elegant in blauem und weißem Sammt und Atlas. Sehr schön war auch ein Costüm ganz aus weißem Atlas in Goldstickerei, aber man erkannte nicht alle Herren in ihren Lockenperücken.«

Daß Makart für die Künstler die Mode der Rubenszeit benützte, hatte tieferen Sinn. Und die Zeitgenossen verstanden ihn: Rubens war nicht nur Makarts Idol, er symbolisierte damals die Integration von Kunst

Hans Makart im Kostüm des Ringstraßen-Festzugs, Photographie, 1873

und Künstler in der bürgerlichen Gesellschaft. Makart selbst lebte nach diesem Vorbild in seinem »Makarteum«. Und er machte mit der Kostümierung seiner Kollegen von der Wiener »Gesellschaft der bildenden Künstler« für alle sichtbar, welche Bedeutung die Kunst für die Verschönerung der Reichshaupt- und Residenzstadt hatte.

Nach dem kostümierten Festzug folgte übrigens eine Gruppe der modernen Hochgebirgsjagd in landesüblichen Trachten. Und da machten sich die Jagdherren der Hocharistokratie den Spaß und marschierten mit: Die Chronik nennt Graf Othenio Lichnowsky, Graf Meran, Fürst Windischgrätz, Fürst Rosenberg, Graf Hardegg, Baron Rothschild, Baron Thavonat und andere, insgesamt etwa 500 Jäger, die ihre Beute trugen. »Zierde der Abteilung« war dabei der Krainer Wagen mit der Jagdbeute des Fürsten Hugo Windischgrätz mit Wölfen, Luchsen, Füchsen und einem Bären.

Das Fest begann um 11 Uhr vor dem Kaiserzelt. Nach Huldigungsansprachen, Dank des Kaisers und einer Festkantate begann unter Hochrufen der Vorbeimarsch der kostümierten Gruppen. Einzelne Gruppen überreichten Geschenke, so einen riesigen Hochzeitskuchen, den der Hofzuckerbäcker Demel angefertigt hatte, ein Bukett für die Kaiserin, ein geschnitztes Faß Klosterneuburger Wein aus dem Vermählungsjahr des Kaiserpaares und vor allem das Huldigungsblatt, das die Jünger Gutenbergs gedruckt hatten. 10 000 Teilnehmer am Festzug, 70 000 Zuschauer auf den Tribünen, 400 000 auf der Straße. Nach drei Stunden war »das Familienfest, das zum Volksfest geworden« war, vorüber.

Die Begeisterung über Wagen und Kostüme war groß; und so veranstaltete man im Schwarzenberggarten kurz danach ein Fest für die Überschwemmungsopfer der Theiß-Stadt Szegedin, bei dem Jagdgruppen, Festwagen und kostümierte Teilnehmer erneut auftraten. Einen Teil der Ausstattung kauften später die Direktionen des Hofburgtheaters und der Hofoper an: Teile des Kaiserzelts, Kostüme, das Rüstzeug der Pferde wurden in Theater- und Opernaufführungen verwendet. Es entstanden aber auch Mappenwerke über den Festzug, die heute beliebte Sammlerobjekte sind. Die Skizzen Makarts wollte man als Entwürfe für die Freskenausstattung des im Bau befindlichen Neuen Rathauses verwenden. Doch Makarts Forderungen sollen so unmäßig hoch gewesen sein, daß keine Einigung zustande kam.

Neubarocke Adelscarrousels

Hans Graf Wilczek erforschte mit Begeisterung die Lebenskultur der Vergangenheit: Er arbeitete am Festzug Hans Makarts 1879 mit und war einer der Organisatoren des Ringstraßen-Festzugs von 1908, er war Gründer der »Gesellschaft der Wiener Kunstfreunde« und Mitgestalter der spektakulären Wiener Jagdausstellung 1910. Seit 1874 hatte er sich – mehr als dreißig Jahre lang – dem Wiederaufbau der Ruine Kreuzenstein bei Wien und der Errichtung eines lebendigen Museums des mittelalterlichen Rittertums gewidmet. Zu seinen Lieblingsthemen historischer Forschung zählten übrigens die berühmten Umzüge und Reitveranstaltungen, die im barocken Wien mit märchenhafter Prachtentfaltung inszeniert worden waren: So war er vom großen barocken Roßballett Bertalis und Schmelzers zur Vermählung Kaiser Leopolds I. mit Margarethe von Spanien fasziniert, in der der Kaiser und fast der gesamte Hofstaat als Protagonisten mitgewirkt hatten. 1743 veranstaltete man anläßlich der Wiedereroberung von Prag ein Frauencarrousel, in dem die junge Kaiserin Maria Theresia die Quadrille anführte. Und ein Carrousel anläßlich des Wiener Kongresses 1814 überbot alle bisher inszenierten Festlichkeiten an Umfang und Prunk.

Unter der Regierung Kaiser Franz Josephs veranstaltete der Hof schließlich große Carrousels 1853 zu Ehren der Könige von Preußen und Belgien sowie in den Jahren 1864, 1880 und 1894. Wobei es für das Fest von 1894 – am 21., 23., 24. und 25. April –, ein Carrousel unter dem Protektorat Maria Theresias von Portugal, der dritten Frau Erzherzog Carl Ludwigs, und unter der Patronanz der Prinzessin Rosa Croy, nicht einmal eines nennenswerten Anlasses bedurfte, um zu feiern … Doch die Gesellschaft liebte solche Festlichkeiten in historischen Kostümen. Die Spitzen der Gesellschaft leisteten sich ein Kostümspektakel, dessen Reinertrag dem Fonds zur Gründung eines Tuberkuloseheims zufloß. Als Thema wurde durchaus kein bedeutendes historisches Ereignis gewählt, sondern ein barockes Thema, die Heimkehr der Fürstin, genauer: die Heimkehr Elisabeth Christines von Wolfenbüttel nach Wien. Denn seit 1711 hatte ihr Gatte, König Karl von Spanien, sie in Barcelona als Statthalterin seiner spanischen Königreiche und Länder zurückgelassen, um in Wien das Erbe des Heiligen Römischen Reichs nach dem 1711 verstorbenen Joseph I. anzutreten.

Was nun 1894 mit spanischem Zeremoniell in Kaiser Karls Spanischer Hofreitschule gefeiert wurde, war der Einzug der Kaiserin in Wien. Zwei Stunden lang, von sieben bis neun Uhr abends, wurden nach einem prachtvollen Einzug der Herolde eine Quadrille der Damen und Hof-Cavaliere, Herrenfahrten zweispännig, vierspännig und sechsspännig, Cavarole, Geschützfahren und schließlich »militärische Evolutionen« vorgeführt. Ein Fest verschwenderischer Pracht, von dem man zumindest ein paar Details anführen muß, um verständlich zu machen, wie hier habsburgische Familiengeschichte und -tradition in »lebenden Bildern« zur Schau gestellt wurde und gleichzeitig durch das Ritual festlicher Machtentfaltung beim Zuschauer die Vorstellung der Geborgenheit entstehen sollte, weil die Landesmutter zurückgekehrt war. Den Hauch materieller Nützlichkeit bekam die Veranstaltung ohnedies durch den Hinweis auf die Widmung des Reinertrags. Und versteckt mochte man so auch die reisebesessene Kaiserin Elisabeth, die allzeit abwesende Landesmutter, mahnen, doch wieder von einer ihrer Parforcetouren durch Europa nach Wien zurückzukehren.

Lange genug war der Barockstil verpönt gewesen. Die Künstler des romantischen Historismus, also der frühen Ringstraßenzeit, und die Vertreter des streng-klassischen Stils wie Theophil von Hansen hatten das barocke Aufbrechen als Entartung des Geschmacks abgelehnt. Aber »barocke« Maler wie Hans Makart, Bildhauer wie Viktor Tilgner und Architekten wie Carl von Hasenauer waren vom Kaiserpaar zu Lieblingskünstlern erkoren worden; Kronprinz Rudolf beschäftigte gern Hans Canon, und der Geldadel entdeckte sofort den schwülstigen Neubarock als ideale Möglichkeit, der eigenen Welt eine »moderne Sinnlichkeit« zu geben. Während die Donaumonarchie politisch an Stabilitität verlor, verherrlichte man Kaiserhaus und Staat mit aller

Prachtentfaltung des Barock, also jener Zeit, als die Habsburger gerade die Türkengefahr überwunden, dem Reich neue Sicherheit gegeben hatten und ihre Reichshaupt- und Residenzstadt von den ersten barocken Architekten schmücken ließen. Der römisch inspirierte österreichische Barock wurde so als Gegensatz zur preußisch-wilhelminischen »deutschen Neo-Renaissance« und zur französischen Neo-Renaissance Napoleons III. ganz bewußt zum österreichischen Staatsstil. Er sollte selbst noch in der erzkonservativen Kunstpolitik Erzherzog Franz Ferdinands bis 1914 eine wichtige Rolle spielen ...

Fraglos spielten solche Überlegungen eine Rolle, als man sich 1894 für das barocke Carrousel entschied: »Es ist die Zeit der österreichischen ›Renaissance‹ unter Karl VI. ... Der blühende Styl des Barocks ist es, der aus den Costümen spricht. Als Kopfbedeckung waltet der Dreispitz vor. Die Hofcostüme der Cavaliere zeigen zum Unterschied von den spanischen kurzen Colletes lange Schoßröcke, reich mit Gold oder Silber gestickt; dazu werden Stulpstiefel und Kniehosen getragen. Die Damen tragen gold- und silberbordirte Reitschoßen, Jacken mit Jabots und Ärmeln mit Marquisenvolants aus Spitzen, ferner farbige gestickte Schärpen und den Dreispitz mit Federn.« Aber, so erklärte der Kommentator des Carrousels, man habe sich nicht an sklavische Nachahmung der echten Kostüme der Zeit Karls VI. gehalten, denn man wollte abwechslungsreiche Gruppen schaffen.

Es wurde daher einer freien, doch »den Styl keineswegs verleugnenden Nachbildung der Vorzug gegeben. Ebenso machen die verwendeten Geschütze nicht in allen Stücken Anspruch auf historische Treue; dennoch schien es passend, sie zu wählen, da die Zeichnungen der Lafetten von Kaiser Karls VI. höchsteigener Hand herrühren.«

Den Hergang des Carrousels kennen wir in allen Details: »An der Spitze des Einzugs reitet Franz Graf Colloredo als Standartenträger (weißer, reich verschnürter Rock mit Goldtressen, rothe Weste) mit zwei Begleitern zu Fuß ein. Ihm folgen neun Fanfarenbläser und ein Paukenschläger zu Pferde, geführt von Karl Graf Schönborn (rother Samtrock mit blauem Gillet, goldgestickt), die vier Herolde von Österreich, Spanien, Ungarn und Böhmen in samtenen Wappenmänteln, sowie zwei Abtheilungen Cavallerie. Die Cürassiere (Obl. Graf Fünfkirchen, Obl. Graf Bellegarde, Obl. Gunio, Obl. v. Skrebenski, Lt. Graf Eltz, Lt. Graf Erbach, Obl. Graf Fugger, Prinz Johann Schwarzenberg, Lt. Hugo Graf Boos-Waldegg, Obl. Graf Paar u.a.) tragen weiße Waffenröcke mit schwarz lackiertem Cüraß, weiße Beinkleider und Stiefel, Feldschärpe und vergoldete Degen. Ihr Anführer, Se. kais. u. königl. Hoheit Erzherzog Franz Ferdinand von Österreich-Este, erscheint in weißem, reich goldgesticktem Rock, weißer Weste und Federhut.«

Endlos ist die Liste der Teilnehmer. Erzherzog Otto – mit Pantherfell, einem Kalpak aus weißem Persianer und Silberagraffe und Edelsteinen, die Tarsolya aus rotem Leder, mit Silberstickerei, vergoldetem Säbel mit Herzogskrone – kommandiert die grünen Husaren, Erzherzog Wilhelm, in braunem Rokokosamtkostüm mit juwelenbesetztem Bandelier und Federhut, führt das barocke Hofgefolge, Rudolf Fürst zu Liechtenstein, Oberstallmeister Sr. Majestät, die Roten Mailändischen Reiter. Schließlich trat Erwin Graf Schönborn-Buchheim als Kaiser Karl VI. auf – ganz in rote Seide gekleidet, mit einem Goldbrokatmantel mit Hermelin, reitend unter einem Baldachin, gefolgt von Gräfin Clary-Kinsky als Kaiserin Elisabeth Christine in einer sechsspännigen Galakarosse. Und rundum der Hofstaat, ein Bild, wogend von bunt gestickten Seiden, Goldbrokaten, Federn, Juwelen ... Auf diesen festlich gemessenen Aufzug folgten kunstvoll einstudierte Gefechte, Waffenspiele, Sprungproductionen, Stechen mit Turnierlanzen und Degen, schließlich als Höhepunkte sechsspänniges Geschützfahren und die »militärischen Evolutionen«, zum Abschluß der große Auszug – 125 Berittene, 14 Wagen, 4 Geschütze und rund 50 Pagen, Trabanten und Mitteljungen. Und der Chronist, der sich über die Kosten des Spektakels gründlich ausschweigt, zeichnet in schwelgerischen Worten die Bedeutung des Fests: »Es ist das gedrängte Bild einer großen Zeit und eines großen Monarchen, welches da vorüberzieht und allmälig verschwindet; doch lebendig wirkt dem Beschauer die Beziehung nach zwischen der stolzen Vergangenheit und der sie an kühnem Schwung überflügelnden Gegenwart. Was der hochstrebende Ahne dereinst an Denkmälern der Kunst geschaffen, der erleuchtete Nachkomme hat dieses Erbe auszubauen und zu mehren verstanden. Auf dem Zeitalter Karls VI. fußt die neue, schöpfungsreiche Blüthezeit des Vaterlands unter Kaiser Franz Joseph I. Eine Renaissance ist entstanden, welche zukünftige Generationen zu ähnlichen Festen begeistern wird, die da Wesen und den Geist einer Epoche auszudrücken haben. Über das gegenwärtige Festspiel aber wird man einst das schöne Wort sagen können: Vom Mitleid ist es ausgegangen, die Kraft der mitlebenden Geschlechter hat es gezeigt, und zu einer allgemeinen Huldigung ist es geworden für den erhabenen Regenten, der das Glück und der Stolz seines Reiches ist!« Deutlicher konnte man vaterländische Politik wohl kaum inszenieren als in solchen »lebenden Bildern«, die sogar für die neugeadelten Familien und das vornehme Bürgertum zu Vorbildern wurden: »Vaterländische Bilder« und »ästhetische Szenen aus der Kunstwelt« im eigenen Salon nachzustellen, wurde die Ringstraßengesellschaft bis knapp vor Ausbruch des Ersten Weltkriegs nicht müde.

Abschied vom großen Träumer

»So plötzlich wie ein heller Meteor ist Makart am Kunsthimmel emporgestiegen, hat aufgeflammt, die Welt beleuchtet, aber ebenso rasch wie eine solche Wundererscheinung ist sein Lebenslicht erloschen.«

»Wien ist um ein schönes Wahrzeichen ärmer geworden.«

»Makart war das personifizierte Wien.«

»Keinen Schüler hinterließ er – aber ganz Wien war bei dem einzigen in die Schule gegangen.«

»Der malerische Erzieher Wiens, der Pädagoge des Kunstgewerbes, ging dahin.«

»Alle Welt fragt sich: Wer wird Makart ersetzen? Die Antwort lautet: Makart ist unersetzlich.«

Die Nekrologe in Zeitungen und Zeitschriften und selbst die Nachrufe und Kommentare jener Kritiker, die Makarts Werk eineinhalb Jahrzehnte lang mit reservierter Distanz begegnet waren, klagten, daß der »größte Träumer seiner Zeit« tot war. Mit dem Idol Makart, nach dem man sogar diese Epoche der siebziger Jahre benannt hatte, sei die »Farbe Wiens gestorben«.

6. Oktober 1884. In der Gußhausstraße, vor dem Atelier Makarts, wartet eine endlose Menschenschlange. Tausende waren gekommen, um Abschied zu nehmen. Aus der Umgebung, aus den Vororten und sogar aus den Kronländern pilgerten Makarts Bewunderer hierher – in Equipagen, auf Stellwagen, zu Fuß. Die Sicherheitswache mußte in den drängenden Menschenstrom Ordnung bringen. Scharen von Neuankommenden mußten umkehren, da für sie keine Aussicht bestand, im angegebenen Zeitraum an diese Leichenparade heranzukommen. Wartende wurden ausfällig, attackierten Wachebeamte und wurden verhaftet. Und viele Frauen, für die Makart ein Gott der

Schönheit war, fielen, wie es sich für diese Welt von Plüsch, Pleureusen und Riechfläschchen gehörte, nach einem Abschied unter Tränen in Ohnmacht. Hysterische Anbeterinnen, die hingegen die Schleichwege im Atelierhaus Makarts kannten, kletterten mehrmals durch Seitenfenster, um öfter an ihrem Hans vorbeiziehen zu dürfen. Es stimmte schon, wenn ein zeitgenössisches Gedicht klagte:

»Und als dich der Tod hat hingestreckt
In deines Schaffens Fülle,
Da haben mit Blumen überdeckt
Sie deine sterbliche Hülle.
Wohl türmten die Kränze sich zu Hauf',
Der Sarg war nimmer zu schauen,
Doch wiegen alle die Blumen nicht auf
Die Tränen der Wiener Frauen.«

Mit großem Pathos, wie man es von Charlotte Wolter, der Burgtheaterheroine und Erfinderin des vielbewunderten, alle erschütternden »Wolter-Schreis« kannte, warf sich Makarts Gattin Bertha über den offenen Sarg. Laut rufend »Mein Hans, mein Hans!« Und ein boshafter Chronist bemerkte, daß die Wolter, die zu Makarts engstem Freundeskreis gehörte und von ihm als Kaiserin Messalina und Kleopatra gemalt worden war, nur ein paar Schritte entfernt und still weinend ihrer Gesellschafterin zuraunte: »Schlecht gespielt!«
Bertha Makart hatte das Atelier notdürftig in Ordnung gebracht. In aller Eile wurden die Trophäen makartschen Geschmacks zu einem theatralischen Ambiente zurechtgerückt, Tapisserien, Teppiche, Damaste und Brokate drapiert, Statuen, römische Berninisäulen, orientalische Räuchergefäße, Vasen und Prunkschalen, Renaissancetruhen und Ritterrüstungen zu einer Theaterschatzkammer arrangiert. In der Mitte des Atelierraums, »auf schwarzem Katafalk, der gar nicht in diese überbunte Farbenwelt passen wollte, lag in einem Marmorsarg der Entschlafene wie ein Elfenbeinschnitzwerk aus einem vergangenen Jahrhundert, das der Meister so gern nachempfunden hatte«. Ein Baldachin, von Palmwedeln umwogt, wölbte sich über dem Kopf des Toten. Die berühmtesten Zeitgenossen hatten Berge von Blumenkränzen geschickt. »Dein auch im Tode« stand in Goldlettern auf der Kranzschleife Frau Berthas. Und ein älterer, einfacher Mann legte ein

kleines Asternbukett nieder: »I hätt' so gern was Größeres für den liaben, herzensguaten Herrn von Makart 'bracht, wenn i mehr Geld hätt'.« Es war der Fiaker der Nummer 1000.

Wenn man den Blick vom Katafalk erhob, sah man in eine weite leuchtende Frühlingslandschaft: Makarts noch unvollendetes Riesengemälde, »Der Frühling«, Teil eines geplanten Jahreszeiten-Zyklus, ein Werk, das von den Zeitgenossen als der Gipfel makartscher Bildinszenierungen gepriesen wurde. »Das Bild ist ein Gedicht, das anmutigste, das in unserer Zeit mit dem Pinsel geschrieben worden ist!« schwärmte der Kunsthistoriker und Makart-Mentor Carl von Lützow im Nachlaßkatalog, während der Kunsthändler Miethke das Werk auf Ausstellungen schickte und den Erlös Makarts Mutter zur Verfügung stellte. »Das war alles ein rauschender Jubel-Akkord von Licht und Glanz und Farbe. Alle Pracht und Schönheit des Lenzes erscheint da in einen Rahmen gefaßt und mit der triumphierenden Kraft des Genius zur Darstellung gebracht«, fand Lützow geschäftsfördernde Worte. »Die junge neuerwachte Natur scheint sich selbst ihrer wonnigen Blüthe zu freuen. Inmitten dieser lachenden Landschaft weilt an einem sprudelnden Quell eine Frauengestalt von unaussprechlichem Reiz. Ein junger Ritter ist von seinem Rosse gestiegen, um aus der Quelle einen frischen Labetrunk zu holen, er sieht das holde Wunder und hemmt gebannt den Schritt. Das süße, bezaubernde Frauenbild« – mit den Zügen Bertha Makarts – »reicht ihm den Trunk entgegen – ist es Traum, ist es Wirklichkeit? Eine schöne Nymphe, im Reigen von Genien und Amoretten, deren Einer übermüthig den schärfsten seiner Pfeile nach dem Ritter richtet. – Die holde Wirklichkeit und eine ideale Zauberwelt vermengen sich da in Eins zu einem hinreißenden Eindrucke ...«

Wie die Schlußapotheose eines Theaterstücks der Makart-Zeit liest sich diese Beschreibung. Eine Allegorie des Gelabtwerdens und Abschiednehmens, zelebriert in einem lichtdurchfluteten Spätstil, der alles, was Makart bis dahin gemalt hatte, hinter sich läßt und durch seine jugendstilhaften Elemente, wie die ausgestreuten blühenden Äste und Rosen, bereits den »heiligen Frühling«, den Ver sacrum der Wiener Secession, ahnen läßt. Gustav Mahler könnte sich bei der Komposition seines »Lieds von Erde« nach Texten Klabunds dieser Szene erinnert haben ...

Am 3. Oktober 1884, 9 Uhr abends, war Makart gestorben. Man hatte eine Obduktion des Gehirns angeordnet: »Entzündung der harten Hirnhaut mit Blutaustritt in die Hirnbasis«, lautete die Diagnose, ein »chronischer Gehirnprozeß«, der schon »lange vorher wahrgenommenen Krankheitserscheinungen« entsprach. Seit Monaten hatten Makarts Freunde die merkwürdige Veränderung im Wesen des Künstlers, seine oft wirren Reden und sein kauziges Gehaben wahrgenommen. Aber sie sprachen nicht aus, was sie – wie ganz Wien – vermuteten: Paralyse nach einer Syphiliserkrankung, die Makart sich 1875 auf einer Ägyptenreise oder auch in Wien zugezogen hatte.

Seit Makart 1882 Bertha Linda, die ehemalige Ballerina der Wiener Hofoper, geheiratet hatte, zog er sich vom gesellschaftlichen Leben zurück. Wiens Gesellschaft schrieb seinen Unwillen, weiterhin wie ein Besessener Feste zu inszenieren, dieser allgemein als »unstandesgemäß« angesehenen Ehe zu. Doch dürfte es die fortschreitende Erkrankung gewesen sein. Und wenn er wider Erwarten aller doch an einem Fest teilnahm oder eines gab, häuften sich die merkwürdigsten Vorfälle. So war er während eines Kostümfests in seinem Atelier plötzlich verschwunden. Der Garten wurde mit Fackeln ausgeleuchtet, das Haus durchsucht, bis man ihn wirr lachend auf dem Dachfirst seines Hauses in einer halsbrecherischen Stellung fand. Man bat ihn, herabzukommen, doch er forderte die Gäste auf, zu ihm aufs Dach zu steigen. Als man ihn schließlich herunterholte, schlug er wie besessen um sich. Ein andermal bestellte er für seine Schwägerin zwei Dutzend Paar Glacéhandschuhe – alle ohne Daumen. Ohne schwimmen zu können, stürzte er sich in den Grundlsee, als er Freunden beim Baden zusah, und er wäre auf ein Haar ertrunken. Und eines Tages kehrte er von einem Spaziergang zurück, berichtete, in einem böhmischen Schloß gewesen zu sein, und tobte, daß man alle seine Bilder kopiert hätte. Oder er hielt beim Spaziergang plötzlich inne und behauptete mit schreckgeweiteten Augen, vor einem Abgrund zu stehen.

Seit 1882 hatte Makart rastlos gemalt. Die Ärzte rieten dem hochgradig Nervösen zu einem Aufenthalt in Payerbach, wo er Michael von Munkácsy, den »ungarischen Makart«, traf, der nach Makarts Tod den Staatsauftrag übernehmen sollte, das Deckengemälde im Stiegenhaus des Wiener Kunsthistorischen Museums zu malen. Die Gerüchte

von einer beginnenden Geisteskrankheit Munkácsys machten bereits die Runde in der Gesellschaft, und Makart scherzte: »Was man alles über uns weiß! Sehen so die Todkranken aus?«
Nervosität und Hektik trieben Makart nach Wien. »Ich gehe zugrunde, wenn ich nicht arbeite; es nützt mir nichts, wenn ich ins Grüne starre; die untätige Naturschwärmerei ist mir unmöglich.« Aber in Wien erschrecken Frau Bertha, die Ärzte, die Freunde. Haar und Bart sind ergraut, er ist zum schwerkranken Greis geworden, der sich lallend verständigt, der scheu und gebückt und hilflos durchs Haus schleicht. »Zu Tode gefeiert«, »ausgebrannt«, resignieren die Ärzte, Makart malt wie besessen weiter. Zwölf Lünetten für das Treppenhaus des Kunsthistorischen Museums, Darstellungen der Maler und Bildhauer großer Kunstepochen, entstehen: Albrecht Dürer mit der Madonna, Holbein mit der Patrizierin, Murillo mit dem Leichnam Christi, Raffael und die Fornarina, Michelangelo und sein männliches Modell, Tizian und die Venus, Leonardo und die Bacchantin, Rubens und Helene Fourment ... Nur für das gewaltige Hauptwerk, Helios' Fahrt über das Firmament, die Allegorie auf den »Sieg des Lichts« für die Decke des Stiegenhauses, reicht die Kraft nicht mehr. Während Makart auf seinem Frühlingsbild eine zierliche, fast durchsichtige Frühlingspflanze zu Füßen des jungen Ritters aufblühen läßt, fällt ihm der Pinsel aus der verkrampft zitternden Hand.
Am 1. Oktober bricht er mit rasenden Kopfschmerzen zusammen. »Wie wird es mich drüben frieren« sind seine letzten Worte. Dann fällt er in tiefe Ohnmacht, aus der er nicht mehr erwacht. Der Wahn zum Schönen, den Makart bis zur Neige ausgekostet hatte und an dessen Vision sich seine nervöse Zeit gewärmt hatte, war verflogen, die Phantasie erkaltet.
Die Einsegnung Makarts am 6. Oktober hätte zuerst in der Paulanerkirche stattfinden sollen, wegen des Massenandrangs Schaulustiger mußte man die Zeremonie in die Karlskirche verlegen. Alle Straßen, durch die der Trauerzug ging, wurden ab 3 Uhr nachmittags gesperrt, die Gaslaternen, mit schwarzem Flor dekoriert, brannten. Zweihundert Fackelträger in spanischer Tracht schritten voran, der Sarg wurde von acht Kunststudenten getragen. Friedrich von Amerling, der 81jährige Altmeister der Wiener Biedermeier-Malerei, führte Makarts Witwe, die Mutter und die beiden Kinder.

Von der Karlskirche bewegte sich der imposante Zug zum Künstlerhaus, der Stätte Makarts spektakulärster Ausstellungsinszenierungen und Triumphe, wo eine Palette mit Palmblättern, Lorbeerzweigen und einem Inschriftband »Dem unsterblichen Künstler« auf den Sarg gelegt wurde. Dann zog man über den Kärntner Ring und den Schwarzenbergplatz zum Zentralfriedhof. Und alle, die hier die Straßen säumten, erinnerten sich des bombastischen Festzugs, den Makart 1879 anläßlich der Silbernen Hochzeit des Kaiserpaares auf der Ringstraße inszeniert hatte, einer meisterhaft inszenierten Selbstdarstellung des Reiches, seiner Zünfte und der Künste. Jetzt, mit seinem Begräbnis, bescherte Makart den Wienern ein letztes Mal ein »öffentliches Ereignis«. »Wahrscheinlich das letzte auf dem Gebiet der Kunst, das im Leben Wiens wirklichen Widerhall auslöste«, fürchteten Chronisten. Und am offenen Grab, einem Ehrengrab, für das Viktor Tilgner, der »Makart der Bildhauerei«, das Grabmonument schuf, rief man ihm gerührt nach, daß er »ein edler Mensch« gewesen sei, der »zärtlichste Sohn, der hingebungsvolle Vater und Gatte, der beste, opferwilligste Kamerad«. »Alle Erfolge haben ihn nicht verändert, er blieb wahr und treu. Er wird fortleben in seinen Werken.«

Welcher Optimismus! Bereits wenige Jahre nach seinem Tod schmähte die nächste Malergeneration seine Bilder als dekorative Trödelkunst und trug mit der Gründung der Secession Makart offiziell zu Grabe. An die sieben Jahrzehnte lang verteufelten kurzsichtige Kunstdeuter sein Œuvre; erst in unserem Jahrzehnt der Neuentdeckung des Historismus und der Historienmalerei des 19. Jahrhunderts gilt Makart wieder als aufregendes Phänomen einer aufregenden Epoche … Aber wie sagte doch Hermann Bahr über die Wiener: »Im Begraben sind sie groß!«

Im Taumel der Feste

Wilhelm Gause, Wäschermädelball, Gemälde

Wien tanzt Walzer. Zwischen Wäschermädel- und Fiakerball

Seit der Eröffnung der Ringstraße im Jahre 1865 – der Straßenzug hatte anläßlich der traditionellen festlichen Ausfahrt des Kaisers am 1. Mai die höheren Weihen als imperialer Prachtboulevard und künftige »politische« Paradestraße der Reichshaupt- und Residenzstadt erhalten – waren auch in Bürgerkreisen große Feste zur gesellschaftlichen Pflichtübung geworden, die sich bald in echte Neigung verwandelte. Allabendlich glühten in den Salons der Ringstraßenpaläste, die seit dem Ende der fünfziger Jahre errichtet wurden, die vergoldeten Kronleuchter, und bald funkelten auch überall die kostbaren Lobmeyr-Kristalluster, die Wien, die Donaumonarchie und die Welt eroberten. Sie tauchten die Plafonds mit ihren üppig dekorierten Kassettendecken und Ölgemälden der »haute peinture«, mit aufgequollenen Stukkaturen und himmelaufreißenden Fresken in magisches Licht. Die auf dem Ring Vorbeiflanierenden blieben gebannt stehen, staunten über die Eleganz der Equipagen, in denen die Noblesse zu den Fêten gefahren kam, und reckten vor den Palais eines Nikolaus Dumba, der Erzherzoge Wilhelm und Ludwig Victor, der Grafen Henckel-Donnersmarck, Baron Leitenbergers, vor dem Adeligen-Casino am Kolowrat-Ring, vor den prunkvollen Stadthäusern der Todesco, Königswarter, Schey, Epstein, Ephrussi, Sturany, Leon-Wernburg und wie sie alle hießen, die sich die Ringstraße entlang eingekauft und angesiedelt hatten, gespannt die Köpfe. Wer ist heute eingeladen? Was für Garderoben und welchen Schmuck mögen die Damen unter den kostbaren Pelzen tragen? »Fremde vollends bleiben überrascht stehen und schauen hinauf in die himmelblaue Plafondluft, in der sich farbenglimmernde Formen wiegen, und suchen einen Zipfel der dazugehörigen Wandgemälde zu erhaschen.« Ein Lächeln aus dem Wiener Olymp, dessen Grundton mehr und mehr der imperiale Walzer bestimmte – und nicht nur im Fasching.

Tanzen war seit dem frühen 19. Jahrhundert in Wien zu einem Volksvergnügen geworden. Und der Kommerzialisierung der Tanzmusik entspricht es, daß sich in den Metropolen, in London wie in Paris oder Wien, die Musiker als Tanzmusiker spezialisierten. Hatten sie früher neben anderen – nicht nur musikalischen – Diensten zum Tanz aufgespielt, so bedienten sie nun die amüsierwütige Masse. »Das Tanzkomponieren«, schreibt etwa der Theoretiker Böhme 1886, »wird jetzt nur als Handwerksarbeit von dazu bestellten Tanzmusikmeistern und deren begabten Gehilfen besorgt ... Solche Arbeitstheilung, solche Trennung der Tanzmusik von der sinfonischen sollte nicht sein. Denn auch die mit Verachtung angeblickte Tanzmusik ist ein Mittel und Hebel zur Nationalerziehung.« Eine merkwürdige Diskrepanz machte sich da bemerkbar: Einerseits wurde die massenhaft produzierte Unterhaltungs- und Tanzmusik im musikästhetischen Urteil der Intelligenz voll Verachtung angeprangert, andrerseits erfreuten sich diese Stücke bei Hörermassen und vor allem beim tanzfreudigen Publikum enormer Beliebtheit. Zum ersten Mal wurde da jener Bruch spürbar, der in die Spaltung von Kunst- und Gebrauchsmusik, von ernster und unterhaltender, von E- und U-Musik führen sollte. Denn erstmals klaffen da ästhetischer Wert und Gebrauchs- bzw. Funktionswert auseinander: Musik spaltet sich in eine exklusiv-»gehobene« Kunstmusik und eine volkstümlich »niedere« Trivial- und Tanzmusik. Doch noch gab es einen Zwischenbereich zwischen den Polen – oder wie Friedemann Otterbach es nannte: »Verbindungslinien zwischen jenem ästhetischen Geisterreich und irdisch funktionaler Lebenspraxis.«

Der Walzer schuf eine solche »Verbindungslinie«. Er konnte triviale Tanzmusik des Volkes, raffinierte Unterhaltung des Bürgertums und schließlich sogar Amüsement des kaiserlichen Hofes sein. Die Form des Walzers, die merkwürdigerweise nie aus der Mode kam, machten sich die großen Meister ebenso zu eigen, wie unbedeutende Gelegenheitskomponisten mit Walzern ihre musikalischen Gehversuche wagten. Eduard Hanslick, der allgewaltige Wiener Kritiker und Geschmackszensor der Ringstraßen-Zeit, mochte zwar in seinem Nachruf auf Johann Strauß Vater die Form der Walzermusik als »großes Hemmnis für die künstlerische Entwicklung und für jeden Componisten« abtun und dem Walzer sogar absprechen, die Entwicklung einer Melodie zu ermöglichen; er mochte ihn eine »unkünstlerische Verschwendung« nennen, welche die »begabteste Produktionskraft bald erschöpfen muß«; der Walzer hat sich doch gegen alle Bedenken und Verurteilungen durchgesetzt. Hanslick selbst nannte ihn später die »Marseillaise der Herzen«, und er mußte – wohl schweren Herzens – Wien zubilligen, die »untergeordnete Kunstgattung Walzer am vollkommensten repräsentiert zu haben«. Auch wenn er manche Walzer von Johann Strauß Sohn als »neue Walzer-Requiems« bezeichnete, deren falsches Pathos »beinahe verstimmend auf den Hörer wirkt«. Hanslick brauchte noch 47 Jahre, ehe er im Nachruf auf den Walzerkönig 1899 dessen »unerschöpfliche melodische Erfindung« bewunderte ... und diese »kleinen Herzgeschichten von schüchternem Werben, schwärmerischer Neigung, jubelndem Glücksgefühl, dazwischen auch ein Hauch leichtgetrösteter Wehmut« in ihrer Bedeutung erkannte.

»Der Carneval von Wien gehört mit zu den Specialitäten der Kaiserstadt an der Donau, welche diese im Auslande heute noch als eine Art Phäakenfest erscheinen lassen«, schrieb um 1894 der berühmte Wiener Feuilletonist Eduard Pötzl, »wir Wiener wissen das besser: es ist nicht Alles so lustig, als es aussieht. Aber mit dem Wiener Fasching verhält es sich doch so, daß man ihn den liebenswürdigsten Eigenthümlichkeiten unserer Vaterstadt beizählen darf. Obgleich der Carneval in Wien durchaus die offene Straße vermeidet, so daß seit dem Verschwinden des Ottakringer Faschingszugs öffentliche Plätze durch die Carnevalslust kaum berührt werden, so darf man doch mit Fug behaupten, daß vielleicht keine andere Stadt der Welt sich den Faschingsfreuden mit solcher Innigkeit hingibt, trotz jeweiliger schlechter Zeiten, trotz alles politischen Haders und trotz der zunehmenden – Vernünftigkeit. Mag anderswo der liebe Mob noch so verrückt auf den Straßen umhertollen, es sind immer nur wenige Tage, an welchen dies geschieht und ein großer Theil der Bevölkerung hält sich absichtlich von dem Trubel ferne. In Wien hingegen gibt es kaum Jemanden, der nicht in die Faschingslust mit hineingezogen würde und sich nicht gerne mit hinein ziehen ließe. Wer schon den Elite-, Vereins- und Körperschaftsbällen entschlüpft, wer aus sittlichen Grundsätzen die Maskenbälle flieht und um keinen Preis auf die

Wäschermädelbälle gehen oder gar den Lumpenball besuchen würde, der fällt doch sicher einem oder mehreren Hausbällen zum Opfer. Denn die meisten Bürgerfamilien der Vorstädte und Vororte oder vielmehr der Bezirke, wie sie jetzt auf großwienerisch heißen, wie nicht minder die Gastwirthe lassen den Fasching nicht vorübergehen, ohne ihre Freunde, Bekannten und Kunden mit dem üblichen Hausball zu erfreuen.«

Man kann es ruhig behaupten: Im letzten Drittel des 19. Jahrhunderts jagten einander in Wien die Termine von Bällen, Soireen, Redouten, Gschnasfesten. »Vienne s'amuse. Als gienge der berühmte Rattenfänger von Hameln durch die Straßen, sein verlockendes, fußbewegendes und herzerhebendes Liedchen pfeifend, so erfaßt die Bewohner Wiens eine furchtbare Drehkrankheit, daß sie anfangen zu hüpfen und zu springen nach den Klängen der Geigen der musikalischen Rattenfänger von Wien, der Strauße, Ziehrer und Morelly«, schwärmt im Fasching 1873 ein anonymer Berichterstatter. Wien im Faschings-, Ringstraßen- und Weltstadttaumel, auch wenn wenige Wochen später, knapp nach der Eröffnung der Weltausstellung, am »Schwarzen Freitag«, das Schwindelgebäude der Bau- und Aktienspekulanten zusammenbrechen sollte. Man tanzt »Cotillon, Quadrille, Zepperlpolka, böhmische, polnische, französische Polka, Walzer aller Grade bis zum – Cancan! Huh! – Ländler, Kör, Schottisch, Csardas, Galopp und so fort mit Grazie ohne Ende. Anfangs sind die Opfer dieser Epidemie sporadisch, bald zahllos. Die unzähligen Inseratenspalten der beiden Fremdenblätter sowie die meisten übrigen Journale enthalten fast nichts mehr als Ballankündigungen. In letzter Zeit sind die Maskenbälle sehr stark in die Mode gekommen. Nicht der deutsch nationale Mummenschanz, ah nein! Das Giftgewächs aus der Großen Oper in Paris, das sich schnell bei uns akklimatisiert.«

Magisch ziehen die zahllosen Elite-, Vereins- und Körperschaftsbälle an. Der Hesperusball, der »fröhlichste Spätling der Elitebälle, wo sich auch ein armer Literat die Königinnen und Herzoginnen des Burgtheaters in der Nähe betrachten kann. Sie sind so auffallend und so prachtvoll kostümiert, daß keine Dame aus der ›Zuschauerwelt‹ mit diesen Theaterprinzessinnen konkurrieren kann. Wer sollt' es glauben? Nicht einmal ein Sechzehnhundert-Gulden-Kleid konnte neben der Toilette des Fräuleins Wolter aufkommen.«

Beim Fiakerball, einem Genossenschaftsball der seriösen Art, mußte man gewesen sein. Er durfte als einzige Tanzveranstaltung am Aschermittwoch stattfinden und wurde »von einem Dutzend hocharistokratischer Ehrengäste, darunter angeblich auch Kronprinz Rudolf, besucht ...« Denn die Herrschaften übernahmen ihren Lieblingsfiakern zuliebe gewissermaßen die Patronanz über das Ballfest. Was bedeutet, daß die legendären Herren Fiaker Bratfisch, der Leibfiaker Kronprinz Rudolfs, der Hungerl, Kopfabschneider oder der Schuster-Franz dort den Ton angaben, daß Urwüchsigkeit herrschte und daß da für den Feinspitz und Charmeur noch die »ächten Wiener Kinder« zu finden waren, »jene feschen Lerchenfelder und kecken Lichtenthalerinnen, Wiener Vorstadtrasse, wiff – ferm – ausgewichst, was alles so viel bedeutet als very fine! Es ist die Haute Volée der untersten Klasse.« Außerdem brachten die Fiaker ihre attraktiven Frauen und hübschen Töchter mit, was für die Ehrengäste manchen Anreiz bedeutete ... Und dazu sangen die Fiaker ihre berühmten »Gstanzln« und Jodler, und Preispfeifer gaben ihre »neuesten Erzeugnisse der sehr vitalen Volksmuse« zum besten.

Ringstraßen-Wiener durften sich auch den Wäschermädelball nicht entgehen lassen. Als »echt« galt unter den Tanzvergnügungen, die diesen Namen benützten, allerdings nur einer: der von der »Wäscherburg« am Himmelpfortgrund, im Saal der »Drei Engel« auf der Wieden. Denn nur dort sahen »die drallen Wäschermädel streng darauf, daß sich keine anderen Elemente einschleichen, welche nur das Costüm von Wiener Wäscherinnen tragen ...«

Zum Vergleich erwartete der versierte Ballkenner bei den Wäschermädelbällen in den Vorstädten Hernals, Lerchenfeld und Ottakring »keine wirkliche Wäscherin zu finden«, denn – so schrieb der moralisierende Ballkenner der Ringstraße, Eduard Pötzl, 1895 – da gingen zu viele Frauenspersonen mit Absichten hin. »Ist doch die Scenerie eines solchen Ballsaals: Qualmtrübe Luft von ungefährt 30 Grad Réaumur – bösartiger Dunst – hinreißende Geigentöne – wogendes Gewühl – Jauchzen und Paschen – niedliche Lackschuhe – weiße ›Pufferlstrümpfe‹ – gestreifte Röckchen – bunte ›Gugeln‹ – carrirte Glockenhosen – schmalrandige Hüte – aufgewichste Scheitel – dann der Obersaal mit noch heißerer Stickluft, zechenden Gesellschaften, verzweifelnden Kellnern, schmetternden Jodlern, sehnsüchtigem Aufrauschen des ›Blasbalgs‹ (der Harmonika) nebst tollen Diskantsprüngen des ›picksüßen Holzes‹ (der G-Klarinette) ... Es ist eigentlich zum Davonlaufen, aber eben deshalb für die Leutchen die richtige Taumel-Atmosphäre.«

Wer den »echten« Wäschermädelball besuchte, erwartete sich hingegen »was Reinliches«: »Immer reinlich und mit einer gewissen Koketterie gekleidet, besitzt es im hohen Maße das, was die Franzosen chic nennen. Das Wäschermädel trägt ein kurzes Röckchen, steif gebügelt, eine Schürze, Brusttuch und Kopftüchel. Die Haltung des Wäschermädels muß, um einem Ideal zu entsprechen, eine kecke, herausfordernde sein. Die Arme in die Hüften gestemmt, den Kopf nach einer Seite in die Höhe geworfen, resolut in die Welt blickend – so tritt dir dies seltsame Geschöpf entgegen. Es hat eine sehr flinke Zunge und weiß jeder Zudringlichkeit, falls ihr diesselbe unangenehm ist, mit einer entschiedenen, derben – nicht selten schlagenden Bemerkung abzuwehren.«

Das männliche Gegenstück, der »Bua«, mußte »fesch« sein, wenn er etwas gelten wollte. Er trug ein grelles Halstuch, lose geschlungen, eine Kappe »keck nach der Seite ... und die Haare sind nach vorne an beiden Schläfen in der Form eines arabischen Sechsers ›aufgewichst‹, daher ›Sechsundsechziger‹ genannt ... Er hat das Herz, aber auch ›das Maul‹ auf dem rechten Fleck ... Und er hat das ›ob's'd herrrgehst!‹ erfunden, welcher Zuruf zugleich Bezeichnung für die ›Demimondlerinnen‹ geworden ist ...«

Den Ton gaben in dieser großen Welt der kleinen Leute die Werkelmänner, Clavierpauker und die Salonkapellen an. »Du lieber Himmel, welche Fundgrube von Belustigung sind diese Wiener Salonkapellen, welche insgeheim ihren Namen deshalb tragen, weil sie noch nie in einem Salon gespielt haben«, spöttelt Pötzl, »man muß schon lachen, wenn man auf dem Programm die Namen der Musiker liest, welche fast ausnahmslos ein bißchen grotesk lauten: Alinko, Eichele, Hellebart, Latzelberger oder Pomeisl. Die Durchschnitts-Salonkapelle besteht aus Clavier, Geige und Clarinette und der großen Trommel. Und von welchem Standpunkt aus diese ›Salonmusiker‹ à la Alinko und Pomeisl die verschiedenen Hausbälle, wo sie aufspielen, abschätzen, das konnten wir einst aus der Antwort eines Salonkapellmeisters heraushören, welche derselbe auf die Frage, wie ein gewisser Hausball ausgefallen sei, mit einer vergnügten, tätschelnden Bewegung nach seinem ansehnlichen Bauch ertheilte: ›Sehr fein‹, sagte er, ›sehr fein war der Ball, das muaß ma' scho sagn. War'n viele Gönner da, wissen schon, sehr ehrenwerthe Gönner, und die Hausfrau alle Achtung! A ganze Schüssel Brathendl und Krapfen hab'n mir abg'foz'nt. War wirkli a feiner Wurf!‹ Für Mindergebildete hier die Erklärung, daß der zufriedene Salonkapellmeister unter Gönnern das Nämliche versteht, was man im Wienerischen sonst ›Wurzen‹ nennt und daß das ›Abfoz'nen‹ von Eßwaren so viel bedeutet, als mit denselben gänzlich aufzuräumen.«

All die populären Vereins- und Genossenschaftsbälle Ringstraßen-Wiens aufzuzählen ist fast unmöglich. Aber überall ereignete sich da Abend für Abend ein gesellschaftliches Phänomen, um das viele Metropolen Wien eigentlich beneideten: Bei diesen Festen vermengte sich alles, was sonst durch dienstliche Reglementierung, soziale Stellung oder politische Schranken getrennt war. Auf dem Ball der Unteroffiziere erschienen regelmäßig auch die »goldenen Krägen«, auf dem Ball der Detektive die höchsten Polizeibeamten, auf den Kränzchen der Modistinnen oder Blumenmacherinnen die heißgeliebten »Gigerln«, die allzu schick herausgeputzten Burschen. »Fast jedes Handwerk grüßt den Fasching mit einem Tanzfeste«, kann man in einer Zeitung der Zeit lesen, »und wenn es nicht zu frivol wäre, wir glauben sogar die – Pompfüneberer würden auch einen Ball veranstalten und auf demselben um Mitternacht den Besuch von todten Ehrengästen und toter Kundschaft erwarten!« Ein Aspekt der Wiener Ringstraßen-Soziologie.

Hofball, Redoute, Lumpenball, Gschnas

Es mag heute übertrieben klingen: Aber es gehörte zu den – unerfüllbaren – Träumen der Ringstraßen-Gesellschaft, einmal einen Hofball des Kaisers zu erleben: Honorige Beamte im fernen Czernowitz träumten davon ebenso wie junge Mädchen in Wien, Budapest, Baden oder Meran. Bis 1899 war er die exklusivste Veranstaltung und nur einer kleinen Schar von Auserwählten zugänglich. Doch mit umso größerer Neugier und Aufmerksamkeit verfolgte die Öffentlichkeit die zahllosen Berichte, die die Vorbereitungen begleiteten und danach über den »Kaiserwalzer« in einer Nacht ihrer Träume schwärmten.

2 000 bis 3 000 ausgesuchte »hofballfähige« Personen unterwarfen sich als Gäste der Majestäten in den feenhaft dekorierten Redoutensälen und im Zeremoniensaal der Hofburg von acht bis zwölf Uhr einem Ritual der strengen spanischen Etikette des Sich-Präsentierens, Parlierens, der genau geregelten Tanzordnung, der Promenade, der Teezeremonie in verschiedenen Salons bei Mitgliedern des Kaiserhauses, ja sogar am riesigen, von Silber, Kristall und Blumenschmuck schimmernden Buffet, wo Lachs, Kaviar, Hummer, Champagner und die feinsten Weine in heute unvorstellbaren Mengen angerichtet waren und immer wieder nachgeschafft wurden.

Geprüft wurde schon lange vor dem Ball, ob der Einzuladende »hoffähig« oder nur »hofballfähig« war. Was nicht ein und dasselbe und durch die Etikette streng getrennt war. Minister, Diplomaten, Hofchargen, der Hofstaat, Geheime Räte und Kämmerer, Truchsesse, die Generalität, in Wien vertretene Orden, Mitglieder des Reichsrats waren zugelassen; beim Kammerball wurden hingegen überhaupt nur Minister, Geheime Räte und Kämmerer, Palast- und Hofdamen, der Hofstaat und der Hochadel eingeladen. Wer durfte und wer nicht, war dabei für Zeitungsleser besonders interessant; das wollten alle

Wilhelm Gause, Hofball, Gouache, 1900

ganz genau nachlesen. Die größte Aufregung gab es aber jedesmal, wenn in den verschiedenen Berichten der Zeitungen die Garderoben der Damen unterschiedlich beschrieben wurden. »Der eine schreibt, die hohe Frau habe ein blaues, der Andere ein grünes, und der Dritte ein graues Kleid getragen. Und so werden auch die Farben der Federn und Blumen, der Edelsteine an den Diadems und Reifen, Colliers und Broschen standhaft verwechselt. Derlei wird nie berichtigt ...«
Für den Hofball wurde eine Armee von Personal aufgeboten. Die Hofbediensteten wurden von einer Bereitschaftstruppe unterstützt, die aus Ministerien und Hofämtern rekrutiert wurde. Doch zuletzt bemerkte man keinen Unterschied: In goldschimmernden Livreen sahen alle gleich aus. Den Ablauf eines Hofballs hat Ludwig von Hevesi in seiner 1895 erschienenen Wien-Anthologie genau beschrieben: »Wenn alles bereit ist, die Säle geschmückt und die Reihe der Prachtzimmer in Stand gesetzt, durchschreitet der Obersthofmeister Prinz Hohenlohe, gefolgt von seinem Stabe, alle Räume, um sich nochmals zu überzeugen, daß nichts fehle. Nun beginnt die Auffahrt der Gela-

denen vor der Burg des Kaisers. Die Festgemächer werden voll beleuchtet, im Rittersaale lodert, wie durch einen Zauber, gleichzeitig die ganze Reihe der tausenden von Flammen auf, an den Kronleuchtern, an den Pfeilern ringsum und unterhalb des Plafondes. In den beiden Redoutensälen ist es auch hell geworden. Die ersten Ankömmlinge, meist junge Offiziere, betreten wie Alle, welche die spiegelglatten Parquets in der Hofburg nicht gewohnt sind, etwas zaghaft die Räume, nachdem sie über blumengeschmückte Treppen, durch Reihen festlich gekleideter Hofdiener, Hof- und Kammerfouriere, Mitglieder der deutschen und der ungarischen Garde, geschritten sind. Sie bleiben in den Festräumen, welche dem in Verschluß gehaltenen Ceremoniensaal vorliegen, in Gruppen stehen, blicken um sich, bewundern und plaudern. Allmählich schreiten Würdenträger einher mit oder ohne Damen. Man verbeugt sich, man grüßt, man verneigt sich. Ein leises Murmeln geht durch die Säle. Das ist dieser, das ist jener, ertönt es hie und da. Berühmte Männer, schöne Frauen des hohen Adels erwecken und fesseln die Neugierde und erfreuen das Auge …

Bevor der Hofball beginnt – die Stunde ist auf 8 Uhr festgesetzt –, haben sich die Botschafter und Gesandten mit ihren Damen und den Mitgliedern der Legationen, die Palastdamen und Mitglieder des hohen Adels in bestimmten Appartements versammelt, wo die Majestäten Cercle halten. Es ist althergebrachte Sitte am Wiener Hof, daß das diplomatische Corps, daß die Bräute des Hofadels und die jungen Comtessen, wenn letztere zum ersten Male in die Welt eingeführt werden, daß Erstere beiden Majestäten, die Letzteren der Kaiserin vorgestellt werden. Die Vorstellungen erfolgten durch den Minister des Äußeren, die Obersthofmeisterin Ihrer Majestät, Damen des hohen Adels und die Mütter der Comtessen. Von den Mitgliedern der Legationen werden jene vorgestellt, welche bisher noch nicht die Ehre hatten, vor den Majestäten zu erscheinen.

Haben die Allerhöchsten Herrschaften diese Pflicht erfüllt, so erhält der Oberceremonienmeister die Weisung voranzuschreiten, und der kaiserliche Hof begibt sich unter Vorantritt des ersten Obersthofmeisters nach dem Ceremoniensaale. Der Kaiser und die Kaiserin schreiten voran, der Kaiser eine Erzherzogin, die Kaiserin einen Erzherzog zur Seite, und es folgen nun alle in Wien anwesenden Mitglieder des

kaiserlichen Hauses und die regierenden Familien Angehörigen, welche in Wien ihren dauernden oder zeitweiligen Wohnsitz haben.
Einige Zeit vorher sind die Pforten des Rittersaales, so heißt in Wien populär der Ceremoniensaal, geöffnet worden, und alle, die dem eigentlichen Balle in erster Reihe beizuwohnen das Recht besitzen, haben sich in demselben aufgestellt ... Der kaiserliche Hof naht und es entsteht Bewegung in der Menge der Versammelten, es öffnet sich eine Gasse, der Kaiser und der Hof schreiten hindurch und begeben sich nach der im Hintergrund des Saals angebrachten, mit rothen Lehnsesseln versehenen Estrade mit einem kleinen Hain exotischer Pflanzen. Der Rittersaal ist ein großer, reizend dekorierter Raum, der an der Längsseite von einer Gallerie gekrönt wird. In weißgrauen, marmorierten Wänden spiegelt sich das Licht von tausend Flammen und Flämmchen. Blumenschmuck ziert die östliche Längsseite, drei Reihen rother Bänke sind staffelförmig bis an eine Säulenreihe aufgestellt.
Der Ball beginnt. Das Orchester, dessen Mitglieder in rothe Hof-Uniformen gekleidet sind und vom Hofballmusikdirektor Eduard Strauß dirigiert werden, beginnt zu spielen, genau die kleine, zierliche Tanzordnung einhaltend. Neben dem Orchester ist eine Loge der Wiener Journalistik eingeräumt. Es ist dies eine Errungenschaft der neueren Zeit, damit den Bedürfnissen der Lesewelt am andern Morgen vollauf Genüge geleistet werde. Der Trompeter der Nacht sitzt da neben dem Trompeter des Tages. Man muß es der Wiener Journalistik nachsagen, daß sie sehr rasch berichtet ...«
Ludwig Hevesi hat mit seiner Beschreibung eines der raren »Hofballdokumente« hinterlassen, die genau Auskunft über Etikette, Zeremoniell, gesellschaftliche Rituale und Mode geben. Sein Bericht ist mehr als nur »atmosphärisch« wertvoll, er ist eine kleine Wiener Ballsoziologie.
»Die Tänzer und Tänzerinnen beginnen den Reigen. Die Tänzer sind meist Herren in Uniform, die Damen jene berühmten Wiener Comtessen, deren Schönheit europäischen Ruhm erlangt hat. Meistens feine, schlanke, hochaufgeschossene Gestalten, die in ihren duftigen, einfachen, nur bis zu den Tanzschuhen reichenden Kleidchen, ohne Schmuck, höchstens ein farbiges Seidenband um den Hals, eine Blume im schönen Haar, zwei auf den Tüllfalten gleich rosig angehauch-

ten Lämmerwölkchen auf dem Parquette des Rittersaales dahinschweben.« Und man braucht sich nur die duftig gemalten Hofballbilder Wilhelm Gauses und seine zarten Zeichnungen zu betrachten, um ermessen zu können, welche Attraktionen diese jungen Damen waren … »Geleitet werden die Tänze von jungen Cavalieren und noch erinnert man sich mit Vergnügen der Zeit, wo die jetzt anderwärts beschäftigten Grafen Erich Kielmansegg und Dominik Hardegg den Cotillon meisterhaft anführten. Um 11 Uhr begibt sich die Kaiserin, wenn die Gesundheit der hohen Frau es gestattet, an dem Hofballe theilzunehmen, in eines der prächtigen Zimmer und nimmt dort mit den Frauen der Botschafter und Gesandten, den Palastdamen und sonst beigezogenen Damen des hohen Adels den Thee. Es sind mehrere Theetische hergerichtet, jedem derselben präsidirt eine Dame des kaiserlichen Hauses. Se. Majestät der Kaiser hält unterdessen Cercle im Rittersaale und spricht mit den Ministern, mit den Mitgliedern des diplomatischen Corps oder einzelnen Staatswürdenträgern, welche er durch eine Anrede auszeichnet.

Bald nachdem der Tanz seinen Anfang genommen, hat sich ein großer Theil der Anwesenden, denn nur einige Hundert finden in dem Rittersaale Platz, in die Redoutensäle begeben. Man gelangt dahin durch einen langen, mit flandrischen Teppichen überspannten Gang. Im kleinen Redoutensaale spielt ein Militärorchester, und in dem großen, hohen, weißgoldenen zweiten Redoutensaale ist an der Langseite das reichbesetzte, fast unübersehbare Buffet aufgestellt. Thee wird in den Nebenlocalen serviert. Das Schicksal eines Buffets ist überall, an allen Höfen und in allen vornehmen Häusern: in möglichst kurzer Zeit geräumt zu werden. Es ist dies auch in der Hofburg der Fall. Aber die Gastfreundschaft Sr. Majestät des Kaisers und die Vorsorge der Hofbehörden ist derart, daß so rasch und viel auch verschwindet, um so rascher und desto mehr neuer Vorrath die Lücken ausfüllt. Eine Linie von Hofdienern steht hinter dem Buffet, um dem Verlangen eines Jeden nach Möglichkeit und schleunig zu entsprechen. Der Champagner perlt in den Sterngläsern, der Bordeaux schimmert rubinartig im schön geschliffenen Krystall, der Rheinwein entsendet aus tiefgrünem Römer seinen Blumenduft. In den großen Lachs, der auf silberplattierter Schüssel ruht, wird Bresche gelegt, der Hummersalat angefahren, Rehrücken und Rehkeule, Filets und Pasteten, Zunge, Schinken und Wildschweinkopf werden auf die bunten, japanischen, goldgeränderten Teller gelegt. Jedermann hält, den Hut zwischen den Beinen, in der einen Hand einen Teller, in der anderen das Glas, um sich stehend zu laben und wieder zu laben.

In den Theezimmern geht es ebenso lebhaft zu. Dort sind die berühmten Berge von Bonbons aufgestellt, die an das Lebzelthäuschen der Sage erinnern; und sie verschwinden rasch wie diese, im Nu. Es ist eine alte, in Wien herrschende Sitte, ein Bonbon oder mehrere, manchmal sogar ziemlich viele, vom Hofballe nach Hause zu bringen. Für die Kinder! Heißt es. Die Kinder aber sind manchmal recht erwachsen und sehr hübsch. ›Ein Bonbon vom Hofball‹ spielt in der profanen Welt dieselbe Rolle, wie ein Blumenstrauß, den man von Mariazell mitzubringen gebeten wird.« Oder, übertragen in unsere Gegenwart, eine Nelke, die man sich aus der Saaldekoration des Neujahrskonzerts der Wiener Philharmoniker im Goldenen Saal des Wiener Musikvereins gezupft hat.

»Die Mitternachtsstunde naht. Der kaiserliche Hof zieht sich in derselben Ordnung, wie er gekommen, in die Appartements zurück. Die Musik verstummt, die Gäste entfernen sich, befriedigt und beglückt. Die Comtessen träumen, ihre Mütter mit ihnen … von künftigem Glück und dem Brautschleier. Und zu Hause angelangt, wird man mit Fragen bestürmt, man muß erzählen, erzählen in die frohen Morgenstunden hinein, von dem Hofballe in Wien.«

Weit weniger Probleme als mit dem Hof- oder gar dem Kammerball hatten die Berichterstatter mit den Opernredouten, an denen – zuerst in den Redoutensälen, später, ab 1877, in Sicardsburgs und van der Nülls neuem Hofopernhaus – jeder teilnehmen konnte, der »anständig gekleidet« war, »genug Geld besaß, sich einen Dominomantel oder schwarzen Frack mit weißer Cravatte nebst der dazu gehörigen Eintrittskarte zu beschaffen«. Die Opernredoute, ein Vorläufer des heutigen Opernballs, war allerdings am ehesten ein Verkleidungs- und Masken-Schauspiel, »wie man es nirgendwo findet … weder in Italien, noch in Paris, am allerwenigsten in Berlin«.

Ursprünglich ein Hoffest des Karnevals, das aus Frankreich und Italien nach Wien übersiedelt wurde, war es nach und nach zum bürgerlichen Spektakel geworden, bei dem »eingelassen wurde, wer kam«. Die Hitze muß – besonders solange der Ball in den Redoutensälen

veranstaltet wurde – unerträglich gewesen sein. Gegen Mitternacht waren die Säle so überfüllt, daß man sich kaum noch bewegen konnte. Dazu kam ein »Summen, Lispeln, Rufen, Lachen, Scherzen, Kosen, Kreischen von Tausenden von Stimmen: die laute Musik in dem großen Saale und die gedämpft aus dem kleinen Redoutensaale herüberschwirrenden Klänge der Militärcapelle: der Duft aus den natürlichen Blüten der Handbouquets und den künstlichen Blumen an den Köpfen und auf den Kleidern der Dominos und Fantasiemasken; der Duft der Parfums und der zahlreichen, blühenden Frauenleiber; all das miteinander und durcheinander bereitete dem schüchternen Praktikanten des Lebens, der zum ersten Male den Fuß in diese Gewirre und Gemische von Licht, Ton und Farbe setzte, einen moralischen Opiumtraum, aus welchem heraus er rief: ich bin im Himmel! Der Jüngling fiel aber bald darauf wieder zur Erde nieder, wenn die Schlange Langeweile ihn umwand und gar kein Engel erschien, der ihn bei der Hand nahm und ihm liebreich zusprach. Geschah es aber, daß zufällig irgendein, dem zarten Geschlecht angehöriges, durch Blumen, Atlas und Spitzen, Samtlarve und Fächer unkenntlich gemachtes Wesen sich zu dem Neophyten herabließ, so war der erste Gedanke, welcher in ihm aufblühte: ich wurde von einer Prinzessin angesprochen!«
Romantischer Traum des 19. Jahrhunderts in Wien: In jeder Maske sah man eine Prinzessin. Oder ein ähnliches Geschöpf. Und die Trivialliteratur der Zeit schrieb die Geschichte immer wieder, daß eine vornehme Dame sich mit einem schüchternen Burschen einen Scherz erlaubte und daß dieser Scherz mitunter nicht nur liebenswürdige Täuschung blieb, sondern Ernst wurde. Auch im Tragischen. Tatsächlich machte das den Reiz und Zauber dieses Balls aus, daß die Wiener Gesellschaft hier wie in einem Kartenspiel gemischt wurde. »Die Mitglieder des Kaiserhauses, welche sich da durch die Masken bewegten, wurden von den heranflatternden Dominos angesprochen und geneckt, sie hielten wacker stand, beantworteten die Fragen, gingen auf jeden Scherz ein … Ein großer Kreis von Masken bildete um sie eine Art Sonnenhof oder Mond-Regenbogen.« Links und rechts im Großen Saal promenierten die Paare, Herren im Frack mit dem Hut auf dem Kopfe, die Damen maskiert. Dabei funktionierte das Ritual des »Ansprechens« nach strengen Regeln: Hatte die Dame das Ge-

spräch durch Berührung des Arms mit dem Fächer angeknüpft, so nahm sie den Arm des Bekannten oder des Herrn, mit dem sie bekannt werden wollte. So zog man durch den Großen und Kleinen Saal zur Galerie, von dort in die Konditorei oder in die Speisezimmer, nahm auf den langen roten Bänken an den Saalwänden Platz oder auf den Sofas in den Korridoren.

Als die Redoute 1877 als Hofopern-Soiree in die neuerbaute Hofoper übersiedelte, hatten sich die Zeiten geändert: Der hohe Adel, der sich so gern in den Redoutensälen amüsierte, lebte nicht mehr wie früher neun Monate in der Metropole, sondern hatte sich auf seine Landgüter zurückgezogen und kam bestenfalls zu Weihnachten und Pfingsten in die Residenz; die Fürsten und Grafen waren Landedelleute geworden, teils aus politischen, teils aus wirtschaftlichen Gründen. Wiens Gesellschaft präsentierte sich mit neuem Gesicht: »Da es keinen leeren Raum gibt und durch die Teuerung in Wien auch die Kreise der höheren Beamten, der Fabrikanten und der Kaufmannschaft in Mitleidenschaft gezogen worden sind, so sind neue Elemente in die Gesellschaft gedrungen«, klagt ein konservativer Chronist um 1890. Wiens Gesellschaft sei »gemischter als je zuvor, weniger glänzend als ehedem. Sie entbehrt auch infolgedessen jenes leichten Tones der Unterhaltung, welcher oft den Geist selbst, nicht ohne Glück, vertritt. Man kennt einander weniger als ehedem, und man geht in Folge dessen auch weniger aus. Statt des feinen Abenteuers sucht man die leichter gewordene Bekanntschaft ... Selten steigt mehr eine Fürstin von ihrer Höhe zum Parquet der Opernredoute nieder, um einen zu den Logen sehnsüchtig emporschauenden, einsamen Stillsteher zu beglücken. Was da unten Arm in Arm geht und nahe aneinander gerückt auf der Bank sitzt, das kennt sich zumeist, trotz der Larve, das hat sich verabredet, einander in der Redoute zu finden, das ist durch kleine zärtliche Briefchen eingeladen worden, ja sicher zu erscheinen und der Maske zu harren, die dieses oder jenes nähere Kennzeichen, eine Blume oder ein Band, tragen wird.« Und der pessimistische Chronist registriert Zustände, die Arthur Schnitzler später in Prosa und dramatische Dialoge fassen wird: die Opernredoute als hedonistisches Walzer-Vergnügen, bei dem das Geschäft mit der Liebe nicht ausgeschlossen ist. Kein Wunder, daß jetzt »die Damen der Wiener Ganz- oder nicht Ganzwelt viel Geld dafür ausgeben, um während ei-

niger Stunden zu glänzen. Sie müssen wissen, warum sie es thun ...«
Der Chronist berichtet, wie aufdringlich, Aufmerksamkeit fordernd die Mode solcher Soireen war: »In neurer Zeit wird vor allem das Thier- und Pflanzenreich favorisiert, da gibt es keinen Vogel, keine Blume, die nicht auf dem Haupte oder an den Kleidern getragen werden. Von den flatternden sieben Raben bis zu dem sich auf den Stengeln einer lieblichen Pflanze oder an dem Platze, wo das Herz schlagen soll, einsam wiegenden Colibri, wird auf der Wiener Redoute von den Masken alles getragen, was da fleucht und kräucht, das huscht einher, duftet aller Orten, und gleicht, wenn der Saal ganz erfüllt ist, einem Parterre von Blumen, über welchem die Vogelwelt aller Zonen flattert. Und die Herrenwelt geht vergnügt einher mit dem stolzen Siegerlächeln desjenigen, welcher sich sagt: ›Das alles geschieht meinetwegen ...‹«
Jene, die sich da nicht amüsierten, gingen um Mitternacht – »Man geht zu Sacher oder in ein anderes Abendrestaurant, das sich des Vorzugs der Zimmerchen für zwei oder vier erfreut.« Oder er fuhr zu einem anderen Ball in den Blumensälen der Gartenbaugesellschaft am Parkring, zum Narrenabend des Wiener Männergesang-Vereins, zum Maskenfest ins Theater an der Wien, zum Mariahilfer Bürger-Kränzchen mit acht Musikchören und den »Geheimnissen des Serails« oder in Schwenders Vergnügungsetablissement in Fünfhaus, das der ehemalige »Paradeisgartl«-Marqueur Anton Schwender, also ein Zahlkellner, zum prächtigsten, populärsten Unternehmen Wiens gemacht hatte. Es konnte sich sogar mit den berühmtesten Pariser Etablissements der Zeit messen.
Tausende Besucher kamen allabendlich zum Schwender in die Bierhalle, ins Restaurant oder Kaffeehaus, ins »Kolosseum« mit seinen Amor- und Floraballsälen und in den riesigen Harmoniesaal, oder in Schwenders Theater für 500 Personen, wo Professor Schütze im Cercle oriental auf einer Drehbühne »lebende Bilder« vorführte, die gar nicht zimperlich oder moralinsauer gewesen sein sollen. Singhalesische Ausstattungs- und Maskenfeste – etwa mit dem Motto »Auf der Insel Ceylon« – waren ebenso beliebt wie die Musikerinnen des Wiener Damenorchesters Messerschmidt-Grünner, das im »chinesischen Teehaus« aufspielte. »Omnisbus Verkehr bis zum Schluß des Festes« war stets garantiert ...

Zu den größten Attraktionen beim Schwender gehörte aber der »Lumpenball«. Mochte auch ein Chronist geätzt haben, daß wir »bald vernehmen werden, daß die vereinigten ›Beinlstierer‹ einen Eliteball und die Lumpensammler einen Maskenball zu veranstalten beschlossen haben«, so konnten solche Kommentare Wiens amüsierwütiges Publikum doch nicht vom Besuch abhalten. 6 000 kamen – moralische Lumpen, Haderlumpen, Spaßvögel, die in ihrer Maskierung Lumpereien im Kaiserstaate präsentierten. Das Reinerträgnis, stets Tausende Gulden, wurde kranken Kindern notleidender Familien für einen jeweils zweimonatigen Aufenthalt am Meer gewidmet.
Mochten im tanzwütigen Wien der Ringstraßen-Zeit auch noch so viele Etablissements gegründet werden – oft mit feenhaft dekorierten Sälen und schlüpfrigem Theater in Lustgrotten, wie das nur in der Vorstadt möglich war – und mochten findige Unternehmer immer neue Überraschungsspektakel und Feste aushecken: unerreichtes Vorbild war von Anfang an und blieb die Genossenschaft bildender Künstler, das Wiener Künstlerhaus. Neben der künstlerischen Originalität ihrer Feste verblaßten viele Ereignisse der Zeit – das gilt im besonderen Maße, seit Hans Makart, der 1869 nach Wien übersiedelt war, die Dekorationen für das Künstlerhaus-Geschnasfest am 12. Januar 1870 entworfen hatte und in Hinkunft wie ein Groß-Zeremonienmeister Wiens Festlichkeiten überwachte und ihren Stil diktierte; in seinem eigenen Atelier wie im Künstlerhaus und schließlich beim großen Ringstraßen-Festzug anläßlich der Silbernen Hochzeit des Kaiserpaares.
Die Freude an gesellschaftlichen Ereignissen hatte im Künstlerhaus ein Ausmaß erreicht, daß der Theatermaler und Porträtist mit Orientvorliebe, Alexander Demetrius Goltz, der auch für das Burgtheater zahlreiche Ausstattungen schuf, bemerkte: »Es ist nur gut, daß wir jeden Frühling bei der Jahresausstellung wieder beweisen, daß wir auch noch malen und modellieren können. Man würde uns sonst rein nur mehr als ›Gschnas-Künstler‹ betrachten.«
Er hatte damit nicht unrecht. Bei jeder Gelegenheit dichteten Künstlerhausmitglieder Possen und Singspiele, Dekorationen wurden gemalt, Kostüme selbst geschneidert. Schauspieler der Burg und Sänger wurden eingeladen mitzuwirken. Der Wiener Männergesang-Verein half mit. Einmal war es eine ausgelassene Operettte – »Friedrich der

Wilhelm Gause, Im Wurstelprater, Gschnasfest im Wiener Künstlerhaus am 16. Februar 1884, Xylographie nach der Originalzeichnung

Heizbare«, – dann wieder das kuriose Singspiel »Leonardo und Blandine«, bei denen sich »die Zuhörer vor Lachen auf ihren Stühlen krümmten«. Der Landschaftsmaler Emil Jakob Schindler, Hauptmeister der Schule des Lichtimpressionismus, sang und spielte Theater; Julius von Blaas sang Lieder, Goltz führte Richard von Pergers Singspiel »Die 14 Nothelfer« auf. Dann schrieben wieder der Historienmaler Gustav Gaul und der Führich-Schüler Wenzel Ottokar Noltsch Schwänke, zu denen Andreas Mögele komponierte. Neben diesen Unterhaltungsabenden, die fast das ganze Jahr über stattfanden, wurde im allgemeinen einmal jährlich das große Gschnasfest veranstaltet.

Gschnas – für die »Künstlerhäusler« war das ein Zauberwort, ein Zwitter himmlischer Phantasie und irdisch-ästhetischer Respektlosigkeit. Poetische Illusion sollte durch unglaublich abgeschmacktes, widersinniges Material hervorgerufen werden. »In diesem brillanten Witzfeuerwerke, welches von allen neckischen Kobolden, die je bei einer lustigen Ideenzeugung zu Gevatter standen, abgebrannt zu werden scheint, feiert seit Jahren der unnachahmliche Humor der Wiener Künstler seine Triumphe.«

Marie Weyr versuchte 1895 das Wort zu deuten: »Unter Gschnas versteht der Wiener allen Schein, dem kein Sein zugrunde liegt, das momentan Einnehmende, Blendende und doch Unechte, welches bei näherer Betrachtung sich als wertloser Plunder entpuppt. Gschnasig ist ihm die reizende Hexe, die der Zauberer des Nachts in seine Arme beschwört, um beim Erwachen den dürren Besenstiel auf seinem Lager zu finden! Gschnasig nennt er die Reden gewisser Volksvertreter, Gschnasberge sind ihm die Kalkhügel der sächsischen Schweiz, wenn er der heimatlichen Alpen gedenkt; König Milan, pardon Menelaus in der schönen Helena nennt er einen Gschnaskönig usw.«

Der Gschnas als Festschmuck wurde zur Wiener Spezialität: aus Bodenkram, Abfällen, Trümmern wurde eine »stylvolle« Dekoration hergestellt, die auf die Ringstraßen-Zeitgenossen einen heute nur schwer beschreibbaren, nur schwer nachfühlbaren Zauber ausgeübt haben muß. Eine phantastisch-groteske Kunst-Welt. Farbigkeit als sichtbare Leidenschaft, als optische Lustempfindung.

Ließ sich der Wiener Sensualismus auf einen einfacheren Nenner bringen als im Gschnas, in jenen Festen und »lebenden Bildern«, deren Geschichte, künstlerisch-psychologischer und soziologischer Hintergrund verdienten, genau analysiert zu werden? Denn die Lust des Ringstraßen-Zeitgenossen am »Gschnas« sollte sich bald überall dokumentieren: Das Leben in einem Festtaumel, in einer Welt der Stil-Inszenierungen, in einer dekorierten Welt, wurde zum Prinzip. Und schon die nachfolgende Generation sprach ihre Abneigung gegen diesen Wiener Sensualismus offen aus. Und allzu kurzsichtige Kritiker, die die tieferen Zusammenhänge dieses »Welttheaters des Historismus« nicht erkannten, verurteilten sogar noch bis vor wenigen Jahren die Welt der Ringstraße und ihren Lebensstil als eine Welt der Möchtegerne und die Kunst des Wiener Künstlerhauses als »Gschnas-Kunst« ...

Immer wenn im Künstlerhaus ein Fest organisiert wurde, glich August von Webers Renaissancepalast »dem Gegenstück eines Danaidenfasses. So viel man ihm auch an Neuigkeiten entschöpft, man erschöpft es nicht ... Was die Mitglieder betrifft, so haben wohl die Wenigsten, falls sie nicht selbst schaffend sich beteiligten, umhin gekonnt, einen Blick hinter die im übrigen streng gehüteten Kulissen zu werfen. Hie und da guckt auch ein kleiner Berichterstatter durch's

Schlüsselloch, ein großer durch den Schornstein, die Zeitungen plaudern, die Damen der Comité-Mitglieder, vor denen es bekanntlich laut Paragraph I der neuen Ehegesetzgebung kein Geheimnis gibt, nicht minder. Mancher der beneidenswerten Künstler, dem soeben ein neuer, guter malerischer, plastischer oder gschnasanatomischer Witz gelungen ist, schreit in seiner Herzensfreude ein jubelndes Heureka den Nachtigallen im grünen Gewande, im Schilf der lieblich duftenden Wien zu« – Sie war damals noch nicht überwölbt –, »und die Märe von König Midas' Glück und Ende läuft auf dampfbeflügelten Klatschmäulern durch die Stadt.«
Der Erfindungsreichtum der Künstlerhausmitglieder übertraf sich Jahr für Jahr selbst. Kein Zeitalter, kein Volk, das da nicht parodiert worden wäre. Feste wurden venezianisch – vor allem von Hans Makart –, assyrisch und niederländisch inszeniert; auf historische Treue der Kostüme legte man dabei besonderen Wert. Wiens Geschichte »von der Steinzeit bis zur Papierzeit« wurde aufgebaut und Groß-Wien in der monströsen Parodie »Groß-Peking« karikiert. Man feierte ein »Congo-Fest« und einen »Ball der Thiere« und schließlich ein Fest »Im Reiche der vierten Dimension«, in dessen Rahmen »nichts Wirkliches« dargestellt werden durfte. »Laurins Rosengarten«, mit magisch leuchtenden Höhlen, dem Nibelungenhort und einem Reich der Kobolde, Zwerge, Gnome, Schlangen, Salamander und Eulen wurde ins Haus am Karlsplatz geholt. Und Frau Venus, vom berühmten, vielbeschäftigten Ringstraßen-Bildhauer Johannes Benk aus Wachs modelliert, lauerte lüstern in ihrer Grotte – eine oberschaumgeborene Schöne, die zum Entsetzen aller Tannhäuser und Minnehelden des Fests unter der kostbaren Brokatdecke nur einen – Unterleib aus Stroh zu bieten hatte. Ob Erzherzog Otto, der »fesche Otto«, deshalb – das heißt, aus Enttäuschung über Frau Venus – vom Gschnas auf und davon ging, ins »Sacher« fuhr und dort zu sehr früher Stunde nur mit einem Säbel in der Hand, aber sonst unbekleidet, durch die Gänge stürmte ... auf der Suche nach einer anderen Venus? Chronisten verknüpfen gern merkwürdige Situationen miteinander. Ein amüsierter Gast war Erzherzog Otto im Künstlerhaus jedenfalls stets ebenso wie Kronprinz Rudolf, Erzherzog Carl Ludwig, der Protektor der Künstlergenossenschaft, und viele Mitglieder des Hochadels. Nur der Kaiser kam nie. Erst seit das Künstlerhaus seine Gschnasdekora-

tionen wegen des enormen Andrangs eine Woche lang für das Publikum zur Besichtigung freigeben mußte, kam auch Franz Joseph. Das erste Mal am 23. Februar 1901.
Wenn der Spaß vorbei war, wurden die Dekorationsteile von Palästen und Almhütten, aber auch ganze Alpenkulissen, Lustgrotten, Liebespavillons, chinesische, babylonische und venezianische Kostüme, Maurenschwerter und Helene-Fourment-Hüte, klapprige Ritterrüstungen und Fischleiber, kurz, der ganze Gschnaströdel versteigert – was jedesmal wieder ein Riesenspaß für Wiens Gesellschaft war und überdies dem Fonds der Genossenschaft jährlich beachtliche Beträge einbrachte. Bei den Sammlern besonders begehrt waren die grotesken Gemälde und Skulpturen der Gschnasgalerien, die meist von den ersten Künstlern wie Makart hergestellt wurden. Vor allem ein Sammler, der kaiserliche Rat Theodor Theyer, trug all diese Requisiten der Vergänglichkeit mit Beamtengründlichkeit und viel Liebe zusammen, um sie dann in seinem Gschnas-Museum im Schlößchen von Rossatz zu zeigen.

Praterfreuden

Oh, ich fühle in diesem Wurstel-Prater die reinsten Wonnen. Noch immer geht mir das Herz auf, wenn ich auf dem Ringelspiel nach Stockerau, Konstantinopel und New York fahre: wenn ich mit den trefflichen Schießgewehren eine Marketenderin so sicher ins Herz treffe, daß sie zu trompeten anfängt, oder wenn ich auf den verschiedenen Waagen wägen lasse und im Laufe von zehn Minuten fünf Kilo leichter oder schwerer werde. Und da sage mir noch einer, daß ich blasiert bin!« Wenn er an den Prater – vor allem an den Wurstelprater – denkt, beginnt Arthur Schnitzler zu schwärmen – wie in seinen 1887 entstandenen Erinnerungen »Jugend in Wien«. Das ist das Paradies der unbegrenzten Möglichkeiten, wo das »süße Mädel« der Ringstraßenzeit seine kleinen Träume träumt und der Wiener Strizzi seinen »Aufriß« macht, das ist das Elysium, wo die hohen Herrschaften sich gelegentlich einmal inkognito einen Spaß erlauben. Und, so scheint's, auch ein Wunderland für Dichter, die sich vom magischen Zauber der Ringelspiele, von Spiegelkabinetten, Wunderkammern und Geisterbahnen, handlesenden Zigeunerinnen und dem tollen Treiben in den Wirtshäusern inspirieren ließen. Peter Altenberg, der Magier flüchtiger Romanzen, der mit duftigen Sprachbildern bezaubernde Bilder und verwehende Düfte festhielt, berauscht sich 1901 in seinem Buch »Was der Tag mir zuträgt« an der großen Praterschaukel: »Dies sind die Absinthräusche des Lebens, Mädchen aus dem Volke! Alles wird zuunterst und zuoberst gekehrt, gestürzt! Und beim Talabwärts kreischet ihr vor Angst und Erregung! Hier vergesset ihr, daß der Zins vor der Türe ist und daß man in jedem Augenblicke schwanger werden und verlassen werden könnte! Hier erlebt ihr eure Meerfahrtemotionen, Seekrankheit für zehn Kreuzer! Und nachher in die Wiesen, in die dunklen weiten Wiesen. Pfeife, Schurli, wenn Polizei kommt!«

Eros scheint der geheime Schutzgott des Wurstelpraters und der Ringelspiele »anno Franz Joseph« gewesen zu sein. Vor allem der Eros der flüchtigen Gelegenheiten, der das Wäschermädel und das Dienstmädchen, die kleine Schneiderin und die Garderobiere beim Flirt auf der Schaukel oder auf dem Ringelspiel für ein paar Stunden in einen Glückstaumel entrückte. So beschwört Stefan Zweig, halb in Träumen schwelgend, noch 1922 in seinem Erinnerungsbuch »Die Welt von Gestern« den Abend im Wurstelprater als eine Theaterszene voll Triebhaftigkeit: »Diese Kaskaden von Lärm, das Infernalische dieses Durcheinanders tat mir wohl, denn in diesem Wirbel war etwas, das mir den inneren Schwall betäubte. Ich sah zu, wie mit geblähten Kleidern die Dienstmädchen sich auf den Hutschen mit kollernden Lustschreien, die gleichsam aus ihrem Geschlecht gellten, in die Himmel schleudern ließen, wie Metzgergesellen lachend schwere Hämmer auf die Kraftmesser hinkrachten, Ausrufer mit heiseren Stimmen und affenhaften Gebärden über den Lärm des Orchestrions schreiend hinwegruderten, und wie alles dies sich quirlend mengte mit dem tausendgeräuschigen, unablässig bewegten Dasein der Menge, die trunken war vom Fusel der Blechmusik, dem Flirren des Lichts und von der eigenen warmen Luft ihres Beisammenseins.«
Der Prater als Oase des »kleinen Mannes«, der hier nach dem Spaß auf der Rutschen und auf dem Ringelspiel sich im Grünen mit der Familie niederließ und beim »Salami-Mann« oder beim »Zuckerhändler«, der seine Zuckerpyramiden und »Caramelen« anpreist, seine Jause bestellt. Ertönt etwa der Ruf »Brod-Schani«, stellt sich »ein lieblicher Knabe ein, meist im Alter von sieben bis vierzehn Jahren, dem Anfang und Ende der Schulpflichtigkeit. Er wird von spekulativen Eltern zur lukrativen Verwertung seiner Feierabendstunden und Ferienmonate angehalten, und waltet seines flinke Beine und Geduld fordernden Amtes mit Eifer und Humor. An der Spree riefe man ihn wohl ›Brödchen-Fritze‹. Bei uns heißt er Schani und wird wohl im Laufe der Zeit ein befrackter weißbebindeter, das Trinkgeld mit vornehmer Herablassung einsackender ›Jean, zahlen!‹«
Doch es gab natürlich auch feinere Adressen, die Chalets für Feinschmecker, über die die einst berühmte Wien-Chronistin Marie Weyr berichtet: »Haus Sacher steht im Prater an der Spitze der Küchendepartments. Man kocht und schenkt aus auf dem Sacher-Hügel und

im Sacher-Garten. Der Hügel ist natürlich auch von einem Pavillon gekrönt, wo man speisen und goutiren kann im Freien und unter Zelten beim Dufte der Rosen und Sacher-Speisen zu Sacher-Preisen. Der Sacher-Garten umgibt eine Villa, das ehemalige gräflich Waldstein'sche buen retiro. Hier wird feinste Blumen- und Obstzucht betrieben und im Chalet vereinigen sich die vornehmen Kreise des Abends, besonders nach dem Rennen zu Tänzchen und Gastereien. Oft endet da erst beim Schein der Sonne, was bei ihrem Untergang begonnen: das feine Essen, Trinken und Tanzen.«

Selbstverständlich hatte fast jedes der Gasthäuser des Praters seine typische Klientel: vom Schweizerhaus, das zum Nobelprater gehörte und Treffpunkt der Kaufleute, Lehrer, Beamten war, über den »Eisvogel« und den »Stillen Zecher«, wo auch in der heißesten Zeit die feschen Geister das Tanzbein schwangen, oder die »Csárda«, den Treffpunkt der Ungarn, bis zur »Ansbacher Bierhalle«, wo die deklarierten »Antisemiten« Biertischpolitik zur deutschen Erneuerung des Kaiserstaats machten …

Der Volksprater – von den Wienern Wurstelprater genannt – war durch die Öffnung des Pratergeländes für die Bevölkerung im Jahre 1766 entstanden. Hier stand Basilio Calafattis berühmtes Kunstkabinett, in dem der findige Taschen- und Trickspieler »Tafelkünste« und Geistererscheinungen produzierte: 1840 hatte er den »Calafatti«, ein beliebtes Karussell, in ein Ringelspiel umgewandelt, ab 1844 zogen Lokomotiven auf Schienen laufende Eisenbahnwaggons. 1854 wurde der berühmte »Chinese« errichtet, der sich im Kreis drehte und zum Wahrzeichen des Wurstelpraters des späten 19. Jahrhunderts wurde. Der Wurstelprater der Ringstraßenzeit war ein Zauberland der Täuschungen, der Verwirrung der Sinne und der Gefühle, ein Ort, an dem das Absonderliche – etwa in Sebastian Schwanenfelds Wachsfigurenkabinett – Triumphe feierte. Und selbst als der Kaiserstaat Österreich im Unglücksjahr 1866 auf dem Schlachtfeld von Königgrätz seine Vormachtstellung im deutschen Raum gegen Preußen und in Italien seine Besitzungen verloren hatte, feierte man im Prater rauschende Feste. So das Schützenfest, das »die Zusammengehörigkeit aller deutschen Lande von der Nordsee bis zur Adria« dokumentieren sollte. Ein Fest mit Zigtausenden Zuschauern, die vom Schwarzenbergplatz zum Prater zogen und dort in eigens errichteten Festgebäuden, einer

Festhalle und einem Gabentempel, die »Schießstände von unermeßlicher Länge« bestaunten.
Noch weit prächtiger wurde aber vom Wiener Gemeinderat der Geburtstag Kaiser Franz Josephs zelebriert: Der 18. August war im Prater stets der festliche Höhepunkt des Jahres. »Nicht nur auf dem Exerzierfeld, wo ein glänzendes militärisches Schauspiel sich abwickelt, nicht nur in den Kirchen, wo die Würdenträger in Galauniform, aber auch fromme Beter im schlichtesten Kleide, zusammenströmen, um Heil auf das Haupt des geliebten Kaisers herabzuflehen – nein, auch dort, wo der Frohsinn seine hohen Wellen schlägt, verlangt der 18. August sein Recht. Ganz Wien ist voll Heiterkeit, das Traurige liegt weitab vom Wege ...« In der Haupt- und Feuerwerksallee des Praters wimmelte es schon am Vormittag von Menschenmassen. Und »wer da unten ein Gasthaus, ein Vergnügungslokal, eine Schaubude besitzt, will sich nicht spotten lassen. Das Panorama und die ›Seejungfrau‹, das Carroussel und die Taucher, Amanda, die Seherin, und die Riesen und die Zwerge, die Schießstätte und das Marionettentheater, die Acrobaten und die Damenkapelle, der Wahrsager und der Taschenspieler, der Zeichner ohne Arm und die russische Rutschbahn – was im Prater merkwürdig ist oder musicirt oder singt oder zaubert oder mit Centnergewichtern spielt oder sonst irgendwie die Zeitgenossen verblüffen oder unterhalten will – es tritt am 18. August feiertäglich auf, findet Mittel und Wege, dem kaiserlichen Geburtstagskind eine Ovation darzubringen.«
Verband der Wiener mit dem Wort »Kaiser« den Begriff des Besten, so erfand er für diesen Tag seine kommerziellen »kaiserlichen« Schlager: Kaiserbier, Kaiserwein und Kaiserbrezel; der Hausierer, der nicht fehlen durfte, bot Kaiserkrawatten und Kaisermanschettenknöpfe feil, die Meiereien schenkten Kaiserkaffee aus, das heiße Kaiserwürstel mit Kaiserkren dampfte einem entgegen, und Kaiserschokolade mit Kaisergugelhupf lockten. Auch so konnte man kaisertreue Vaterlandspolitik machen.
Natürlich durften da auch die Militärkapelle und das Zivilorchester nicht fehlen. Am beliebtesten waren aber die Damenkapellen, über die der Wiener Dichter Felix Salten seine kritisch distanzierten Beobachtungen niederschrieb: »Irgendwie ist ein Jux dabei, wenn junge Mädchen in weißen Kleidern auf dem Podium sitzen und Musik ma-

August Mandlick, Ausfahrt des Kaisers in den Prater am 1. Mai, aus: »Ein Jahr in Bildern«

chen, während man ›nachtmahlt‹, irgendwie ist es zugleich auch rührend. Und irgendwie ist es ein Kompromiß zwischen lebemännischer Freiheit und bürgerlicher Moral. Freilich, wenn man die Damen der Kapelle einzeln betrachtet, ist es doch mehr eine bürgerliche Angelegenheit ... Der Kampf ums Dasein im weißen Konfirmandenkleid.«

Die Pratermusik versetzte die Leute in einen Glückstaumel. Da zitterte die Praterluft bis nach Mitternacht vom tobenden Beifall, wenn der Radetzky-Marsch und der Walzer »An der schönen blauen Donau« gespielt wurden, aber auch von den »harben Tanz«, von den »Raunzen«, also den Violinen, vom durchdringenden Ton des »picksüßen Hölzls«, der Klarinette, und der Harmonika. Und sooft da und dort die Volkshymne erklang, erhoben sich die Leute von ihren Sitzen und intonierten: »Gott erhalte, Gott beschütze unsern Kaiser, unser Land ...«

Praterfeste gab es zu allen Zeiten. Unzählige. Bis 1848 etwa das barocke Fest der »Laufer«. In elegante Hoflivreen gekleidet, mit einer

Stange in der Hand, so sah man die Laufer sonst durch die Stadt oder neben der Kaiserkarosse herlaufen. Alljährlich am 1. Mai traten sie zu ihrem Wettrennen in der Hauptallee an, das ein Teil des sogenannten »Frühlingsfests« war. Im Revolutionsjahr 1848 wurde das Lauferfest als »unmenschlich« und »Menschenhetze des Adels« allerdings verboten. Auch in der Regierungszeit Kaiser Franz Josephs erhalten blieb hingegen das Spektakel der kaiserlichen Ausfahrt in den Prater, das seit den Tagen Karls VI. mit enormem Aufwand inszeniert wurde. Eine Wagenauffahrt der privaten und öffentlichen Fahrzeuge, bei der die Schaulust aufs höchste befriedigt wurde. Nahmen doch an diesem Korso in den »Nobelprater« der Kaiser mit dem Hofstaat, die Honoratioren der Stadt, hohe Militärs, der Adel und die reichen Bürger und Kaufleute teil. Und gerade in der Ringstraßenzeit feierte hier das liberale Wien seine glanzvollste Selbstdarstelllung.

Die Kaiserausfahrt war zugleich auch der Stichtag für die Wiener Frühjahrs- und Sommermode. Was Couturiers dafür erdacht hatten und was hier vorgeführt wurde, galt für die kommenden Monate als letzter Modeschrei. Auch wenn da ganze Vogelarrangements und Blumengärten auf die riesigen Strohhüte gehievt wurden, und wenn es noch so gewagte Cul-de-Paris-Kreationen und lebensgefährlich schmale »Wespentaillen« waren, die das schwache Geschlecht da mit Grazie vorführen mußte. Daß so manche Schöne sich einem Ohnmachtsanfall näher gefühlt haben durfte als einem erfrischenden Frühlingsausflug, ist in der Modesammlung der Stadt Wien im Schloß Hetzendorf heute noch leicht nachzuvollziehen. Und die Herren, die auf Eleganz schauten, paradierten in weißen oder nankinggelben, enganliegenden Beinkleidern, hauteng sitzenden Fräcken und einem weißen Sommerzylinder, der natürlich jedes Jahr eine andere Form und Höhe hatte. Zu Recht lobte das englische Magazin »Builder« im Wiener Prater die Schönheit der Wagen, die stets der neuesten Bauart entsprachen, die korrekt sitzenden Cuts à l'Anglais und mit welch gelassener Eleganz die habitués flanierten …

Die kaiserlichen Praterausfahrten bekamen übrigens ab dem letzten Drittel des 19. Jahrhunderts mehr und mehr Konkurrenz: Ab dem 29. Mai 1886 inszenierte man alljährlich einen Blumenkorso, bei dem selbst Bürgermeister Dr. Karl Lueger in einem blumengeschmückten Wagen mitfuhr. Wilhelm Gause, einer der brillanten Chronisten der

Zeit, malte Lueger, den »schönen Karl«, den »Volkskaiser«, von dem Kaiser Franz Joseph meinte, er wäre ein »unerträglicher Demagoge«, in einer blumengeschmückten Equipage in der Hauptallee. An seiner Seite Fürstin Pauline Metternich, die ehrgeizige Initiatorin des Blumenkorsos, die durch ihre glanzvollen Faschingsredouten und ihre Benefizveranstaltungen überaus populär war. Auf dem Gemälde umdrängen Damen Luegers Wagen, Kinder reichen dem Bürgermeister Blumen.

1897 veranstaltete man einen Radfahrerblumenkorso. Ab 1890 zog die Arbeiterschaft des »Roten Wien« an jedem 1. Mai in den Prater. Und als die k.k. Praterherrlichkeit vorbei war, mußte ab 1925 ein Autoblumenkorso für die kleingewordene Republik den verlorenen imperialen Glanz ersetzen. So hat jede Generation im Prater ihr Land der Träume neu entdeckt. Was für die Praterbesucher im Biedermeier das Elysium war, ist für uns heute der Prater als Raumstation zum Abheben in den Geschwindigkeitsrausch, zum Hinausfliegen in den Kosmos auf einer computergesteuerten »Big Splash«-Spirale.

Zu den beliebtesten Adressen des Praters zählte das Fürst-Theater, das stets zu Ostern den Betrieb aufnahm und das Publikum mit Volksstücken, deftigen Possen und Parodien unterhielt. »Lachen müßt Ihr, die Ihr tretet ein, lachen um jeden Preis, selbst um den Eures gesunden Menschenverstandes« war hier die Devise. »Liebesszenen dienten nur als Ausfüllung der Pausen zwischen dem Abgang und Wiederauftreten des Lieblingskomikers oder der gerade bevorzugten Lokalsoubrette. Die Charakterdarsteller des Fürsttheater sind aus einer ›ganz eigenen Race‹. Ihre Beliebtheit und ihre Wirkung beruhen meist auf dem Komischen in der Erscheinung, in dem Kontraste dessen, was man von ihnen erwartet, und dem, was sie tun. Jedem Körperteil ist seine eigene, Heiterkeit erweckende Rolle zugewiesen. Dann gibt es die sogenannten Specialitäten. Jener zum Beispiel weiß den ›Böhm in allen Lebenslagen‹, dieser den Trunkenen oder Stotterer, jener den Wiener Hausmeister in allen Grobheitsstadien, dieser wieder den Pechvogel, der überall dazukommt, wo man prügelt und arretiert wird, trefflich nachzuahmen. Dem glücklichen Direktor des Fürsttheaters wird nie der Vorwurf gemacht werden können, daß er Rollen unpassend besetze, für sie nicht die richtigen Schauspieler wähle. Er notirt dem Dichter die Fähigkeiten seiner Künstler und siehe da, die nächste Novität bringt einen Böhm' und einen Hausmeister etc. Wir leiden ja keinen Mangel an Dichtern, die aus dem Berliner Volksleben, den gesammelten Klassikern und den Predigten Pater Abraham a Sancta Claras Wiener Typen schöpfen, Rollen auf den Leib schreiben, Unpassendes austauschen und Bestellungen der Schauspieler promptest effectuiren. Manche der Darsteller des Fürsttheaters haben ihren Weg über die Josefstadt ans Carl- oder Wiednertheater gefunden, oft aber auch umgekehrt. Es wächst zuweilen der Komiker mit seinem Publikum, verkümmert aber auch auf fremdem Bretterboden ...« Verständlich, daß das Fürsttheater, das im Sommer allabendlich, an Sonntagen auch nachmittags spielte, stets bis auf den letzten Platz besetzt war und daß man hier, während in den Aktpausen der mitgebachte Proviant verzehrt wurde, die Volksmeinung wie nirgends sonst erfahren konnte.

Was das Fürsttheater mit seinen zotigen Späßen für die Großen, war das Marionetten- oder Pimperltheater, auch einfach »der Wurstl« genannt, für die Kleinen – und nicht nur für diese. Vom alten deutschen Puppenspiel war da zwar wenig übriggeblieben, weder der Dr. Faustus noch sonst eine Gestalt der Märchenwelt. Aber diese Puppen trieben viel Schabernack. Und wenn Tod und Teufel sich neben den modernen Figuren zu behaupten suchten und diese zuletzt sogar »holten« oder wenn es drum ging, daß der Wurstl den Teufel erschlägt und einsargt, wurde die Szene zum Volksgaudium, bei dem sich jeder hinter die Masken nach Lust und Laune andere Personen denken konnte.

Die Wiener Weltausstellung 1873

Der Prater war seit seiner Öffnung durch Kaiser Joseph II. stets eine Attraktion fürs Publikum gewesen. Er wurde aber erst in der Ringstraßenzeit zum Paradies der Unterhaltung, zur bürgerlichen Traumfabrik. Drei kühne Ideen, die auch international Aufsehen erregten, haben das Bild vom Prater im vorigen Jahrhundert geformt: die Wiener Weltausstellung 1873 und ihr riesiges Ausstellungsgebäude, die Rotunde, die Krone der Ingenieurarchitektur, das Riesenrad, das 1897 am Eingang zum Prater, neben der Vergnügungsstadt »Venedig in Wien« errichtet wurde, und »Venedig in Wien« selbst, das »Disneyland« der Wiener Belle Époque und des Fin de siècle, das die Lust an Historie und Maskerade mit hedonistischem Lebensgefühl verband.

Heute sind wir uns dessen kaum noch bewußt, in welchem Ausmaß die Rotunde der Wiener Weltausstellung einst Österreichs Nationalstolz und Leistungsfähigkeit symbolisierte. Denn wenige Monumentalbauten des 19. Jahrhunderts haben solches Aufsehen erregt wie diese gewaltige Kuppelarchitektur, die – auf dem Gelände der einstigen Fasanerie in der Krieau, des heutigen Messegeländes, errichtet – für die Zeitgenossen das »achte Weltwunder« war. Dem Wunsch des Kaisers und der Stadt Wien entsprechend, sollte diese Weltausstellung des Jahres 1873 alles Dagewesene in den Schatten stellen. Was allein schon dank der Größe des Areals von über 2,3 Millionen Quadratmetern leicht möglich war: Die Pariser Weltausstellung von 1867 übertraf man um das Fünf- und die Londoner Schau von 1862 um das Zwölffache. Zwischen der Hauptallee, den Bahnanlagen entlang der Donau, Volksprater und Heustadelwasser (mit einer Erweiterung in Richtung Lusthaus) wurde dieser »Völkerkongreßplatz« zum größten Szenarium von Wirtschaft, Wissenschaft, Technik, Kunst und Gesellschaft gestaltet. Und auch die Rotunde selbst übertraf alle bisher viel-

Carl von Hasenauer und John Scott Russel, Rotunde der Wiener Weltausstellung 1873, Südportal von der Kaiserallee, Photographie

bewunderten Weltausstellungsgebäude: 70 000 Quadratmeter Ausstellungsfläche, die große Galerie mehr als 900 Meter lang, 28 Quergalerien …

50 000 Objekte wurden gezeigt. Und die Krönung des Gebäudes, die kolossale, mit glitzernden Glassteinen geschmückte Kuppel, die, von Ferne gesehen, wie eine juwelengeschmückte Riesentorte über dem Prater schwebte, war die Sensation: Bis zur kleinen Kuppellaterne und zur riesigen Kaiserkrone betrug die Höhe 84 Meter; und in der Spannbreite war sie die größte Kuppel der Welt ohne Stützen. In ihrem Innern hätte die Wiener Staatsoper als ganzes Platz gefunden. Heinrich Schmidt hatte die Entwürfe des englischen Schiffsbauingenieurs John Scott Russel modifiziert. Wilhelm Engerth, Maschinenbau- und Eisenbahningenieur, übernahm die Aufgaben des Chefingenieurs. Carl von Hasenauer, der »imperiale« Architekt, dessen Lebenswerk eigentlich das Kaiserforum der Hofburg werden sollte, hatte dem Bauwerk das »Gesicht« gegeben: Daß die Anlage eher einem kolossalen römischen Palast als einem Ausstellungsgebäude ähnelte,

Franz Kollarz, Rotunde, Aufstieg zur Kuppellaterne, Xylographie, 1873

lag im Repräsentationsdenken der Zeit und in ihrer Freude, durch Baustile politische Zusammenhänge deutlich zu machen. Als Kaiserentrée hatte Hasenauer einen gewaltigen Triumphbogen entworfen, den Vinzenz Pilz mit Kolossalstatuen schmückte. Und Ferdinand Laufberger, der Spezialist für Fresken und Sgraffiti, wurde beauftragt, für das Hauptportal ein riesiges Glasgemälde zu gestalten. Sie alle bemühten sich, den »ideologischen« Auftrag der Weltausstellung zu erfüllen und industriellen Fortschritt, die neue Macht der Maschine und die Vision einer künstlerisch veredelten Welt – oder sollte man richtiger sagen: einer bürgerlichen »Kunst-Welt«? – für die erwarteten Zuschauermassen sinnfällig zu inszenieren. Die Rotunde – ein Symbol für Österreich, das das Erbe des Heiligen Römischen Reichs angetreten hatte und trotz seiner Niederlage gegen Deutschland seinen Vormachtanspruch in Europa demonstrierte.

Die Weltausstellung war ein Paradebeispiel, wie schnell man in der Gründerzeit selbst solche Riesenprojekte verwirklichte. 21 Monate standen für alle Bauten, Konstruktionen und Ausstattungsaufträge zur Verfügung. Ein Marathon für Ingenieure, Bauarbeiter, Kunsthandwerker, die zwischen der Fertigstellung der Weltausstellungspläne im September 1871 und der Eröffnung am 1. Mai 1873 ein unvorstellbares Arbeitspensum zu bewältigen hatten. Um 1872 beschäftigte das Weltausstellungsbüro bereits 5 000 Arbeiter, später sogar noch mehr, wobei die k.k. Genietruppen aus wirtschaftlichen Überlegungen wesentliche Bauaufgaben übernehmen mußten.

Dabei wußte niemand, weder der verantwortliche Generaldirektor der Weltausstellung, Wilhelm Freiherr von Schwarz-Senborn, noch Hasenauer und sein Stab, welch ungeheure technische Schwierigkeiten sich aus Scott-Russels Projekt ergeben würden. Denn Berechnungen ergaben bald, daß die geplante Konstruktion des Engländers zu schwach und die vorgesehene Eisenmenge zu gering sein würden, um die riesige Kuppel zu tragen. Statt 2 000 Tonnen brauchte man gut 4 000 Tonnen Stahl. Und da in der Zeitnot keine österreichische Firma auf die Größe der Dachkonstruktion eingerichtet war, sprang Johann Caspar Harkort in Duisburg ein, der bereits die Wiener Nordwestbahnbrücke über die Donau gebaut hatte. Noch während des Winters 1871 wurden die Fundamentierungsarbeiten durchgeführt, und zwar unter größten Schwierigkeiten, da zum Beispiel das tragende Element der Dachkonstruktion, ein gigantischer Eisenring, erst nach neuen Berechnungen am Boden zusammengesetzt und dann gehoben werden konnte. Auch da hatte Scott-Russel falsch gerechnet. Mit enormer Verspätung war der Rohbau im Februar 1873 fertiggestellt.

Zeit für eine entsprechend prunkvolle Innenausstattung war nicht geblieben. 32 Monumentalsäulen von 24 Metern Höhe, raffinierte indirekte Beleuchtung, in 23 Meter Höhe eine effektvolle Galerie, die den Blick über den Riesensaal und den prunkvollen Zentralbrunnen des französischen Gießers Durenne ermöglichte – ein für die Ringstraßenzeit und ihr Prunkbedürfnis eher spartanischer Eindruck. Und doch waren alle, die die Halle betraten, von den Dimensionen überwältigt. Größte Publikumsattraktion war dabei die Kuppellaterne, zu der das Publikum hinaufsteigen konnte: Auf der Laterne thronte in schwindelerregender Höhe die österreichische Kaiserkrone, ein fast vier Tonnen schweres schmiedeeisernes Meisterstück des Schlosserwarenmeisters Johann Gschmeidler, in 18,5 Meter Laternenhöhe und mit einem Durchmesser von acht Metern: Der k.k. Hofvergolder Konrad Bühlmayer hatte sie vergoldet, die Glasfirma Lobmeyr die Steine und Perlen dafür angefertigt. Die Fahrt hinauf zum gigantischen Zeltdach war ein Erlebnis. Ein Aufzug hob einen hinauf. Und dann trat man von der Galerie aus hinaus auf das Dach der Rotunde und konnte bis zur Spitze der Krone klettern. Von Mai bis Oktober ließen es sich 206 270 Personen nicht entgehen, das schimmernde Juwel zu bestaunen, das da als Symbol des Kaiserstaats, der Kaiserstadt und des habsburgischen Mythos die ganze Donaumetropole überstrahlte. Mochte auch später der Moralist Karl Kraus diese Visionen erbarmungslos abkanzeln, indem er schrieb: »Jene Schönheitstrunkenheit, die keinen eigenen Gedanken auszudrücken hat, lechzt nach der Gelegenheit, sich in einem Prunkgewand zu zeigen.« Aber der Mythos der Kaiserstadt manifestierte sich hier erstmals greifbar, indem reale Werte verherrlicht und mit einer Idealisierung des habsburgischen Kosmos verbunden wurden, ja allmählich auch Züge des Märchens annahmen. Das war Kaiser Franz Josephs Wunsch: Im Zeichen der Krone sollten sich die Völker des Reichs und der Erde zum Friedensfest versammeln – im »Zeichen einer höheren Idee der habsburgischen Ökumene«, die damals von der götzendienerischen Dynamik dämonischer Nationalkräfte noch nicht so schwer erschüttert war, wie Franz Werfel später rückblickend in seinem Buch »Aus der Dämmerung einer Welt« schrieb. Das war »die Waffe Habsburgs gegen die Geschichte«.

Rekorde, Triumphgebärden und Apotheosen sind mit der Idee dieser Weltausstellung untrennbar verbunden. Nicht nur die Rotunde selbst war ein Kolossalbau von Dimensionen, die römischer Cäsaren würdig gewesen wären, ein säkularisiertes Pantheon der Industrie- und Wirtschaftsgötzen, auch das ganze Areal schlug alle bisher auf Weltausstellungen üblichen Ausmaße. Um das Zentrum der Rotunde standen vier im Quadrat angelegte Galerien von je 190 Metern Länge. Der Industriepalast, sachlich-funktionell gestaltet, hatte eine Länge von 905 Metern. Dank Eduard van der Nülls und August Sicard von Sicardsburgs »Fischgrätensystem« entstanden durch 16 Quergalerien 24 Höfe mit 32 Eingängen an den Stirnseiten und vier monumentalen Hauptportalen, die viel eher Triumphbögen aus Roms Forum Romanum ähnelten als den Zugängen zu einer Industrieschau. Gemäß

Hasenauers architektonischem Denken wurden Eisenkonstruktionen mit Stein verkleidet. Die Maschinenhalle war 797 Meter lang und 48 Meter breit. Sie beherbergte eine Huldigung an das Eisen: ein Sammelsurium von Eisenbahn- und Tramway-Waggons, Dampffeuerspritzen, Lokomotiven, Näh-, Strick- und Webmaschinen usw. Alles in geradezu allegorisch überhöhter Präsentation. Ein Pandämonium, in dem die Maschine der ächzende und stöhnende Held war; treffend charakterisierte Friedrich Tietz dieses Welttheater aus Stahl in seinem Führer »Wien 1873 bei Tag und bei Nacht«: »Die Welt bedarf der Menschen und ihrer Hände nicht mehr; dafür sind wir nun eingetreten! Wir brauchen keine Seelen, seitdem der Dampf die Welt regiert!« Niemals zuvor hatte sich Wien so sehr im Glanz festlicher Eröffnungen in improvisierten Pavillons, mit prunkvollen Standarten, wehenden schwarz-gelben Fahnen, Kaiseradlern und Palmwedeln gesonnt. Überall wurden weihevolle Festakte mit vaterländischen Reden, Grundsteinlegungen, erste Spatenstiche zelebriert, zu denen die Spitzen der Gesellschaft ebenso geladen waren wie die Bevölkerung, für die Machtentfaltung und wirtschaftliche Potenz Österreich-Ungarns demonstrativ zur Schau gestellt wurde. 1873 jagten einander die Termine: Im März wurde das Areal des Hofburgtheaters eingezäunt; im Mai übergab man die Lastenstraße in der vollen Länge dem Verkehr; am 1. Juni wurde die Maria-Theresien-Brücke (heute Augartenbrücke) eröffnet und die vom Stadtgärtner Rudolf Siebeck gestaltete Gartenanlage des Rathausplatzes fertiggestellt. Am 14. Juni feierte man die Grundsteinlegung des neuen Rathauses Friedrich von Schmidts, genau einen Monat später die Grundsteinlegung für Theophil von Hansens neues Börsegebäude am Schottenring, einen Prachtbau mit kolossaler Säulenordnung, einem märchenhaft goldstrotzenden Marmorsaal, der Welt schönstem Börsesaal, der die aus Holz zurechtgezimmerte provisorische Börsenbude ersetzen sollte. Am 4. September wurde das Hochquellenwasser vom Schneeberg erstmals in das Hauptrohr der Hochquellen-Wasserleitung eingelassen, am 24. Oktober schließlich die gesamte Anlage eröffnet, wobei als symbolischer Abschluß des Projekts auch der Hochstrahlbrunnen auf dem Schwarzenbergplatz eingeweiht wurde. Und es wurde ein denkwürdiger Abend für die Wiener, bei dem sie die erste elektrische Illumination mit Zigtausenden Glühbirnen erlebten. Militärkapellen

Vinzenz Katzler, Wagenkorso in der Praterhauptallee am 1. Mai 1873

spielten. Und dann schossen zwischen Lichtergirlanden Wasserfontänen aus 365 Düsen hoch auf, in der Mitte steigerte sich ein riesiger Wasserstrahl bis in 58 Meter Höhe, und zahllose kleine Kaskaden prasselten rundum nieder.

Schließlich die Eröffnung der Weltausstellung, die nach einer ersten Verschiebung von Anfang April endlich am 1. Mai möglich war: Es war ein unangenehmer, nasser, kalter Tag. Einen Fiakerstreik mußte man in aller Eile beilegen, und das Verkehrschaos bedeutete, daß viele Besucher sich zu Fuß in den Prater begeben mußten. Auch in der »politischen Inszenierung« stand der Beginn unter keinem guten Stern: Der Annäherungspolitik Außenminister Julius Graf Andrássys entsprechend, sollten Kaiser Franz Joseph und Elisabeth den nach Wien gereisten deutschen Kronprinzen Friedrich und seine Frau Viktoria vor der Rotunde begrüßen. Während die kaiserliche Suite in der Hofburg auf die Abfahrt zur Rotunde wartete, kam die Meldung, die deutschen Gäste, die von Schloß Hetzendorf kamen, seien schon über die Ringstraße gefahren und würden vor dem Kaiser in der Rotunde eintreffen. Ein schwerer politischer Lapsus, den Oberststallmeister Karl Graf Grünne zu verantworten hatte; immerhin konnte er einen Eklat verhindern und den deutschen Thronfolger verständigen: Dessen Equipage mußte unter der Eisenbahnbrücke im Prater warten, bis der Konvoi Franz Josephs passiert war – und alle Beteiligten taten dabei so, als würden sie einander nicht sehen. Etikette war eben alles … Immerhin wurde die Auffahrt zur Eröffnung doch noch ein Fest: Dicht gedrängt warteten die Schaulustigen, Regenschirm an Regenschirm. Die Hauptallee quoll über von exotischen Gästen. Der Berliner Journalist Julius Rodenberg berichtete staunend und begeistert: »Da stolziert ein Schotte im Kilt mit roten Strümpfen und nackten Knien daher. Da schreitet ein Beduine mit braunem Gesicht, in seinen weißen Burnus gehüllt, in gelben Schuhen bedächtig dahin; daneben offenbar ein Deutscher, denn er hat das Eiserne Kreuz am Frack. Ein englischer Offizier trägt den roten Rock seiner Königin und eine mächtige Bärenmütze. Ein österreichischer Geheimrat in Galauniform kommt im Wagen. Zwei Türken, den Fes auf dem Haupt, gehen zu Fuß, hinterher im langen Seidenkaftan ein Jud aus Polen, Löcklein am Ohr, und ein Armenier in reichgesticktem Kleid. Ein Trupp russischer Arbeiter mit roten Gürteln um den Leib und weiten Samthosen, die in die Stiefel gestopft sind, haben heute offen-

Johann Josef Schönberg, Sonntagsgedränge vor dem Haupteingang zur Weltausstellung, Zeichnung, 1873

bar auch Feiertag; ein Aufseher in rotgefüttertem Überwurf folgt ihnen. Und hier welch ein Wehen der Federbüsche! Ein ungarischer Magnat saust mit dem Viergespann vorbei ...«
Während drei Militärkapellen die Volkshymne intonieren, fährt der Kaiser Punkt 12 Uhr beim Südportal des Industriepalastes vor. Seit elf Uhr warteten dort bereits im Regen Obersthofmeister Fürst Hohenlohe-Schillingsfürst, Oberstzeremonienmeister Fürst Abensperg-Traun und Oberhofmarschall Graf Larisch-Mönnich in Galauniform sowie Weltausstellungsdirektor Schwarz-Senborn. Um halb zwölf waren die Erzherzöge Rainer, Leopold, Sigismund und Heinrich sowie die Brüder Franz Josephs, Carl Ludwig und Ludwig Victor, außerdem Edward, Prinz von Wales, Kronprinz Christian Friedrich von Dänemark, der Graf von Flandern, Herzog Wilhelm von Braunschweig, Serbiens Ministerpräsident Ristic, der deutsche Botschafter Schweinitz und der englische, Sir Andrew Buchanan, Mitglieder des Kabinetts Auersperg-Lasser und die Spitzen der Wiener Gesellschaft vorgefahren. Freien Zutritt hatten außer den geladenen Gästen und den Ausstellern die Besitzer von Saisonkarten – Preis: 100 Gulden für Herren, 50 für Damen! Für das einmalige Entree zahlte man 25 Gulden, eine Summe, von der eine vierköpfige Familie eine Woche leben mußte.
Unter dem »Gott erhalte, Gott beschütze«, gespielt vom Hofopernorchester, gesungen von 600 Chorsängern des Männergesang-Vereins, des Singvereins und der Singakademie unter Leitung von Johann Strauß, ziehen die Gäste in die Rotunde. Erzherzog Carl Ludwig, Protektor der Weltausstellung, Erzherzog Rainer, Präsident der Ausstellungskommission, und die Vizepräsidenten begrüßen die Majestäten. Ehrensalve einer Batterie auf einer Praterwiese. Nach dem Kaiserpaar trifft Kronprinz Rudolf in der Uniform eines Obersten seines Artillerieregiments ein und mit ihm sein Erzieher Graf Latour. Dann fährt der deutsche Kronprinz Friedrich mit seiner Frau vor; in seiner weißen Gardeuniform, mit einem blitzenden Adler auf dem Helm, sieht er aus wie Lohengrin. Und die Chronisten bemerken: Obwohl Friedrich Oberbefehlshaber der Zweiten Armee Preußens war, die Österreich auf dem Schlachtfeld von Königgrätz geschlagen hat, ist die Begegnung zwischen Franz Joseph und ihm betont freundlich. Stunde Null für die spätere Allianz zwischen Österreich und dem Deutschen

Reich. Einem vierten Wagen entsteigt Edward, Prinz von Wales, »der erste Gentleman Old Englands«, den mit Franz Joseph enge Freundschaft verbindet. Er wird immer wieder nach Wien kommen …
Als die Gäste die Kuppelhalle der Rotunde betraten, waren sie vom »mächtigsten Dom der Erde« zutiefst beeindruckt: Wie gigantisch der Raum war, merkte man erst jetzt, da nicht einmal die 12 000 Gäste und die Riesenarrangements mit Fahnen, Blumen und Sträuchern sie wirklich füllten. Die Eröffnungszeremonie dauerte nur fünfzehn Minuten. Carl Ludwig überreichte dem Kaiser die »Geschichte der Ausstellung« und ein Katalogexemplar: »Die Allerhöchste Teilnahme Eurer Majestät gibt dem Werk den Abschluß, das den Blick der Welt auf Österreich lenkt und unserem Vaterlande die Anerkennung hervorragender Teilnahme an der Förderung von Menschenwohl durch Unterricht und Arbeit sichert.« Der Kaiser eröffnet die Ausstellung, Fürst Auersperg und Bürgermeister Cajetan Felder sagen ihm Dank. Und der deutsche Kronprinz schwenkt plötzlich seinen Helm und

L. von Eliott, Kuppelhalle der Rotunde, Blick vom Haupteingang, Xylographie nach der Originalzeichnung

ruft ein dreifaches Hoch auf Franz Joseph. Was im Protokoll nicht vorgesehen war. Otto Dessoff dirigiert daraufhin einen Chor aus »Judas Makkabäus«, dessen Text Josef von Weilen umgedichtet hat:

»Arbeit ist der Staaten Grund;
gleiches Streben macht euch gleich.
Einen Völker-Friedensbund
feiert heute Österreich.«

Der große Rundgang der Festgäste durch die Ausstellung beginnt.
Der Kaiser interessiert sich besonders für die Majoliken der berühmten Firma Ginori in Florenz, für venezianische Gläser von Salviati und die italienische Möbelfabrikation, in der französischen Abteilung für die prachtvollen Tapisserien von Balin, Möbel von Fourdinois, Silberarbeiten von Christofle und die Bronzen der Pariser Firma Barbédienne. Eine Attraktion ist der nachgebaute Südeingang zum Monte-Cenis-Tunnel, der 1871 vollendet worden war.
Kurios wirkt der mit monumentalen Figuren Bartel Thorwaldsens geschmückte dänische Pavillon, in dem die prächtigen Figuren zu einer Schau dänischer Heringe und Stockfische und schwedischen Eisenwaren überleiten. Holland überrascht mit einer Pyramide aus Likörflaschen, Goldhäubchen und Schnabelschuhen, Belgien mit Brüsseler Spitzen. Besondere Aufmerksamkeit widmet der Kaiser dem britischen Pavillon, in dem in einem herrlichen Zelt, Symbol für Großbritanniens Herrschaft in Indien, ein bärtiger Radscha in reichem Brokatgewand, inmitten prunkvoller Kästchen und Schränke mit Perlmutter- und Elfenbeineinlagen thront, wo aber auch das feine Silber von Elkington und Hancock ausgestellt ist. In der nördlichen Quergalerie betrachtet er begeistert einunddreißig Rohdiamanten aus der Republik Transvaal, von denen einer sogar sechzehn Karat wiegt, einen Riesenblock aus Malachit, hundert Pfund schwere Goldbarren und prachtvolle Diamanten aus Queensland, riesige Lapislazulisteine aus Rußland, Teppiche aus Turkestan; man beschwört den Zauber des Orients und den Fortschritt im »modernen« Japan, das im Rahmen der Weltausstellung nicht nur seine alten Kunstschätze zeigt, sondern auch einen Handels- und Freundschaftsvertrag mit Österreich schließt…
Die österreichische Abteilung erwies sich übrigens schon beim ersten

Rundgang als außerordentliche Leistung, wie die Presse einstimmig urteilte: Kostbarkeiten der Wiener Juweliere, der Glasindustrie, vor allem der Firma Lobmeyr, werden mit prächtigen Möbeln ausgestellt. Wohnräume als Wohnträume. Selbstdarstellungsfreude und Luxus der Ringstraßengesellschaft – als exquisiter Lebensraum inszeniert. Damastdecken und schwellende Polster, Kopf- und Fußteile für Prunkbetten, die nach der neuesten Mode von ionischen Säulen und Pilastern getragen werden. Parkettenleger und Bettenerzeuger haben einen Tempel König Salomons gebaut. Eine Wohnwelt im Renaissancestil, wie das Bürgertum sie erträumte. Man zeigte aber auch Modelle von Kindergärten, Schuleinrichtungen, die zukunftweisend wurden, Muster-Lehrmittel für Gymnasien und Sammlungen von Universitätsinstituten, die Fortschritte des grafischen Gewerbes. Kurz alles, was »Erfindergeist und Handwerksfleiß in Österreich hervorbringen« – inszeniert in einer Allegorie des liberalen Fortschritts, neuer Ideen, der »modernen Welt«.

Nachträglich übten alle an der Weltausstellung scharfe Kritik; man machte sie für vieles verantwortlich. Das Positive sollte man dabei dennoch nicht übersehen: Wien erwies sich da als erste ideale Brücke zum Orient, von dessen Öffnung Kultur und Kunstgeschichte, Museen – vor allem das als Schrittmacher wirkende k.k. Museum für Kunst und Industrie –, Handel und Industrie profitierten. Die Weltausstellung hat es ermöglicht, daß Wiens Kunstgewerbe, Kunsthandwerk und Industrie – repräsentiert durch Namen wie Haas, Lobmeyr, Köchert, Ciani, Waagner usw. – ungeahnten Aufschwung nahmen und in den Jahrzehnten bis zum Ende des Ersten Weltkriegs Weltruf erlangten.

Und schließlich darf man die politische Dimension der Weltausstellung nicht unterschätzen. Das garantierten schon die zahlreich anreisenden Monarchen, Kronprinzen, Staatsoberhäupter, Diplomaten und Wirtschaftsmagnaten, die wie zur Zeit des Wiener Kongresses von 1814 Wien als Herzstück Europas empfanden und in der Metropole noch ein letztes Mal den Glanz des »österreichischen Jahrhunderts« aufleuchten ließen. Politisch bot die Weltausstellung die beste Chance, die Isolierung nach den demütigenden Kriegen gegen Italien und Preußen zu überwinden und unter dem Banner der universalen Friedenspolitik Österreichs sich in den Mittelpunkt europäischer Po-

Franz Joseph empfängt die Fürsten Europas. Xylographie, 1873

litik vorzutasten. Auf dem diplomatischen Parkett war Franz Joseph jetzt erfolgreich. Umso mehr, als Außenminister Andrássy seit seinem Amtsantritt 1871 eine deutschfreundliche Politik vorgab, zum bisherigen Bündnispartner Frankreich auf Distanz ging und gemeinsam mit dem deutschen Reichskanzler Otto von Bismarck eine Verständigungspolitik zwischen Österreich und dem Reich in Gang setzte. Die »Schönbrunner Konvention«, die 1873 mit Zar Alexander II. geschlossen wurde, garantierte friedliche Behandlung aller Streitfragen und gegenseitige Verständigung bei Interventionen von dritter Seite. Und im Herbst 1873 kam Kaiser Wilhelm I. auf Weltausstellungsbesuch und unterzeichnete das »Dreikaiserabkommen« des Reiches mit Österreich und Rußland. Bei einem Galadiner in der Hofburg sprach Wilhelm die Worte, daß er in Wien die Gesinnung »zur Bürgschaft des europäischen Friedens und der Wohlfahrt der beiden Völker« vorgefunden habe. Ein Triumph der Politik Andrássys, dessen Plan einer Allianz Österreich-Ungarns mit dem Deutschen Reich nicht nur aufgegangen war, sondern 1879 im »Zweibund« sogar entscheidend bekräftigt werden sollte.

Rausch, Schüttelfrost und Katzenjammer: der Börsenkrach am »Schwarzen Freitag«

Man hatte bei dieser »Gesamtschau der Kulturen« etwa 20 Millionen Besucher erwartet. Eine Cholera-Epidemie und Unwetter waren sicher schuld daran, daß schließlich nur sieben Millionen Besucher kamen und das Unternehmen »unter dem Strich« mit einem wirtschaftlichen Katzenjammer endete. Doch daß nicht nur die Weltausstellung, sondern die Monarchie 1873 in ein Wirtschaftsdebakel schlitterte, hatte mit der Weltausstellung selbst nur am Rande zu tun: Am 9. Mai 1873, am sogenannten »Schwarzen Freitag«, brachte einer der spektakulärsten Börsenkrachs ein Schwindelgebäude atemberaubender Spekulationspolitik zum Einsturz.

Aufmerksame Beobachter und Börsenauguren hatten schon lange mit Unbehagen die wirtschaftliche Entwicklung seit den frühen sechziger Jahren kritisiert. »Sieben fette Jahre der Gründerzeit« hatten Wien reich und zum Mekka der initiativen Kräfte der Monarchie gemacht. Die Wiener Börse war zu einem der führenden Institute Europas aufgestiegen. Europas Spekulanten scheffelten hier in abenteuerlichen Transaktionen Millionen. Der Wandel der soliden wirtschaftlichen Grundlagen der sechziger Jahre und der gesellschaftlichen Struktur Österreichs war nicht mehr zu bremsen, im Gegenteil: Er war von den liberal denkenden Kreisen noch gefördert worden. Man akzeptierte plötzlich, daß »das Kapital demokratisiert und ein Tausendfüßler geworden war, der nicht mehr nach Rang und Abkunft fragte«. Spekulanten, gestern noch chancenlos, leisteten sich die große Welt. Da gab es kaum einen, der Geld hatte und in diesem Spektakel bürgerlicher Selbstdarstellung darauf verzichtet hätte, sich endlich den entsprechenden Lebensrahmen zu schaffen.

Seit Franz Joseph mit seinem Handschreiben vom Dezember 1857 den

Bau der Ringstraße angeordnet hatte, regierte der »Herr Demolierer mit dem Krampen«. Die neuen »Ritter der Ringstraße« steckten oft ein Vermögen in ihre Zinspaläste, um »dazuzugehören«, um mithalten zu können und daraus letztlich wieder Zinserträge zu holen. Wie genau sah doch Bürgermeister Cajetan Felder den beängstigenden Prozeß, wenn er in seinen Erinnerungen von dem »andauernden Paroxysmus einer alle Gesellschaftsschichten verseuchenden Gehirnpest« schreibt, die von »schurkischen Finanzkapitänen eingeschleppt wurde«. Denn seit die Wirtschaft aus dem strengen Dirigismus entlassen worden war, verbrüderte sie sich immer häufiger mit der Korruption.
Mai 1873: Ganz Wien taumelt seit Monaten im Spekulationsfieber, das alle Gesellschaftsschichten erfaßt hat. Durch Spekulation über Nacht reich zu werden ist die Devise. Eine Art Volkssport. Und »die Menge bewunderte das bunte Farbenspiel, sie gab dem schaumgeborenen Luftschiff Vermögen, Lebensglück und Ehre als Ladung mit für seine Luftfahrt in das Reich der Märchen«, schreibt der Wiener »Spaziergänger« Daniel Spitzer in der »Neuen Freien Presse«. Doch wenn Spekulation für einen Erzherzog wie Ludwig Victor kaum mehr Bedeutung hatte als ein Verlust im Roulettespiel, so bedeutete sie für spekulierende Kleinbürger mitunter den wirtschaftlichen Ruin. Selbstmord wurde für manchen bis dahin ehrenhaften Mann der letzte Ausweg.
Die Katastrophe hatte sich schon Wochen vorher angekündigt: Das Herrenhaus hatte die Spekulationsbanken scharf angegriffen und höhere Steuern gefordert. Mobilbanken hatten nach Berliner Vorbild in Wien ihre Büros aufgeschlagen. 53 neue Banken waren gegründet worden. Makler vermittelten Kredite zum Aktienkauf und nahmen die auf Kredit gekauften Aktien als Pfand für neue Kredite, mit denen wieder Aktien gekauft wurden ... Mehr als 2 000 Makler beherrschten die Börse, die täglich bis zu 50 000 Abschlüsse registrierte. Allein 1872 waren mehr als 500 Aktiengesellschaften gegründet worden, die die Börse mit drei Milliarden Gulden Papierwert überschwemmten. Doch dahinter stand nur eine Milliarde Gulden Gründungskapital für 605 verschiedene Kurszettel. Die Baukonjunktur heizte die Spekulationen weiter an – 42 Baubanken waren buchstäblich über Nacht gegründet worden. Die Baugesellschaften, die die enormen Aufträge der Gründerzeit, vor allem der Ringstraße, aber auch der Weltausstel-

lungsbauten und die Spekulationsbauten in den Vorstädten bewältigen mußten, hatten sich innerhalb von zwei Jahren auf 44 Firmen verdoppelt. Unmittelbar vor dem Krach wechselte Papier im Wert von 20 Millionen Gulden die Besitzer, wobei viele dieser Käufe nur noch auf Kredit möglich waren.

Den letzten Anstoß zum Krach gab Paris. Die Dritte Republik unter dem Liberalen Thiers, der die Friedensverhandlungen nach dem Deutsch-Französischen Krieg erfolgreich geführt hatte, war durch die Kämpfe gegen den Aufstand der Commune in Bedrängnis gekommen. Als im französischen Parlament die klerikal-monarchistische Partei eine Mehrheit zustande brachte, Thiers Sturz erzwingen wollte und für den Fall eines Siegs der Liberalen für den 27. April mit einer gefährlichen Börsenpanik drohte, zog die Österreichische Credit-Anstalt für Handel und Gewerbe am 20. April in aller Eile die Bremse. Sämtliche Börsendepots wurden gekündigt, um Spekulationen einzuschränken. Papiere im Wert von etwa 20 Millionen Gulden sollten abgestoßen werden. Andere Banken zogen nach. Doch wer sollte die Aktien, Anleihen, Industrieobligationen, Pfandbriefe, Staatsanleihen und Schuldverschreibungen übernehmen? Kleinere Banken und Unternehmen versuchten diese Entwicklung zu verheimlichen, um Zeit zu gewinnen. Man tarnte die triste Lage, indem man die Kurse der als Pfand gegebenen Stücke reduzierte und zur Deckung neue Stücke hinzulegte. Und die »Neue Freie Presse« mit ihren Verbindungen zu den »Börsianern« spielte mit und wetterte gegen alle »Polterer«, die nur Unheil voraussagen. Auch das »Neue Wiener Tagblatt« wagte kaum anzudeuten, wie es um den Geldverfall stand. Aber am 2. Mai kündigte die »Presse« einen »Reinigungsprozeß« an, »welchen die Börse nun seit Wochen durchmacht«. Die Folge war, daß alle, die früher Papiere gekauft hatten, diese abstoßen wollten. »Die Insolvenzen mehren sich in erschreckender Weise. Die Kontermine benützt die Übersättigung der Börse, um eine Baisse hervorzurufen«, jammerte das »Neue Wiener Tagblatt«. Doch niemand wollte die festliche Eröffnung der Weltausstellung und die Geschäfte beeinträchtigen oder gar die vielen angereisten Fremden verschrecken. Also spielte man die Schwierigkeiten herunter, obwohl gerade am 9. Mai nach gigantischen Verkaufsaufträgen aus dem Ausland die Credit-Aktie in einer Stunde um 25 Gulden fiel. An diesem Tage hatte – wie Heinrich

Joseph Eugen Hörwarther, Krach vor dem provisorischen Börsegebäude am 9. Mai 1873, Xylographie nach der Zeichnung

Benedikt in seiner »Wirtschaftlichen Entwicklung der Franz-Joseph-Zeit« schreibt – ein galizischer Makler an der Wiener Börse, dem 1872 in aller Eile provisorisch in unglaublichem Protz errichteten Holzgebäude, das englische Wort »crash« benützt. Er sprach das Wort wie »Krach« aus. Damit war ein Begriff geboren, der »Krach« des »Schwarzen Freitags«.

Den genauesten Bericht über Rausch, Schüttelfrost und Katzenjammer vor und nach dem »Schwarzen Freitag« lieferte der Berliner Journalist Julius Rodenberg nach seinem Besuch im Café Daum am Kohlmarkt: »Es war die Panik, in schrecklichen Zügen auf allen Gesichtern; es war Furcht, starres Entsetzen bei den einen, Niedergeschlagenheit, Verzweiflung bei den anderen und quälende Unruhe bei allen ... Das ziemlich niedrige Zimmer war gedrückt voll von Menschen, die sich fortwährend hin und her bewegten, in den Zeitungen wühlten, ohne die Geduld, eine zu lesen; auf Depeschen warteten, ohne Hoffnung, aus irgendeiner etwas Tröstliches zu erfahren ... Dumpf durch die Gassen der Inneren Stadt rollte der Donner, und der Blitz, wenn er durch die Scheiben leuchtete, machte die Gasflammen zucken und überzog die Gesichter mit einer bleichen, geisterhaften Helligkeit – und immer, mitten dazwischen, draußen vor den Fenstern, tauchten Gestalten auf, in Lumpen gehüllt, triefend vor Regen, die – jetzt von Finsternis verhüllt und jetzt vom penetranten schwefeligen Licht umflackert – etwas in die Höhe hielten, ein Blatt Papier, einen Zettel, den Kurszettel mit den letzten Notierungen.«

Am Samstag erschien dann Ferdinand Kürnbergers Bericht: »Gestern, Freitag, mittag um ein Uhr, wurde die Wiener Börse polizeilich geschlossen. Und sage man noch, daß der Freitag ein Unglückstag ist! Die Börse brach unter der Überlast ihrer Verbrechen zusammen. Seit gestern können ehrliche Leute wieder über die Straße gehen und Menschen, welche arbeiten, werden nicht mehr Dummköpfe genannt. Seit gestern heißt ein Dieb wieder Dieb und nicht mehr Baron. Nie hat ein schöneres Gewitter eine verpestetere Luft gereinigt.« – Auch wenn diesem »Reinigungsprozeß« alle Schichten der Bevölkerung zum Opfer gefallen waren, die sich von Börsenhyänen und Faiseuren hatten beschwatzen lassen …

Als die wahren Ausmaße des Krachs bekannt wurden, zeichneten sich auch die Probleme der Zukunft ab: Die Allgemeine Verkehrsbank, eine Pfandleihanstalt, gab etwa auf Pretiosen nur noch 100 Gulden, auch wenn sie 5 000 wert waren; für 5 000 Gulden österreichischer Staatspapiere erhielt man nur noch 500 Gulden Darlehen. Die Aktienwerte an der Wiener Börse sanken um eineinhalb Milliarden Gulden. 60 Industrieunternehmen, 48 Banken, 8 Versicherungsgesellschaften gingen in Konkurs. Typisches Beispiel: das Bankhaus J. B. Placht, das noch am 18. Mai Inserate erscheinen ließ, daß acht Prozent Zinsen gezahlt würden und Rückzahlung jederzeit möglich sei. Doch am 18. Mai war Bankier Placht bereits verhaftet. Wiener Unternehmer stellten an ihn Forderungen von 2,7 Millionen Gulden, seine Aktiven betrugen 10 000 Gulden, in der Kasse waren 130 Gulden …

Hunderte Spekulanten begingen Selbstmord. Wie General Freiherr von Gablenz, der 1866 bei Trautenau den einzigen Sieg gegen die Preußen errungen hatte; Heinrich Graf Bellegarde, Generaladjutant des Kaisers, mußte seinen Abschied nehmen, Mathias Constantin Graf Wickenburg, Mitglied des Reichsrats, hatte sich wegen Betrugs vor Gericht zu verantworten; die Gemeinde Wien schlitterte in einen

Budgetengpaß und konnte die Beamtengehälter nicht ausbezahlen. Aus der Donau wurden Dutzende Leichen gefischt. Die Nationalbank stellte schließlich 80 Millionen Gulden einem »Aushilfs-Comité« für Rettungsaktionen zur Verfügung. Und Militärkapellmeister Philipp Fahrbach der Jüngere komponierte seine bald ungemein beliebte »Krachpolka«.

Zahllose Schwindelgeschäfte und verlogene Spekulationen kamen erst allmählich ans Tageslicht. Die Folgen dieses Mahlstroms blieben noch Jahre spürbar: 1876 erreichten die Wiener Börsenkurse ihren absoluten Tiefstand. Alle, die vor dem Krach die Weltausstellung als »Apotheose der neuen volkswirtschaftlichen Entwicklung« gefeiert hatten, schoben jetzt dem Unternehmen die Hauptschuld zu – obwohl sie den Ausbruch der Katastrophe eigentlich um mindestens ein Jahr hinausgeschoben hatte. Bürgermeister Cajetan Felder schrieb im Rückblick: »Noch lange währten die Nachwehen, während welcher die hungernden Opfer ihren ›Vierting Schweizer‹ und ihre Olmützer Quargeln von den Greißlern in einst hochgegangenen Börsenpapieren eingewickelt erhielten.«

Österreich-Ungarns Konjunktur wurde durch den »Schwarzen Freitag« für einige Jahre schwer beinträchtigt, nicht aber die Pracht der Rotunde, die zwar ursprünglich abgetragen werden sollte, aber nun als glanzvolle Repräsentationshalle verwendet wurde. Hier fanden in den folgenden Jahrzehnten viele große Ausstellungen statt: 1892 die Musik- und Theaterausstellung, ab 1898 die Kaiserjubiläums-Gewerbeausstellung, die Internationale Jagdausstellung, die riesige Adria-Ausstellung als letzte Schau vor dem Ersten Weltkrieg. Und selbstverständlich fehlten hier nicht die großen Spektakel. Der weltberühmte Seiltänzer Blondin, der »Held des Niagara«, produzierte sich hier 1879, Alexander Girardi sang hier erstmals Gustav Picks berühmtes »Fiakerlied«, 1887 bat Fürstin Pauline Metternich zum Frühlingsfest zugunsten der Rettungsgesellschaft, und Barnum und Bailey, der berühmteste Zirkus der Welt, traten hier auf. Die Rotunde war Wiens zweites Wahrzeichen geworden – ein Symbol Alt-Österreichs, das 1937 einem Brand zum Opfer fiel. Wie wir heute wissen, hätte man den Bau retten können. Eine Zeit, die den Historismus als Lüge verteufelte und die Pracht der Ringstraße als Kitsch abtat, hatte jedes Gespür verloren. Die Rotunde wurde abgetragen.

Vom venezianischen Traum zu »Venedig in Wien«

Für die Gesellschaft der Ringstraßenzeit war Venedig ein »mythischer Ort«, dessen Schönheiten zu beschwören die Künstler nicht müde wurden. Habsburg als Erbe der Serenissima. Nach dem verlorenen Krieg von 1866 hatte Österreich dieses Juwel aber an das politisch erwachte Italien abtreten müssen. Ein Verlust, den man im Kaiserstaat auch als kulturelle Abnabelung verstand; er hatte der österreichischen Gesellschaft die geistige Verwandtschaft umso stärker ins Bewußtsein gerufen, als da eine Geistesverwandtschaft spürbar geworden war. Claudio Magris hat auf die Parallelitäten zwischen der Phase des Untergangs des alten Venedig und dem letzten Abschnitt habsburgischer Kultur hingewiesen: Hier wie dort ein Schwanengesang, der von einer letzten mitteleuropäischen Illusion getragen wurde und zwischen zwei Polen lag – zwischen dem wehmütigen Bewußtsein des Untergehens, das mit wunderbarer stummer Würde ertragen wird, und einem gedankenlos-operettenhaften Leichtsinn. In beiden Reichen erhält der Verfall eine legendäre Note; er verkörpert sich in der vergeblichen, erschütternden Festigkeit gegenüber allen Schicksalsschlägen, die die Serenissima zerbrechen und die Donaumonarchie zerbröckeln lassen sollten. Das passive Drama finis Venetiae wie ein Dezennium später das Drama finis Austriae suggerieren die »mythische Verwandlung dieses Verfalls«. Und hier wie dort maskiert sich diese Welt und verhüllt den eigenen Untergang mit schäumender Lebensfreude, um zuletzt in oberflächliche, sorglose Sinnlichkeit zu flüchten, in ein flüchtiges, sentimentales, genußfrohes irdisches Paradies und schließlich in leichtsinnigen Hedonismus. Die Zauberwelt des venezianischen Settecento hat dabei der Ringstraßengesellschaft den Stoff geliefert, aus dem die Wiener Träume gewoben werden sollten.

Venedig wurde für die Welt der Ringstraße zu einem magischen Begriff. Von nun an diente es immer wieder als Ort einer Verzauberung und Schauplatz, an den das Wiener Publikum sich von den Malern, Dramatikern, Romanciers, Komponisten nur zu gern versetzen oder richtiger: wie in einer Raimund-Verzauberung entrücken ließ – das Venedig der Farbenmagier Guardi und Canaletto, der Pastellporträtistin Rosalba Carriera und des brillanten Karikaturisten Anton Maria Zanetti, das Venedig der Primadonnen, der Oper, der Masken und Maskenspiele, des Karnevals und des Zeitkritikers Goldoni. Richard Alewyn hat zum Beispiel in seinen Studien über Hugo von Hofmannsthal, den von Venedig Verzauberten, dieses Phänomen erkannt: »Die impressionistische Stadt par excellence« nennt er die Lagunenstadt in der Dichtung Hofmannsthals, eine Stadt, in der die Umrisse der Dinge zu zerfließen scheinen, alles feinste Schattierung, dekadente, verfallsnahe Blüte und scheinbar verjüngtes Alter ist. Es ist die Stadt des erotischen Abenteuers und der verfeinerten Genüsse, der Verstellung und der Möglichkeiten. Das Milieu in Hofmannsthals »Der Abenteurer und die Sängerin« oder die Personen wie Intrigen in der Herberge in »Christinas Heimreise« sind des besten Goldoni würdig und ebenso venezianisch wie dieser. Venezianisch und österreichisch zugleich ist das Spielerische, die ironische Freude an Verkleidung, die Lust an der List.
Doch neben dem Zauber des Karnevals und der sanften italienischen Einwirkung erklärt auch eine tiefgründige geschichtliche Analogie die Sympathie des Dichters für die Lagunenstadt – eine Sympathie, die als Paradefall für eine wienerische Haltung steht. Denn das in der Hochblüte der Ringstraßenzeit mehr und mehr verfallende Venedig lebte längst mehr vom Mythos als von der Wirklichkeit; gerade in seiner Dekadenz erträumte es – wie G. Torcellan schrieb – die eigene Vervollkommnung und Pracht im Untergang und bewahrte unerschütterlich den Glauben, als Idee der Zeit widerstehen zu können. So versteht man die Liebe des »Überlebenskünstlers« Hofmannsthal zu dieser Stadt, so auch die Venedig-Leidenschaft des »Bilderregisseurs« Hans Makart, so das Faible so vieler Operettenlibrettisten und -komponisten – wie etwa Johann Strauß Sohn – für das Fluidum und das mediterrane Licht der Stadt, das er in manchen Operetten schimmern läßt. Eine gleichgeartete Mythisierung der Wirklichkeit, ein

gleichgearteter Ausgleich zwischen der tatsächlichen und der verwandelten Realität, ein analoger Mythos der Unzerstörbarkeit, Harmonie und Ordnung, der ein träges Abtreiben verbirgt, nähern die aristokratische venezianische Dämmerung an die Dämmerung in der habsburgischen Welt. Darum verschmelzen in Hofmannsthals Dichtung Venedig und Österreich in einer wehmütigen Lebensweisheit: Darum ist auch die Lagunenstadt der Schauplatz der erstaunlichsten Werke des Dichters, des Romans »Andreas oder die Vereinigten« (1907 bis 1917), des Romans der Masken und der Zergliederung der Persönlichkeit, der Veränderlichkeit und zugleich Einheit menschlicher Formen. Und darum finden wir in zahllosen Werken der Zeit das Zauberwort »Venedig« wie eine magische Formel, die das Publikum faszinieren möchte – von der »Nacht in Venedig« über den »Lagunenwalzer« bis zu den zahllosen Modestücken heute kaum noch bekannter Kleinmeister ...

Daß diese Träume gerade in einem so materialistisch denkenden Zeitalter schließlich auch in die bildhafte – sprich: kommerzielle – Verwirklichung drängten, ist fast selbstverständlich: Den eigentlichen »venezianischen Traum« des Wiener Kleinbürgers verwirklichte der 1858 in Temesvar geborene Theatermann Gabor Steiner. Seine Vergnügungsstadt »Venedig in Wien«, die zugleich als »die Mutter aller Disneyland-Vergnügungsstätten« gelten kann, wurde zu einer Wiener Attraktion. »Venedig in Wien« bescherte dem kleinen Mann den Traum von der Lagunenstadt zum kleinen Preis.

Gabor Steiner war Anfang der neunziger Jahre Theatersekretär der Internationalen Ausstellung für Musik und Theaterwesen gewesen, die zu den größten, bedeutendsten historischen Theaterausstellungen, nicht nur im theaterbesessenen Wien, gezählt werden darf. Vom 7. Mai bis 9. Oktober 1892 wurde auf dem Weltausstellungsgelände unter Einbeziehung der Rotunde eine Schau inszeniert, die Theaterkultur aller Spielarten präsentierte: Oskar Marmorek, von dem leider nur wenige Bauten erhalten geblieben sind, errichtete vor dem Rotundentor eine Musikhalle für 3500 Personen, ein chinesisches Schattenspieltheater und – mit dem Hoftheatermaler Gilbert Lehner – für die Ausstellung »Alt-Wien« ein Altstadtszenario mit Hanswurst-Bühne; und Hermann Helmer, einer der berühmtesten Theaterarchitekten der Monarchie, baute das Ausstellungstheater, wo die bedeutend-

»Venedig in Wien«, großes heiteres Melodien-Potpourri von Josef Strauß bis zu »Carmen«, zusammengestellt von Carl List

sten Bühnen Europas zur Parade antraten. Steiner hatte bereits damals die Idee eines Sommeretablissements entwickelt, dessen Besuch sich alle Schichten der Bevölkerung bei entsprechend niedrigen Preisen leisten sollten. Das Vorbild, »Venedig in London«, eine Wasserbühne mit dem Markusplatz und berühmten Palästen aus gemalten Kulissen, war 1890 im Londoner Olympia entstanden. 1894 hatte man in Berlin-Charlottenburg »Venedig in Berlin« erbaut und einen Kanal mit dem Wasser der Spree gespeist: Doch es war eher ein »Italien in Berlin« mit römischem Colosseum und Konstantinsbogen denn Venedig. Die Erfolge ermutigten Steiner zu seinem Projekt »Venedig in Wien«: Architekt Marmorek und der Wassertechniker Gustav Bruck, Konstrukteur des anläßlich der Weltausstellung 1873 errichteten Hochstrahlbrunnens, übernahmen die Planung. Als geeigneter Platz wurde der ehemalige »Kaisergarten« des Praters neben dem Praterstern ausgewählt. 1890 hatte ihn die Londoner Gesellschaft »The Vienna Kaisergarten Syndicate Limited« erworben, ging aber mit ihrem »Englischen Garten« in Konkurs. Nach langen Verhandlungen gelang es Gabor Steiner, im Februar 1895 den »Englischen Garten« für 26 000 Gulden jährlich zu pachten. Eine Kommanditgesellschaft mit Steiner, Marmorek, Bruck und Ignaz Schnitzer, dem Librettisten von Johann Strauß' »Zigeunerbaron«, mobilisierte Geldgeber.
Die Entstehungsgeschichte der Vergnügungsstadt »Venedig in Wien« haben Norbert Rubey und Peter Schoenwald 1996 in beispielhafter Kleinarbeit in allen Details rekonstruiert: Was da entstand, war nun tatsächlich eine gewaltige Schöpfung, wie man sie weder in London noch in Berlin bewundern konnte. Im März 1895 begann Steiner mit den Bauarbeiten. Von dem 50 000 Quadratmeter großen Areal wurden 5 000 Quadratmeter verbaut; die Kanäle mit einer Gesamtlänge von mehr als einem Kilometer und wechselnden Breiten von fünf bis achtzehn Metern erweiterten sich schließlich zu einem Bassin von nahezu 1 000 Quadratmetern und bedeckten eine gesamte Wasserfläche von fast 8 000 Quadratmetern. Nach mehrmaliger Verschiebung des Eröffnungstermins wurde »Venedig« am 22. Mai 1895 dem Publikum übergeben. Alle erwarteten sich eine Sensation – der Besucherandrang war enorm: Bis zu 20 000 Besucher drängten täglich durch diese Imitation der Lagunenstadt. Stolz vermerkt Steiners Festschrift,

daß im ersten Jahr mehr als zwei Millionen Menschen die Ausstellung besucht haben.

Diese Venedig-Kopie, die mit fast unglaublicher Detailgenauigkeit und Detailfülle jeden Campo, jede Calle, jeden Rio originalgetreu reproduzierte, war tatsächlich eine Attraktion. Der Höhepunkt war dabei das Panorama des Markusplatzes auf dem Campo III: Josef Kautsky & Söhne und Rottonara, eine der bedeutendsten Hoftheater-Malerfirmen, deren kunsthistorisch perfekte Entwürfe heute längst Stolz der großen Theatersammlungen sind, schufen diese Theaterdekoration, die zugleich das ideale Bühnenbild für Umberto Giordanos Venedig-Oper »La Gioconda« gewesen wäre. Noch weit aufwendiger waren die anderen Gebäude gestaltet, denn ihre Innenräume konnten für Läden, Weinkosthallen, Werkstätten der venezianischen Industrie, Restaurationsbetriebe und Ausstellungen genutzt werden. Anstatt eines Canal Grande legte man entlang der Hauptallee eine Viale Principale an, an deren linker Seite man Kanäle aushob und mit schmalen, hochgejochten Brücken überspannte; Häusergruppen, kleine Palazzi und Plätze bildeten so drei inselartige »Campi«. Stolz der Unternehmer war übrigens die elektrische Beleuchtung – 300 Bogenlampen mit 4 000 Glühbirnen, die dem nächtlichen Venedig magischen Zauber gaben.

Die sechs Nordbahn-Viadukte am Praterstern wurden als imposanter Eingang umgestaltet. Und dahinter öffnete sich dem staunenden Besucher die Traumkulisse. Wie genau Venedig hier reproduziert wurde, belegt der Führer durch die Amüsierstadt, der stolz die Rekonstruktionen aufzählt: die berühmte Porta del Arsenale, die Palazzi Priuli oder Ruzzini, Dario, Seriman, del Camello und der Desdemona, den Campo Zobenico, den Canale dei Sartori und den Ponte della Merceria, das Haus Tintorettos, die Cà d'oro, die Abbazia San Gregorio, den Rio del Paradiso mit den Tre Ponti ... Um die Illusion perfekt zu machen, bestellte Gabor Steiner für die Lagune-Reisenden in Venedig Gondeln, er engagierte Gondolieri, Sänger und Musikanten, er kümmerte sich um zahlungskräftige Aussteller. Und die Behörden waren nach ersten Bedenken dem Geschäftsmann Steiner gewogen: »Ja, mir hab'n nix gegen ein großes Vergnügungsetablissement«, soll der damalige Polizeipräsident, Franz von Stejskal, sich – einer Anekdote zufolge – für das Unternehmen eingesetzt haben: »Endlich hab'n wir an

Ort, wo wir alle Gauner finden werden. Bis jetzt hat die Polizei die größte Arbeit g'habt. Hoffentlich finden wir jetzt alle Gauner in Venedig in Wien.«

Steiner agierte klug. Er dürfte mit der Polizei unauffällig zusammengearbeitet haben, schlug sich geschickt im Konkurrenzkampf mit den alteingesessenen Prater-Hüttenbesitzern, die ihre Existenz bedroht glaubten, und scheint auch das nächtliche Gewerbe der hier unerwünschten Damen im Griff gehabt zu haben. Was gar nicht so einfach gewesen sein dürfte, denn die Zahl der Weinstuben und Champagner-Pavillons mit Damenbedienung stieg nach dem ersten Jahr sprunghaft an. Und die »ledige Männerwelt hat sicherlich sehr gerne mit hübschen Verkäuferinnen geplaudert, sich mit Kellnerinnen unterhalten usw. ... das sogenannte ›Verbotene‹ war aber meistens von der Ehemännerwelt gesucht und es war meistens nicht die wohlangetraute Gattin, die von den Herren der Schöpfung ins Etablissement gebracht wurde.« Doch man ließ die Männer gewähren ...

Für die Gesellschaft der Wiener Ringstraße war »Venedig in Wien« eine Attraktion geworden, die nur gelegentlich von einem neuen Ereignis, etwa einem afrikanischen »Aschanti-Dorf« am Schüttel, in den Schatten gestellt wurde. Nach »Venedig in Wien« kam man vor allem, um eine romantische Lagunenfahrt zu erleben. Und da war Stephanie, die Witwe Kronprinz Rudolfs, keine Ausnahme: Sie kam schon im ersten Jahr mit ihrer kleinen Tochter Elisabeth. Steiner war um immer neue Attraktionen und Überraschungen nicht verlegen. Es gab Wettfahrten der feschen Gondolieri; es gab technische Erfindungen zu bewundern – wie die bewegten Bilder des Kinematografen, den Steiner 1895 um 18 000 Gulden gekauft hatte; es gab den beliebten »Coriandolikorso«, nach dessen exzessiven Freuden die Viale Principale bis zu einem halben Meter hoch mit Koriandoli bedeckt war, und es gab den berühmten Zapfenstreich, der um Mitternacht im Etablissement gespielt wurde.

Das Programm bot für jeden Geschmack etwas: Ob Glasbläser aus Murano, Saltarello-Gruppen mit italienischen Gassenhauern, ob Luigi Malipiero mit seinem hervorragenden Opern- und Konzertensemble, das einen Akt aus Verdis »Ernani«, aus Donizettis »Lucia di Lammermoor« oder aus Verdis »Maskenball« aufführte, das Mailänder Quartett »Vesuviano«, der Hamburger »Rheingold«-Chor oder die

Truppe »La bella Napoli« ... Die Überraschungen jagten einander. Sogar die Kritiker kommentierten Steiners Faible für die Oper wohlwollend. 1896 eröffnete er den riesigen Römersaal, ein Restaurant für 2 000 Gäste, und machte damit auch Bälle in »Venedig in Wien« populär: ein »Stadt Ball«, ein »Rosen Ball mit Wahl einer Rosenkönigin« wurden gesellschaftliche Ereignisse. Carl Michael Ziehrer und Karl Komzák dirigierten hier, und alle waren sich einig: »Wo diese zwei spielen, da weiß man gleich: In ihrem Lager ist Österreich!«

Ab 1897 lockte das neue Riesenrad nach »Venedig in Wien«. Und gleichzeitig eröffnete man auf dem Campo III eine »Internationale Ausstellung neuer Erfindungen«. Luigi Malferari komponierte dafür sogar eine eigene Hymne für »Venedig in Wien«; die Chronik meldet eine russische Sängertruppe und die Sepentinentänzerin Valerie Petit, Mademoiselle Jenny mit ihren dressierten Hunden, ein schwedisches Damensextett Pöttinger, aber auch »Wohltätigkeits-Elite-Veranstaltungen«, bei denen etwa Rudolf Schildkraut, der später berühmt gewordene Charakterdarsteller der Max-Reinhardt-Bühnen in Berlin, auftrat. Und Ruby und Schoenwald haben sogar einen Text ausgegraben, den Josef Steiner, der beliebte Volkssänger in Danzers Orpheum, hier zum Gaudium aller vorgetragen hat: »A Madl sagt: Hier will mich kaner, Vielleicht nimmt mich a Indianer. Ja, sagt die Mutter zu der Tochter, Aber nur alser 'kochter.«

Ab 1899 gab es beim Riesenrad, wo jetzt die Hochschaubahn steht, die neue 70 Meter lange Wasserrutschbahn, die für eine »große Hetz« sorgte: Wo konnte das goldene Wienerherz mehr Freude empfinden, als hier, wenn die Damen um Hilfe schreiend ins Wasser plumpsten, während die Zuschauer mit boshaften Zwischenrufen nicht sparten. Es gab hier im Jahre 1900 erstmals Ringkämpfe, die Steiner beim Statthalter Graf Kielmansegg durchgesetzt hatte. Es gab aber auch klassische Symphoniekonzerte, gespielt von den vereinigten Kapellen der k.u.k. Infanterieregimenter Hoch- u. Deutschmeister Nr. 4 und Carl Alexander Großherzog von Sachsen-Weimar. Und als Johann Strauß starb, gedachte »Venedig in Wien« des Walzerkönigs mit einer Gedenkfeier: Carl Michael Ziehrer führte mit seiner eigenen Kapelle und den Kapellen von Carl Wilhelm Drescher und des k.u.k. Infanterieregiments Nr. 61 ausschließlich Werke von Strauß auf.

Trotz allen Sensationen wurde »Venedig in Wien« den Besuchern nach fünf Jahren langweilig. 1901 wurden die venezianischen Bauwerke abgetragen; Kanäle wurden zugeschüttet. Der populäre Name »Venedig in Wien« blieb zwar bis zum Zweiten Weltkrieg erhalten, Steiner präsentierte nun aber »Die internationale Stadt« – Nachbildungen berühmter Gebäude aus aller Welt, ein Sammelsurium der Orient- und Parismode mit ägyptischen, japanischen, türkischen, französischen Gebäuden, wo man etwa in der Straße von Cairo im »Arabischen Kaffeehaus« Bauchtänzerinnen oder im neuen »Moulin Rouge« im ungebauten Avenuetheater bis drei Uhr früh zwölf französische Cancan-Tänzerinnen und die Afrikanerin La belle Lalla bewundern konnte. Persönliche Kontakte zwischen dem Publikum und den Tänzerinnen, fürs erste von der Polizei verboten, wurden allerdings erst später im zweiten »Moulin Rouge« gestattet, wo es dann laut Steiners eigenem Bericht »keinerlei Hemmungen« mehr gab. Redouten, Sommermaskenbälle, sogar ein »Höllenfest« wurden nun mit großem Erfolg veranstaltet, 1902 konzertierte ein »Riesen-Orchester« von 120 Musikern in einer dafür errichteten Halle, wobei das Publikum im Freien saß: Oskar Nedbal führte Smetanas Zyklus »Mein Vaterland« auf, Karl Komzák der Jüngere, Carl Michael Ziehrer, Franz Lehár, Richard Heuberger, der »Pariser Johann Strauß« Louis Ganne dirigierten. Und der junge preußische Hof-Kapellmeister Richard Strauss führte hier mit dem »Riesen-Orchester«, das noch mit Genehmigung des Hofoperndirektors Gustav Mahler durch 25 Mitglieder des Hofopernorchesters verstärkt worden war, Werke von Richard Wagner, Hector Berlioz, Franz Liszt und Max von Schillings und die eigenen Kompositionen »Till Eulenspiegels lustige Streiche«, »Tod und Verklärung« und »Ein Heldenleben« auf. Und 1903 kam John Philip Sousa mit seinem berühmten Militär-Orchester.

Der Glanz der Hoftheater

Adolf Oberländer, Das Burgtheater in Wien, Franz von Dingelstedt und sein Ensemble, Zeichnung

Das Hofburgtheater, ein »Paradiesvogel«

Man sah schlecht im alten Burgtheater, man hörte nicht gut, man stand alle Qualen der Hitze und der Zugluft aus, man drängte und drückte sich, schwebte unter der Decke, sich vorbeugend und der Gefahr ausgesetzt, auf die Köpfe des Parterrepublikums herabzustürzen, oder man stand gepreßt im zweiten Parterre Schulter an Schulter, Rücken an Bauch, und mußte so im Schweiße seines Angesichts sein Kunstbrot verdienen. Selbst die Herrschaften in den kleinen Logen hatten es nicht viel besser, und der Mann, der während des Zwischenactes Gefrorenes, Mandelmilch, Limonad' herumreichte zur Erquickung einiger und Belästigung aller war ein Liebling des Wieners, welcher, wenn es hieß, wir gehen heute in das Burgtheater, sich nicht nur auf die bevorstehenden Kunstgenüsse freute, sondern auch auf die Portion Erdbeer und Vanille, die ihm dort winkte.«

Oskar Teuber, einer der bekannten Theaterchronisten Wiens, empfand den Abschied vom alten Hofburgtheater, dem »Deutschen Nationaltheater« Kaiser Josephs II., das von 1741 bis 1888 bespielt worden war, ebenso schmerzlich wie die meisten Freunde dieses Hauses, das sich an der Stelle des heutigen Michaelertraktes der Hofburg »an die Burg des Kaisers schmiegte wie ein Schwalbennest«. Man liebte Nicolo Pacassis Bau nicht zuletzt, weil in diesem engen, unbequemen Haus »kaiserlicher Hof und Bevölkerung in Wirklichkeit eine Familie bildete, vereinigt durch die Kunst«.

Im neuen Haus der Architekten Gottfried Semper und Carl von Hasenauer war vieles anders geworden. »Die Marmorbilder des Prachtbaues, des schönsten Monumentalwerkes in Wien, leuchten weithin und im Innern ist das Theater so schön und reich geschmückt, wie wohl kein Schauspielhaus der Erde. Man kann es einem glänzenden

Paradiesvogel vergleichen, dessen beide Flügel ausgebreitet und gespannt herrlich funkeln.« Der kühle, in Weiß-Gold gehaltene Zuschauerraum mit seiner strengen Rang-Logen-Hierarchie, das prunkvolle Halbrund der Ehrengalerie, in der die Porträts der Schauspieler zwischen reich dekorierten Säulen und unter einem schimmernden Himmel von Deckenbildern hingen, gaben dem Publikum ein neues Gefühl der Repräsentation. Das aufregendste Schauvergnügen des Hauses bereiteten aber die beiden Prunkstiegen, deren Ausstattung in unvergleichlicher Weise der Idee vom Gesamtkunstwerk huldigte: Unter Freskenzyklen der Brüder Klimt und Ernst Matschs errichtete der geniale Dekorateur Hasenauer eine »scala santa«, über die die Gesellschaft in ehrfurchtsvollem Erschauern hinaufpilgerte – ins Allerheiligste der Schauspielkunst. Der gewaltige Triumphbogen, der jede der beiden Treppenanlagen abschließt, die Farben des Marmors und der Stuckarbeiten, die vergoldeten Kandelaber, Skulpturen, dazu die livrierten Billeteure und nicht zuletzt die Damen in den großen Roben der Belle Époque – das war das berauschende Bild der Repräsentation der Ringstraßengesellschaft, die die Kunst der Selbstdarstellung zur höchsten Kunst erhob.

Die Begeisterung für das Haus war groß. Eine Vorstellung im Burgtheater zu besuchen galt für die Mehrheit als das größte Theatererlebnis. Nur die Kenner, die im alten Burgtheater selbst jedes geflüsterte Wort verstanden und den dadurch begünstigten Konversationsstil liebten, konstatierten mit Entsetzen, daß die Akustik des neuen, viel größeren Zuschauerraums in Lyraform kaum noch die feine Sprache gestattete. Für die Schauspieler galt es plötzlich, sich »dem neuen Raume anzupassen, anzuschmiegen, die Entfernung zu studieren, nachzudenken, ob man in gerader Linie, nach oben oder nach unten sprechen soll, das elektrische Licht bedingt eine andere Art sich zu schminken als das Gaslicht oder gar das Öllicht der guten alten Zeit es erforderten, kurz, die Schauspieler waren diejenigen, von welchen die Klagen über das neue Haus zuerst ausgesprochen wurden, und es sprach dann natürlich eine große Reihe von Leuten in Wien die Fabel nach: man höre schlecht und man sehe nicht gut.« Eine Vergröberung der stimmlichen und der Ausdrucksmittel, aber auch der Körpersprache wurde notwendig. Das Haus wurde 1897 schließlich umgebaut …

Von 1849 bis 1867 hatte der berühmte Heinrich Laube das alte Haus geführt, 1870 bis 1881 Franz von Dingelstedt, schließlich bis 1888 Adolf von Wilbrandt, »gebildeter Schöngeist und klassizistischer Epigonendramatiker«, der in Römerdramen der Lust der Gesellschaft an historischen Themen huldigte. Hatte Laube das »natürliche Theater im Auge, die natürliche Art zu sprechen und sich zu geben, das Wort, den Text, so vernachlässigte er dagegen den Rahmen, in welchen die Dichtung gefaßt werden sollte, Ausstattung und Kostüme«. Dingelstedt, ein Mann der Ringstraßenzeit, befaßte sich hingegen hauptsächlich »mit dem Malerischen und Poetischen, dem Prunkhaften, dem Pomp, der manchmal des Flitters nicht entbehrt. Laube war Theaterdirector für alle Tage der Woche, für die Arbeitstage, Dingelstedt ein Bühnenleiter für die Sonn- und Feiertage, für die Festtage der Bühne. Laube gab womöglich täglich ein gutes Stück, Dingelstedt veranstaltete Zyklen, Festspiele, Dichterfeste. Jeder für sich war die Hälfte eines Theaterdirectors, wie er sein soll …«
Vor allem das Publikum empfand Dingelstedt als den richtigen Mann. Und Constantin Fürst Hohenlohe, der seine Ernennung beim Kaiser durchgesetzt hatte, lobte, daß »ihm auch in dem äußerlichen Nebenwerk von Schauplatz, Coulissen, Costümen, Möbeln, Hausrath, Beleuchtung nichts zu geringwerthig erschien, um es nicht in bewundernswerther Weise zur Steigerung der Illusion heranzuziehen«. Ludwig Speidel nannte ihn allerdings einen »Dekorateur vom Scheitel bis zum Knopfloch«, und Laube verurteilte seine Arbeit als »Tapezierer-Dramaturgie«. Denn er zeigte fast nur die »künstlerisch stilvolle Hülle der Vorstellung und die malerische Bewegung der Massen«. Doch dem Publikum war's egal – dem Publikum vermittelte Dingelstedt das Gefühl, an einem Mythos teilzuhaben, in dem die Gegenwart des festlichen Theaterabends nur als Abglanz und Fortführung einer noch größeren Vergangenheit empfunden wurde. Wie sehr er sein Publikum mobilisierte, bewiesen die Scharen der Stehplatzbesucher, die für jede Vorstellung viele Stunden, mitunter sogar die ganze Nacht Schlange standen.
Man kam weniger der Stücke wegen: Was faszinierte, waren die glanzvollen Inszenierungen, die Bühnenbilder, vor allem von den virtuosen Dekorateuren Johann Kautsky, Anton und Carlo Brioschi, Francesco Angelo Rottonara, Gilbert Lehner, Hermann Burghart, die

Charlotte Wolter als Grillparzers »Media« am Burgtheater, Photographie

Kostüme von Franz Gaul, Girolamo Franceschini – und fallweise Hans Makart! –, und vor allem die Darsteller selbst: Es waren Laube, Dingelstedt und Wilbrandt, die all die – faszinierenden – Schauspielerpersönlichkeiten ans Ensemble banden, die noch heute als Inbegriff des Burgtheaterstils der Ringstraßenzeit gelten: einen Adolf von Sonnenthal, Carl von Lewinsky, Baumeister. Und vor allem Charlotte Wolter, die wie Sarah Bernardt in Paris oder Clara Ziegler in München den Stil des Hauses prägte. Sie wurden zu Gallionsfiguren für eine weit über die Theatersphäre hinausgehenden Schauspielerverehrung. Sie provozierten einen Schauspielerkult durch künstlerische Leistungen, noch mehr aber durch die Stilisierung ihres Lebens, durch ihre perfekt inszenierte Selbstdarstellung auf der Bühne wie im Leben.

Charlotte Wolter, die Heroine mit den »skulpturalen Einfällen«, wie der Kritiker Ludwig Speidel sie beschrieb, stilisierte sich zur charismatischen Hohenpriesterin der Kunst: Als Iphigenie debütierte sie 1862, spielte die Rolle auch in der letzten Vorstellung des alten Burgtheaters am Michaelerplatz und verfügte zuletzt, daß man sie im Kostüm der Iphigenie nach ihrem Tod im Jahre 1897 bestattete. Felix Salten nannte sie »eine vollkommene Tochter der Makart-Zeit. Sie hatte in ihrem Körper, in ihrer Seele und ihrem Vortrag das sprunghafte Pathos einer reichen, einer mächtigen, aber im Wesen epigonenhaften Epoche. Sie gab nur Stil, gab nur den farbigen Abglanz des Lebens, aber sie gab den Stil aus der Fülle ihres Genies, ließ alle Farben so stark aufleuchten, daß niemand des Abglanzes gedachte.«

Zur Legende war sie aber durch ihre Stimme und jene dramatische Eruption geworden, in der sie alle aufgestauten Gefühle entlud: »Der Ton ihrer Stimme galvanisierte Totes«, schrieb Ludwig von Hevesi in seinem »Wiener Totentanz«, »eine unwiderstehliche Lockung zur Sünde ging von ihr aus«, ein anderer Chronist. »Das Ergreifende, das schon die ältesten Kritiker ihrer Stimme nachrühmten, lag wohl hauptsächlich in dem leisen Vibrieren ihres immer seelisch bewegten Tones, der in der Leidenschaft zu einem Umfange und zu einer Höhe anschwellen konnte, die mit der Macht des schrillsten Naturlauts ans Herz griff. Das war der berühmte Wolterschrei – kein virtuoses Kunststück, sondern so notwendig wie der Blitz aus der dunklen Wolke.« (Jakob Minor)

Photos zeigen sie stets in der Pose einer kalten Statue, denkmalhaft überhöht, wie der Historismus seine »Helden« zu sehen und darzustellen liebte: als die hehre Tragödin der Epoche. So muß man sie sich vorstellen, wenn sie anläßlich der Eröffnung des neuen Burgtheaters als »Poesie« den personifizierten Geist des Hauses, Sonnenthal, über die Feststiege auf die Bühne geleitete. Auf der Bühne, in »ihren« Rollen, galt sie allerdings als die »Emanzipation des Fleisches«. Das Theaterpublikum der Gründerzeit war ihr verfallen; doch auch die anderen, die sich den Burgtheaterbesuch nicht leisten und sie nur in ihrer Equipage bewundern konnten, waren von ihr fasziniert. Stefan Zweig nannte sie »Kollektivbesitz der ganzen Stadt«. Sie war zum Inbegriff einer Karrierefrau geworden, die dank der Möglichkeiten der liberalen Gesellschaft den Aufstieg aus kleinsten Verhältnissen geschafft hatte. Vom Kölner Proletarierkind, geboren 1834, zur umschwärmten Hofschauspielerin, die den Grafen O'Sullivan de Gras heiratete. Eine zeit-prototypische, durch die Kunstsphäre zum Idol entrückte Vetreterin eines Frauenbilds.
Die Wolter-Statistik sagt eine Menge: Karlheinz Rossbacher zählte 127 Rollen in 2109 Auftritten; Salomon Hermann Mosenthal, Joseph von Weilen, Franz Nissel und Adolf Wilbrandt schrieben für sie »Wolter-Stücke«, in denen Sprache und Gebärdensprache auf ihren Stil abgestimmt waren. Ihre Gage trieb sie 1868 von 7 500 auf 10 000 Gulden, 1871 auf 12 000 und 1882 auf 15 999 Gulden. Sie wurde als Prinzessin Eboli, Thusnelda, Adelheid von Weislingen, Lady Macbeth gefeiert. Doch den Höhepunkt ihrer Karriere ermöglichte ihr erst Adolf Wilbrandt, der 1871 nach Wien übersiedelt war. Für die Wolter schrieb er das Stück »Arria und Messalina«. Und um die Sensation perfekt zu machen, gewann Wilbrandt Franz von Dingelstedt als Regisseur und den Maler Hans Makart als Ausstatter.
Geschmäcklerisch-dekorative, aber für die Zeit sehr typische Römer-Dramen hatten Wilbrandt den Ruf eingetragen, Wiens Vertreter des »zeitgenössischen Neronismus im Drama« zu sein – sozusagen ein Gegenstück zu Frankreichs Victorien Sardou mit seinem Drama »Theodora«: Wilbrandts »Nero« von 1875 wurde etwa als »Bacchanal von Hybris, Sexualität, Blutdurst und Angst« beschrieben. In »Messalina« sind diese Ingredienzen bis zum Übermaß gesteigert, der dramatische Konflikt des Stücks wirkt indes eher simpel und unpoli-

tisch: Die römische Kaiserin Messalina gibt ihrem Geliebten Silius den Laufpaß und angelt sich einen neuen Liebhaber – Marcus. Doch wird eine Verschwörung aufgedeckt. Und nun hat Messalina Marcus und seine in die Intrige verstrickten Eltern, Arria und Paetus, in der Hand. Sie ist zur Begnadigung bereit, fordert aber, daß Marcus ihr seine Liebe bekennt. Marcus' Mutter, eine Kämpferin für römisches Recht und römische Tugend, fordert, daß er Messalina verlasse – der Tod der Eltern sei der Schande vorzuziehen, der Geliebte der kaiserlichen Hure Messalina zu sein. Marcus und seine Eltern begehen Selbstmord, Messalina wird wegen ihrer Verschwörung gegen Kaiser Claudius von der Garde hingeschlachtet.

Karlheinz Rossbacher hat in seiner Analyse des Stücks Wesentliches über das historistische Drama der Zeit aufgezeigt: »Der in die Sphäre von vordergründiger Politik gehobene Grundkonflikt ist unpolitisch. Im Titel schon als Gegenüberstellung angedeutet, kreist er um Tugend und Pflicht auf der einen, Unmoral und Macht auf der anderen Seite und personalisiert sich in zwei Frauenbildern ... Alle attributiven Epitheta für Messalina weisen in eine Richtung: ›Kaiserlicher Falter‹, ›Circe‹, ›Venus‹ wird sie genannt, eine Regieanweisung macht sie, mit Thyrsusstab, zur Bacchantin, ›Weib‹ und ›Kind‹ nennt sie sich selbst einmal: das ist die Reduktion auf die Verführerin und das unmündige Naturwesen. ›Ob uns die Welt auch Kaiserinnen nennt, / Wir sind doch Weiber, wünschen anzubeten‹: Kein Zweifel, daß das Angebetete der Mann ist. Dieses von der offiziösen Bühne der Monarchie verkündete Frauenbild hat Rosa Mayreder einmal dem ›herrischen Erotiker‹ zugeschrieben – nur daß es hier einer Frau in den Mund gelegt wird: Alle Weiber sind gleich unterwürfig gegenüber dem Mann. Gleichzeitig aber, und das wird eben durch die Stoffebene ermöglicht, ist Messalina gefährlich: Nicht nur ›heiß, üppig, grausam, wetterwendisch‹ ist sie, sondern sie ist auch in der Lage, mit ihrem Machtpotential zu drohen: ›Wenn du erweckst, was etwa schläft in mir.‹ Messalina ist die ins Monumentalhistorische vergrößerte Frau als angsteinflößendes Instinktwesen. Gleichzeitig ist sie ›Sklavin auch!‹, wie sie selbst von sich sagt. Unmißverständlich spielt das Stück mit Varianten des (Sado-)Masochismus, dessen Grundkonstellationen in Leopold von Sacher-Masochs Prosa zu jenem Zeitpunkt in Wien schon bekannt war ... Wenn die Kaiserin Kaiserin ist, hat sie absolute Macht. Wenn sie Weib ist, ist sie Sklavin des Mannes. Unmittelbar darauf nämlich zieht Messalina den widerstrebenden Marcus in ihrer Venusgrotte ans Liebeslager: ›Der Vorhang fällt‹ – eine der Kitzelstellen des Dramas, szenische Entsprechung zu den vielsagenden drei Punkten zeitgenössischer Boudoirprosa. Wilbrandt berichtet genußvoll, wie Charlotte Wolter diese Szene ausgestaltete: ›Während dieser wilden, herzberückenden Rede rutschte die Wolter dem etwas zurückweichenden Marcus auf den Knien nach; so wie sie es tat, in bacchantischer, griechischer Schönheit jede Bewegung, war's ein berauschendes Bild.‹«

Die Berichte der Zeitgenossen sind voll von aufgeregten Schilderungen: Die Wolter soll »in unbeschreiblichen Lauten, Stellungen und Gebärden den Taumel der Sinnlichkeit« angedeutet haben, die »klug berechnete Kleidung« soll die »Wirkung einer Entkleidung übertroffen haben.« Einer sprach von »anrüchiger Tollheit«, und das Drama stehe »auf der Schneide des Möglichen«. Aber das »Laster finde erschütternde Teilnahme«. Das sklavische Betteln auf Knien um Schläge versah Wilbrandt mit »griechischer Schönheit«, und der einerseits enthüllende Schleier, ein Lieblingsrequisit Charlotte Wolters, habe andrerseits »wie ein feiner, silberner Nebel« ihre Figur von der »gemeinen Wirklichkeit der Dinge« getrennt und ihnen »das adelige Lebensrecht der poetischen Welt« verliehen. Von 1874 bis 1898 wurde das Stück 73mal gespielt. 27 Aufführungen einer Parodie mit der Volksschauspielerin Josefine Gallmeyer in der anrüchigen Rolle spielten 30 000 Gulden ein. Messalina eroberte – dank Wilbrandts und der Wolter – wie Dalila, Judith und Salome einen Ehrenplatz in der Galerie der grausamen, rätselhaften Femmes fatales vor der Jahrhundertwende. In der Kunst des Historismus sicherte ihr Hans Makart mit seinem berühmten Gemälde einen Ehrenplatz. Und wenn die Wolter auch nicht die Nacktheit der triumphierenden Frauen Makarts ausspielen konnte, so hatte sie doch in einer an sich eigentlich prüden, Sexualität verdrängenden Epoche einen kaiserlichen Vamp auf der ersten Bühne des Reichs zur vielbestaunten Kultfigur erhoben.

In einer Rolle hatte sie übrigens eine Konkurrentin zu fürchten: Clara Ziegler, die 1844 in München geborene Tochter eines Seidenfärbers. Die Rivalität der beiden ging so weit, daß im Abstand von zwei Tagen beide Darstellerinnen an der Burg die Medea spielten – ein beliebtes »Kampfdenken« im 19. Jahrhundert, wie es auch zwischen der großen Sarah Bernhardt und Eleonore Duse stattfand. Aber Rezensenten, die beide gesehen hatten, stellten die Leistung der Wolter über die der Ziegler – obwohl das Spiel beider »von den gleichen Mitteln getragen wurde ... Das Hinneigen zur schönen Attitüde, zum melodiösen Pathos, das Berauschen an der eigenen Stimme, bei dem der logische Satzbau vernachlässigt wird, überhaupt die mangelhafte geistige Erfassung des Charakters, der Kontrast von sentimental-wehmütigem Zerfließen und eruptiven Zornentladungen: das alles findet sich bei der Wolter wie auch bei der Ziegler«, schreibt etwa Gerd Heisterüber. Aber nur die Wolter besaß, was Ludwig Speidel als »dieses Etwas, dieses Positive, Rasseartige, Persönliche« beschrieb. Und ganz im Gegensatz zur Ziegler spielte die Wolter immer mit dem gewissen erotischen Kick, gleichgültig, ob sie als Verkörperung der Poesie als Iphigenie oder der Femme fatale als Messalina auftrat. Im »Messalina«-Gemälde Makarts ist dieses gewisse Etwas genau getroffen: Ein Bild »salonfähiger Sinnlichkeit«. Oder wie ein Zeitgenosse schrieb: »Mit seltener Kühnheit vergegenwärtigt sie die Entartung der weiblichen Natur; das sprunghafte Wesen der sinnlichen Zerrüttung, die nervöse Zerfahrenheit der tollgewordenen Begierde, die Rücksichtslosigkeit der sich zur Schau tragenden Verderbnis. Sie spielt das Fieber der durstigen Genußsucht, sie deutet in unbeschreiblichen Lauten, Stellungen und Geberden (!) den Taumel der selbstherrlichen Sinnlichkeit an. Sie geht darin so weit, als sie eben nur gehen darf.« »Heroische Entartung weiblicher Natur« – das war der Triumph der Wolter, das war ihr Stil, der Stil des epikuräisch-hedonistischen Wien – wenige Jahre vor Sigmund Freud!

Wagners Wien-Projekte und Eduard Hanslick

Im Mai 1861 war Richard Wagner politisch rehabilitiert worden: Man verzieh ihm seine Beteiligung an der Revolution von 1848/49 in Dresden und hob den gegen ihn ausgesprochenen Bann auf. Neunundzwanzig Jahre nach seinem ersten Wien-Aufenthalt besuchte er nun wieder die Wiener Hofoper im Kärntnertortheater, wo man bereits 1859 seinen »Tannhäuser« mit der Dustmann als Elisabeth und 1860 den »Fliegenden Holländer« mit Johann Nepomuk Beck aufgeführt hatte (Beck war auch Wiens berühmtester Telramund im Kärntnertortheater). Wagner erinnerte sich damals wohl des August 1832, als die Kaiserstadt vom ersten Walzerfieber und der Cholera geschüttelt wurde. Wien schien ihm damals als Paradies »original volksblütiger Produktivität«, das ihm so manche Theatereindrücke bescherte, die noch in seinen ersten Opern »Die Feen« und »Das Liebesverbot« nachklingen. Eindrücke dieses Besuchs verwertete er später, während seines schmachvollen Aufenthalts in Paris, in seiner Novelle »Eine Pilgerfahrt zu Beethoven«. Zum zweiten Besuch ermutigte ihn das Revolutionsjahr 1848, nachdem er vorher seinen poetischen »Gruß aus Dresden an die Wiener« gesandt hatte. »Liebe Frau, dieses Wien ist eine herrliche Stadt«, schreibt er an Minna Planner, seine erste Frau, »es berührt mich hier alles so warm und angenehm: die Verhältnisse sind heimisch und doch großartig. Welche Umgebungen! Ich hatte alles vergessen, und nun bin ich erst recht bezaubert.« Er besuchte Franz Grillparzer, traf Eduard von Bauernfeld, saß mit dem Kritiker Eduard Hanslick in einem Gasthausgarten und erörtert seine Wiener Theaterpläne. Wenige Wochen später zerfallen diese Pläne im »revolutionären« Wien ebenso in nichts wie Wagners politische Hoffnungen auf die neue Freiheit. Und er erinnert sich, wie

Wien sich seiner Musik bemächtigte, während er selbst in Zürich in der Verbannung saß: Im Sommer 1857 ging im »Thalia«-Theater, der Sommerarena des Josefstädter Theaters, »Tannhäuser« in Szene, da die Hofoper das Werk wegen der »Sittenlosigkeit« nicht spielen durfte; Direktor Johann Hoffmann hatte Wagner das Erstaufführungsrecht um 500 Gulden abgekauft – Hanslick nannte damals das Vorspiel »ein aus den rohesten Effekten gearbeitetes Poptpourri«, Grillparzer taten beim Vorspiel die Ohren weh, weil er diese Musik als eine Mischung aus »dem Türkisch-Russischen Krieg, einem Eisstoß, der Erschaffung oder dem Untergang der Welt« deutete. Doch das Publikum war begeistert. Und Nestroy schrieb seine »Tannhäuser«-Parodie, die Wagner populär machte. Schließlich konnte sich die Hofoper Wagner nicht länger verschließen: Sie sandte Wagner für die »Lohengrin«-Rechte 1000 Gulden und ließ sich die nötigen Anweisungen für die Aufführung schicken. »Und das von dem so entfernten Wien. Es ist doch wirklich aller Ehren wert ... eine noble und respektvoll auszeichnende Behandlung, wie sie mir noch nicht widerfahren«, schreibt Wagner.

1861 saß er nun endlich wieder im Kärntnertortheater und war zutiefst ergriffen. »Diese Probe hat alle meine Erwartungen weit übertroffen, und zum erstenmal in meinem mühe- und leidenvollen Künstlerleben empfing ich einen vollständigen alles versöhnenden Genuß«, schreibt er an Minna. »Es läßt sich nicht sagen, welche tiefe, gänzlich ungetrübte Freude ich empfand. Orchester, Sänger, Chor – alles vortrefflich, unglaublich schön! Möglich, daß die Ergriffenheit und feierliche Stimmung aller, die mir mein Werk zum ersten Mal vorführen sollten, viel zu der unvergleichlich zarten, edlen und schwungvoll feurigen Leistung beitrug: alles ging mit größter Ordnung und doch ohne alle Gezwungenheit vor sich; es war etwas rührend Herzliches dabei. Ich saß immer still und ohne Bewegung da: nur rann mir eine Träne nach der anderen über das Gesicht herab. Die lieben Menschen kamen und umarmten mich ganz still. Nur Orchester und Chor brachen endlich in lauten Jubel aus ...« Bei der Aufführung selbst erlebte er dann »eine jener ununterbrochenen heißblütigen Ovationen, wie ich sie nur bei dem Wiener Publikum erlebt habe«. Ein Schauspiel, das sich wenige Tage später bei der »Holländer«-Aufführung wiederholte, die man ihm zu Ehren ansetzte. Zum ersten Mal nach qualvollen Jahren empfindet er ein heimatliches Gefühl. In Heinrich Laube findet er einen Freund der Jugendtage wieder, in Josef Standhartner, dem Leibarzt Kaiserin Elisabeths, gewinnt er einen tätigen Freund fürs Leben, in Peter Cornelius, dem Schöpfer der Oper »Der Barbier von Bagdad«, einen Apostel, der sich und sein Schaffen Wagner weiht. »Ich glaube nicht, daß der hagere, hohlwangige, augenleuchtende Peter Cornelius, der weit außen im Wiener Bezirke Weißgerber wohnte, viel mehr von Wien gesehen hat als seine und Wagners Wohnung, den Donaukanal und die Kaufläden, wo er Papier, Tinte und Federn für das Kopieren Wagnerscher Dichtung kaufte«, schreibt Friedrich Uhl, »einen genialeren Kopisten hat kein Meister besessen.« Als ihm Wagner nahelegte, sich in seiner Vaterstadt Mainz zu bewerben, antwortete Cornelius: »Will man mich dort haben, so rufe man mich, hält man mich der Ehre wert, so tue man sie mir an, wo nicht, bleibe ich in Wien, wo ich gerne lebe und sterbe, bei den Gräbern Glucks, Haydns, Mozarts, Beethovens, Schuberts, und zugleich in der Stadt, wo man den Lebenden so feiert, wie man jetzt Wagner feiert.«

Es war eine glückliche Zeit in Wien, vielleicht sogar die glücklichste in Wagners Leben. An seinem achtundvierzigsten Geburtstag wird er geehrt: Johann Strauß führt Vorspiel und Liebestod aus »Tristan und Isolde« im Volksgarten auf und muß es dreimal wiederholen. Ringstraßen-Wien feiert Wagner. Die Hofoper beschließt, »Tristan« zur Uraufführung anzunehmen. Wagner reist beglückt nach Paris. Als er wenige Monate später wiederkehrt, ist alles anders, schwieriger geworden: Es beginnt der Kampf um die »Tristan«-Premiere, die nach eineinhalb Jahre dauernden Vorbereitungen und – angeblich – 77 Proben abgesetzt wird. Die Sänger hatten ihre Partien als unsingbar abgelehnt und gegen die Aufführung revoltiert, das Orchester lehnte das Werk ab. Wien versäumte die Gelegenheit, das Musikdrama zu einer Wiener Angelegenheit zu machen.

Wagner hatte in dieser Zeit in der Hofbibliothek ein Buch entlehnt, das ihn faszinierte: Wagenseils »Von der Meistersinger holdseligen Kunst«. Es sollte die wichtigste Inspirationsquelle für sein nächstes Werk »Die Meistersinger von Nürnberg« werden. In einer hübschen romantischen Villa (heute Hadikgasse 72) mit Garten, in dem damals grünen Vorort Penzing, entstand der Text zu dem neuen Musikdra-

Ludwig Bechstein, Ein Abend bei Richard Wagner in seinem Wiener Domizil, Zeichnung 1863/64 (von l. n. r.: Hofopernsängerin Lilly Lehmann, Wagners musikalischer Helfer Kapellmeister Julius Rubinstein, der Dirigent Hans Richter, Richard Wagner am Flügel, die Sopranistin Amalie Materna, Wagners »Brünnhilde«, der Bariton Franz Betz, der Geiger August Wilhelm, der berühmte »Tannhäuser« Albert Niemann und Bühnenmaschinist Brandt

ma, das er nun dem Kärntnertortheater zur Uraufführung anbot. Besonders interessierte ihn aber auch der Bau des neuen Hofopernhauses durch Sicardsburg und van der Nüll, dessen Grundsteinlegung 1863 stattfand – als er abreiste, hinterließ er seine Schrift über das Wiener Hofoperntheater, deren Ideen in Wien mit Interesse aufgenommen wurden. Und es gab in Wien sogar Überlegungen, Wagner zum Nachfolger Gaetano Donizettis als Hofkompositeur zu gewinnen.

Wagner hatte sich damals endgültig seinen unversöhnlichsten Feind geschaffen: Im November 1862 las er im Hause Standhartners den in Wien entstandenen »Meistersinger«-Text vor – Dr. Eduard Hanslick, der berühmte Musikkritiker, war damals einer der Gäste, und ihm wie allen anderen war klar, daß mit der Figur des »Merkers Veit Hanslick« nur er gemeint sein konnte. Hanslick war zu kleinlich, als daß er Wagner diese Beleidigung verziehen hätte. Aber Wagners Werk paßte vor allem auch nicht zu seinen Vorstellungen von einer zeitgemäßen Opern- und Musikästhetik.

Das Publikum urteilte anders. Triumphal feierte es Wagner in seinen beiden Konzerten, in denen er die Wiener Philharmoniker um die Jahreswende 1862/63 leitete. Dreiundzwanzigmal mußte er sich unter donnernden Ovationen verbeugen. Und Hellmesberger gegenüber schwärmte er, er habe »in solcher Vollendung seine Musik nie spielen hören und werde sie schwerlich auch je wieder in dieser Weise anderswo erleben«. Wagner war der Heros des musikbegeisterten Wien und der Ringstraßen-Gesellschaft geworden. Man veranstaltete für ihn Fackelzüge, Ständchen, sandte Deputationen, es hagelte Ehrenernennungen. Kaiserin Elisabeth, die tiefberührt beide Konzerte gehört hatte, sandte Wagner, der auch hier in ärgsten materiellen Nöten lebte, eine Spende von 1 000 Gulden. In der Weihnachtswoche 1863 dirigierte er im Redoutensaal der Hofburg ein weiteres Konzert der Philharmoniker und stellte nun bereits seine neueste »Meistersinger«-Musik vor. Seine Schulden waren inzwischen aber so enorm gestiegen, daß er Wien abrupt verlassen mußte. Wagners Wiener Traum zerplatzte wie eine Seifenblase. Als er wiederkam, hatte Wien als Standort seines neuen Musiktheaters ausgespielt: Jetzt warb er nur noch für seinen bereits in greifbare Nähe gerückten Festspielgedanken und für den Bau eines Festspielhauses, das Gottfried Semper in einer dem Burgtheater eng verwandten Form, wenn auch in einer unvergleichlich bescheideneren Variante, errichten sollte.

Die neue Hofoper, Hort der Opernkultur

Als Richard Wagner im Mai 1872 erneut nach Wien kam, war er ebenso wie sein Bayreuth-Baumeister Gottfried Semper – für viele bereits der »große Neudeutsche«: Sein »Ehrt eure deutschen Meister« hatte in Wien enormes Echo gefunden und die deutschnational Gesinnten mobilisiert. Zehn Tage vor der Grundsteinlegung des Bayreuther Festspielhauses dirigiert er in Theophil von Hansens Goldenem Saal des Musikvereinsgebäudes mit den Philharmonikern sein erstes »Bayreuther Konzert«, das trotz astronomischer Eintrittspreise – Cercle 25 Gulden, Balkon 15 Gulden! – sofort ausverkauft war und zum spektakulären Ereignis wurde. »Kinder«, schwärmte Wagner, »mit euch zu musizieren ist eine Herzensfreude! Wahrhaftige Künstler, habt ihr auch das Herz auf dem rechten Fleck, und da ist es denn erklärlich, die besten Erfolge zu erringen. Bei euch und mit euch in Wien Musik zu machen, ist eine Lust.« Und, wie bestellt, ereignete sich während des Konzerts ein Unwetter, wie es wohl nach Wagners Inszenierungsgeschmack war: Zum »Feuerzauber« der »Walküre« tobte ein Gewitter, zu Wotans »Loge«-Ruf erhellte ein Blitz den Saal. Wagner wandte sich gerührt an sein Publikum und sprach von »einem segnenden Zeichen von oben«.
Wagner sah jetzt auch das fertiggestellte neue Hofopernhaus Sicardsburgs und van der Nülls, das am 25. Mai 1869 mit Mozarts »Don Juan« – so der Programmzettel – in Anwesenheit des Kaisers eröffnet worden war: Franz von Dingelstedt hatte einen Festprolog gedichtet, der von Charlotte Wolter gesprochen wurde. Wagner lernte Dingelstedt kennen – einen »eleganten, ironisch überlegenen, skeptischen Bühnenaristokraten«, der von 1870 bis 1881 das Burgtheater leiten sollte: »Einen, dem die Kunst kein Gottesdienst, sondern eine Kava-

liersmarotte war«, beschreibt ihn Alexander Witeschnik, von der rechten Diplomatenart, um den »schwierigen Übergang vom alten Kärntnertortheater ins neue Haus reibungslos durchzuführen«. Schöpferische Besessenheit und Ehrfurcht vor dem Kunstwerk waren ihm nicht gegeben; aber er hatte das Gespür für optische Sensationen, die diese Zeit mehr als alles andere verlangte. Was Ringstraßen-Wien an ihm schätzte, war sein Regietalent. Und sein zynisches Bonmot, das Konzert sei ein überflüssiges, die Oper wenigstens ein notwendiges Übel, machte in Wien die Runde.

Das neue Haus – eine der bedeutendsten Leistungen des romantischen Historismus und der Wiener Ringstraße, ob Wien es nun wahrhaben wollte oder nicht – war das Ergebnis eines Wettbewerbs, dessen ersten Preis die beiden theaterbewährten Architekten Sicardsburg und van der Nüll vor den Dresdnern Ernst Giese und Bernhard Schreiber und vor den Wienern Carl Hasenauer und Ernst Kirschner zugesprochen bekommen hatten. Einvernehmlich wurde das Projekt 1861 von den führenden Architektenkollegen Ludwig Förster, Friedrich Schmidt, Heinrich Ferstel und August Schwendenwein ausgelobt: Schon im Entwurf überzeugten alle die strenge Gliederung, die Klarheit der Kommunikationssysteme, die imponierende Einheit des Riesenbaues mit dem imposanten Kuppeldach und den feinen lombardischen, französischen und deutschen Dekorationsformen der Renaissance. Mathias Constantin Graf Wickenburg-Capello, der Präsident des Opernhaus-Comités, und der österreichische Generalkonsul in Paris, Wilhelm von Schwarz, der später Generaldirektor der Wiener Weltausstellung wurde, beschäftigten sich mit der Lösung von Bau- und Ausstattungsfragen. Als Hauptproblem stellten sich dabei allerdings die enormen Kosten von zwei Millionen Gulden für die Natursteinverkleidung der Fassade und die Steinmetzarbeiten heraus. Doch man entschloß sich, den »Kunstinteressen dieses Opfer zu bringen«.

Noch heikler war es, in der Frage der Innendekoration zu entscheiden. Denn da endeten die Streitigkeiten in einer Verfeindung der Architekten und Maler; die Cliquen prallten aufeinander: Moritz von Schwind, der nobelste unter den Wiener Romantikern, war ursprünglich von Eduard Todesco eingeladen worden, für sein von Ludwig Förster geplantes Palais in der Kärntner Straße einen Freskenzyklus zu gestalten. Schwind wollte diesen »dem Andenken Franz Schuberts«

widmen. Als Todesco ablehnte, sprach der Maler von einem »Zauberflöte«-Zyklus. Als aber nach Förster der junge Theophil Hansen mit der Weiterführung des Baus betraut wurde, lud er seinen Lieblingsmaler Carl Rahl ein. Schwind war aus dem Rennen. Sicardsburg und van der Nüll, die eine Beteiligung Carl Rahls an der Hofoper entschieden ablehnten, fanden nun Schwinds »Zauberflöte«-Entwürfe passend. Im Zuge der Auftragsverteilung für die Innendekoration der Säle der Oper erhielt Schwind zuletzt die Ausstattung der Loggia und des Foyers. »Besonders freut mich, daß ich meine Ansicht durchgesetzt habe, die langweiligen griechischen Götter beiseite zu lassen, und solche Gegenstände anzubringen, die in Wien heimisch sind«, äußert sich Schwind 1864 in einem Brief polemisch über Rahl. Jedoch konnte man Rahl nicht ausbooten; man übertrug ihm schließlich die Ausstattung des Zuschauerraums und verpflichtete auch eine Reihe anderer berühmter Künstler: so Eduard Engerth für die Fresken des Kaisersaals, Hans Gasser für die Skulpturen. Hatte der Bau selbst später manch scharf formulierte Kritik einstecken müssen, so waren sich alle einig über den Innenraum: Er war der Höhepunkt der raffinierten Ausstattungskunst der Ringstraße. Ein Triumph der Farbigkeit im repräsentativen Treppenhaus, das sich mit einem Arkadenhof verquickt und dem Emporsteigenden malerische Durchblicke von höchster Eleganz gewährt. In den einzelnen Geschoßen öffnen sich weite Arkadenbogen gegen die Nebenräume, um nach allen Seiten Durchblicke zu bieten und so den Raumeindruck zu erweitern und zu steigern. Es war sozusagen ein Trick Sicardsburgs und van der Nülls, so die Raumzone durchlässig erscheinen zu lassen. Balkone, Brüstungen, Säulen, Kandelaber und viele andere plastische Akzente steigerten noch die Wirkung von Malerei und Skulptur. Das Stiegenhaus, der komplizierteste und interessanteste Raum, wurde zu einem Gesamtkunstwerk: Die Idee des Gesamtkunstwerks, die alle Monumentalbauten der Ringstraße beseelt, war da geboren worden. Von ausgewogener Pracht war auch der Zuschauerraum, dessen Logenbrüstungen stockwerkweise verschieden ausgefüllte Rechteckfelder schmückten; und wie ein Frontispiz wirkte die Bühnenwand, die die Architektur des Proszeniums rahmte. Daß dieser Zuschauerraum, der als einer der feinsten, schönsten Räume europäischer Theaterbaukunst und als wichtigster Gegenpol zum Innenraum der Pariser Oper

Johann Nepomuk Schönberg, Der Kronprinz von Preußen in der Wiener Hofoper, Xylographie

Charles Garniers galt, nach den Zerstörungen des Zweiten Weltkriegs nicht rekonstruiert wurde, ist eine der unverzeihlichen Sünden der Wirtschaftswunderzeit der fünfziger Jahre gewesen. (München und Dresden haben da vernünftiger gehandelt...)

Als das Operngebäude 1869 eröffnet wurde, erfuhr es – wie in Wien üblich – zuerst einmal unbeschreiblich gehässige Kritik. Von der »versunkenen Kiste« sprach man ebenso wie vom »Königgrätz der Architektur«. Im Rückblick ist dieses erste »Gesamtkunstwerk« der Ringstraße auch einer der wichtigsten Bauten der Stadterweiterung, der Ringstraße und des Historismus geworden: Höhe- und Endpunkt der romantischen Phase des Historismus, der in Wien im ausklingenden Vormärz seine Wurzeln hat und in die frühe Ringstraßenzeit hineinreichte. Der Bau spiegelt die Idee der Architekten, aus den verschiedenen künstlerischen Möglichkeiten der Vergangenheit einen neuen Stil zu schaffen. Besonders bemerkenswert ist dabei, daß die hier herangezogenen Stilvorbilder einer »nicht klassischen« Periode angehören, die insgesamt für den frühen Wiener Historismus eine entscheidende Rolle spielt: nämlich Italiens Trecento- und Quattrocento.

Bereits 1870 übernahm Johann Herbeck die Hofoperndirektion: ein Idealist, Musiker aus Leidenschaft, »Wagnerianer« aus tiefster Überzeugung. Wagners Schriften, vor allem die über das Wiener Opernhaus, waren für ihn die Grundlage seiner Opernreform. Für Wagner setzte er sich von Anfang an ein: 1870 kämpfte er für die Erstaufführung der »Meistersinger« gegen viele Widerstände; und als es während der Prügelszene des zweiten Akts zu Tumulten kam und Johann Beck, der Sänger des Hans Sachs, völlig aus der Fassung geriet, sang Herbeck die Partie vom Pult aus weiter und rettete den Abend. Wagner lohnte es ihm nicht. Alle Versuche, für die Hofoper die Aufführungsrechte für »Tristan« und »Die Walküre« zu bekommen, scheiterten an einem Tantiemenstreit Wagners mit Graf Wrbna, dem Intendanten der Hofbühnen. Herbeck brachte 1874 Schumanns »Genoveva« und Verdis »Aida«, 1875 »Der Widerspenstigen Zähmung« von Götz heraus, trat aber danach zurück. Sein Nachfolger wurde Franz Jauner, Leiter des Carl-Theaters, ein brillanter Wiener Regisseur, der die Oper aus dem Geist des Wortes inszenierte. Jauner, dem begabten Komödianten, Spekulanten und Opportunisten, ging es vor allem um Publikumsgeschmack und Publikumsgunst: Er pilgert zu

Wagner und holt ihn zurück. Schon 1875 ist Wagner wieder in Wien, hört Hans Richter als Dirigent seines »Tannhäuser« und »Lohengrin« und dirigiert selbst seine letzten drei Philharmoniker-Konzerte. »Von dem Enthusiasmus, den der Kaisermarsch und die Bruchstücke aus der ›Götterdämmerung‹ erregten, kann man sich kaum eine Vorstellung machen, nahm er doch die Erscheinungen eines Tollhauses an«, berichtet darüber der Komponist Wilhelm Kienzl. Und Hugo Wolf, damals ein Gymnasiast von sechzehn Jahren, ist von dem Bayreuther Magier fasziniert. 1876 dirigiert Wagner selbst seinen »Lohengrin« als Benefizgala für den Opernchor, der seine Bewunderung fand. Und als Wagner sich verabschiedete, sang der Chor für ihn in der Halle des Kaiserin-Elisabeth-Westbahnhofs »Wach auf« aus den »Meistersingern«.

Jauners wichtigste Leistung: 1879 gelang es ihm, die vier Teile des »Rings des Nibelungen« herauszubringen; der im ungarischen Raab geborene Österreicher Hans Richter, der größte unter den Wagner-Dirigenten der Zeit, der von Wagner selbst »die Weihen empfangen« hat und 1876 Hauptdirigent der Bayreuther Festspiele geworden war, eroberte mit seiner »Ring«-Interpretation das Publikum. Und sicherte in diesen Jahren der Wiener Hofoper die Vorherrschaft in der Wagner-Interpretation, auf der ab 1900 Gustav Mahler aufbauen konnte.

Jauner war auch sonst erfolgreich: Er hatte das Gespür, 1875 Georges Bizets »Carmen« für Wien zu entdecken. Und nur der Tod Bizets verhinderte, daß Wien den Komponisten auch als Dirigenten erlebt hat. Giuseppe Verdi kam und dirigierte seine »Aida« und die »Messa da Requiem« und war von der Qualität des Orchesters fasziniert.

Die Hofoper galt in diesen Jahren als Hort der Opernkultur. »Es war ein Schwelgen im Reichtum begnadeter Stimmen«, zieht Alexander Witeschnik Bilanz: »Da sangen Hermann Winkelmann, der edle, von leiser Tragik umwitterte Heldentenor, ein Tristan von seltenen künstlerischen Ausmaßen, Theodor Reichmann, der Patrizier mit der kostbaren rotgoldenen Baritonstimme, der unvergessene Holländer und ritterliche Don Juan des Hauses, Emil Scaria, der tief menschliche Künstler, der erste Wiener Wotan, und Hans Rokitansky, der gebürtige Freiherr mit dem mächtigen, beseelten Baß, Gatte einer Enkelin des großen Lablache, dessen Ruhm als Sarastro und Kaspar, als Landgraf und König Heinrich, als Pogner und Hagen er fast verdunkelt

hat. Da sangen Amalie Materna, der Stolz des neuen Hauses, die elementare Künstlerin mit dem leidenschaftlichen Temperament und der überwältigenden Stimme, die erste Bayreuther Brünnhilde, Ortrud und Kundry, Wagners ›so treue und tüchtige Materna‹ ... Berta Ehn, die wandelnde Mädchenanmut, Gounods Wiener Gretchen, trotz Wagners Abneigung seine bezauberndste Sieglinde, sein holdestes Evchen. Pauline Lucca, eine wienerische Urbegabung, resch, witzig, hochmusikalisch. Klein, fast zierlich, aber ein sprühendes Temperament, eine prächtig geschulte Stimme, zudem ein realistisches Schauspielgenie. Als Carmen revolutionierte sie die Hofoper. Wenn sie die Angela im ›Schwarzen Domino‹ sang, erkannte man den harmlosen Auber nicht wieder. Maria Wilt, gleichfalls eine gebürtige Wienerin, galt als letzte Königin der großen Schule des alten Kärntnertortheaters. Eine reizlose, ja unglückliche Erscheinung, an deren Üppigkeit sich der Spott wetzte: Man sprach in Wien von der ›Reise um die Wilt in achtzig Tagen‹. Aber wenn sie sang, vergaß man alles. Diese Fülle beseelten Wohllauts, dieser aufjauchzende verschwenderische Sopran schien vom Himmel zu kommen. So hat die Wilt als Leonore, als Königin der Nacht, als Gräfin im ›Figaro‹, aber auch als Norma und Aida den allzeit spottbereiten Wiener Geist Abend für Abend entwaffnet, zur Anbetung gezwungen.« Verbürgt ist eine Geschichte, daß Josefine Gallmeyer, Wiens »weiblicher Nestroy« und eine »rechte Spottdrossel«, die Wilt besuchte und in ihrer unverfrorenen Art bat, ihr etwas vorzusingen: Sie wollte die Sängerin parodieren. Die Wilt stellte sich hin und sang. Als sie endete, rannen der Gallmeyer Tränen über die Wangen. Sie hat die Wilt nie parodiert.
Wagner hatte die Sänger der Hofoper und vor allem auch Hans Richter in Wien schätzen gelernt. Sie alle wurden ab 1876 die Stützen seines Bayreuther Festspielensembles. Der Wiener Historienmaler Josef Hoffmann entwarf die Bühnenbilder für den ersten Bayreuther »Ring des Nibelungen«; die Dirigenten Hans Richter und Felix Mottl, der Vorkämpfer des Akademischen Wagner-Vereins, und vor allem die Sänger Materna, Winkelmann, Reichmann und Scaria bestimmten die Qualität der Festspielaufführungen. Die »Parsifal«-Premiere des Jahres 1882 war ausschließlich von Sängern der Hofoper getragen. Und als Wagner 1883 in Venedig starb, übernahm Scaria, der Wiener Wotan, die Oberleitung der Festspiele, während der tote Meister in ei-

nem Wiener Sarg von Italien in die Heimat übergeführt wurde. Und die Wiener Philharmoniker halfen Wagner stets: Einmal stellten sie ihm den Konzertmeister zur Verfügung, das nächste Mal die berühmten Wiener Tuben ...

Um 1880 geht nicht nur das eigentliche »Ringstraßen-Zeitalter« zu Ende; auch Jauner verläßt nach einem beispielhaften Mozart-Zyklus die Hofoper, um 1881 die Leitung des Ringtheaters zu übernehmen: Emil Förster hatte das Haus nach dem Vorbild der Pariser Opéra comique geplant; es sollte zur Eröffnung der Weltausstellung fertiggestellt sein, wurde aber erst ein Jahr später vollendet. Jauners Spielplan war hervorragend: Rossini, Lortzing, Kreutzer, Flotow wurden von ersten Sängern, prominenten Dirigenten wie Felix Mottl und einem Orchester mit Josef Hellmesberger dem Jüngeren als Konzertmeister zu großen Erfolgen geführt. Doch wenige Monate nach Jauners Antritt kam es zur Katastrophe: Vor Beginn einer Vorstellung von »Hoffmanns Erzählungen« brannte das Haus nieder und begrub dreihundertachtzig Menschen unter seinen Trümmern. Jauner wurde verurteilt; doch arbeitete er als künstlerischer Beirat im Theater an der Wien und schließlich wieder als Leiter des Carl-Theaters. 1900 endete er durch Selbstmord.

An der Hofoper folgte ihm Wilhelm Jahn, ein »Biedermann mit Schulmeisterbrille«, aber ein »Hexenmeister der Theaterszene«. Und ein Entdecker und Erzieher der Sänger, der eine Marie Renard, Paula Mark oder einen Van Dyk erst zu großen Stars machte. Sechzehn Jahre lang maßschneiderte er für Wiens Opernpublikum große Ereignisse: Massenets »Manon« und die Uraufführung des »Werther«, Cornelius' »Barbier von Bagdad«, Mascagnis »Cavalleria rusticana« und Leoncavallos »Bajazzo«, Humperdincks »Hänsel und Gretel«, Kienzls »Evangelimann«, Smetanas »Verkaufte Braut«, Verdis »Othello«. Es gelang ihm, Wagners »Tristan« 1883 mit Hans Richter am Pult zur Erstaufführung zu bringen. Und er machte die Wiener Operette hofopernfähig: Johann Strauß' »Ritter Pazman« wird uraufgeführt, die »Fledermaus« ins Haus am Ring übernommen. Und dem Ballett gibt er besondere Möglichkeiten: Josef Hellmesberger, Franz Doppler und Josef Bayer machen das Hofopernballett mit Aufführungen wie der »Puppenfee« zum Liebkind der Wiener Gesellschaft.

Eines war allerdings schon den Kunstfreunden der Ringstraßenzeit klargeworden: Mit Jahn endet die »Herrlichkeit der Ringstraße in der Hofoper«. Gustav Mahler hält Einzug – »der fremde nervöse Geist der Jahrhundertwende«, der in unvergleichlicher Besessenheit die alte Opernwelt erneuert. Und doch die Untergangsstimmung nicht bannen kann, die Götterdämmerung des Fin de siècle.

Karl Kraus: »Gräßlichkeiten der Salonoperette« Johann Strauß' »Fledermaus« oder »Des Übels Urquell«

Es war ein denkwürdiger Abend: dieser 5. April 1874. Im Theater an der Wien dirigierte Johann Strauß die Uraufführung seiner funkelnagelneuen Operette »Die Fledermaus«. Das Publikum war begeistert und feierte Strauß und die Sänger, die Kritiker fanden das Werk nicht ganz so an- und aufregend und mäkelten lustlos an Richard Genées Libretto herum. In der Geschichte der Strauß-Rezeption findet man das immer wieder, daß seine Werke bei der Uraufführung kühl, mitunter sogar abschätzig beurteilt wurden. Man braucht nur bei Daniel Spitzer, dem einst so populären »Wiener Spaziergänger«, nachzulesen; in seinen Feuilletons in der »Neuen Freien Presse« zauste er zum Gaudium des Publikums Künstler und Ereignisse. »Eine schöne Melodie bleibt nicht lange ein Geheimniß. Schon am ersten Abend fühlt der Glückliche, der sie gehört hat, das Bedürfniß, dieselbe beim Hinaustreten auf die Straße aller Welt zu verrathen, und bald ist sie die unzertrennliche Begleiterin des Bummlers, der müßig, die Hände in der Tasche, dahinschlendert: es trällert sie der Verliebte, der auf seinen Schatz wartet, es singt sie die Magd, während das Wasser aus dem Brunnen in ihren Krug rinnt, und endlich ist sie das Gemeingut sämmtlicher Lerchen der Schusterwerkstätte, die sie lustig pfeifen ... Aber es ist schade, daß die hüpfenden Melodien unseres Strauß einen so langweiligen Text zu remarquiren haben. Operetten sind nur mehr in Musik gesetzte Satyren, gegen die weder die Tonsur, noch das Porte-Epée, noch die Krone und selbst die Unsterblichkeit schützt; denn wir haben immer die Schwäche der Priester, Generäle, Monarchen und Götter mit dem Fiedelbogen geißeln gesehen und gehört. Doch wollte ich nur uns Wienern zu der

neuen Operette von Strauß Glück wünschen, und es ist durchaus nicht meine Absicht, meinen weit musikalischeren Collegen in die Kritik zu pfuschen.«
Kritik an Strauß hatte damals Tradition und wurde selbst noch von Karl Kraus mit aller Heftigkeit vorgetragen. Johann Strauß' Operetten wurden von Kraus, der nur Jacques Offenbach als Vertreter des Operettengenres gelten ließ, nicht einmal akzeptiert. »Der Drang, das Leben der musikalischen Burleske zu verifizieren, hat die Gräßlichkeiten der Salonoperette erschaffen, die von der Höhe der ›Fledermaus‹ – des Übels Urquell! – über die Mittelmäßigkeit des ›Opernballs‹ in die Niederung der ›Lustigen Witwe‹ führen. Von der natürlichen Erkenntnis verlassen, daß ein phantastisches oder exotisches und jedenfalls ein der Kontrolle entrücktes Kostüm notwendig ist, um das Singen in allen Lebenslagen wahrscheinlich zu machen, und ohne Ahnung, daß ein singender Kommis im Smoking eine Gesellschaftsplage bedeutet, wagt diese neue Industrie das Äußerste – Der aufgeweckte Verstand hat den Unsinn entlarvt und seine Rationalisierung durchgesetzt. Was geschieht? Der Unsinn, der früher das Element war, aus dem Kunst geboren wurde, brüllt losgebunden auf der Szene. Unter dem Protektorat der Vernunft entfaltet sich eine Gehirnschande, welche die dankbaren Dulder ärger prostituiert als die spekulativen Täter. Die alten Operettenformen, die an die Bedingung des Unsinns geknüpft bleiben, werden mit neuer Logik ausgestopft, und der Effekt läßt sich etwa so an, als ob jetzt die opernhafte Lächerlichkeit von einer Bande entfesselter Tollhäusler demonstriert würde. Die Forderung, daß die Operette vor der reinen Vernunft bestehe, ist die Urheberin des reinen Operettenblödsinns.«
Und selbstverständlich rechnet auch Eduard Hanslick mit Strauß ab: So wirft er der »Fledermaus« vor, daß Strauß den Hörer von Anfang an mit zu vielen gesungenen Walzer- und Polkathemen überhäuft, die kaleidoskopisch einander drängen ... »Wenn wirklich einmal ein Walzer an berechtigter Stelle erscheint (wie der sehr hübsche in dem Ball-Finale der »Fledermaus«), macht er weitaus nicht den Effect, welchen er, wohlaufgespart, in einer anderen Oper machen würde. Es ist eine Täuschung zu glauben, es komme nothwendig durch den Walzer ein rascher, dramatischer Zug, eine vorwärts treibende Kraft in die Opernmusik. Der Walzer ist lyrisch, nicht dramatisch; er hat

keinen dialektischen Fortgang, sondern beharrt im Gleichmaß des Rhythmus, der Stimmung, kehrt wie ein Kreis stets in sich selbst zurück. Wo demnach die Situation sich verändert, fortschreitet, wo erzählt, gehandelt wird, da bewirkt das wiegende Walzertempo vielmehr einen lästigen Stillstand als eine forttreibende Bewegung. Auch gibt es einen Unterschied zwischen vornehmen, ausdrucksvollen Gesangsmelodien ›in Walzertempo‹ und jenen mehr für die Geige als für den Gesang geeigneten Wiener Walzerthemen, deren zuckender, juckender Geist doch eigentlich nur im Tanzsaal eine legitime Herrschaft ausübt. So sehen wir denn in den drei Operetten von Johann Strauß ein unstreitig glänzendes Talent außerhalb seiner rechten Sphäre. Daß jene immerhin noch besser, weil musikalisch erfindungsreicher sind, als die meisten übrigen Wiener Producte dieser Gattung, sei zugestanden aber mit dem dramatischen Leben und Esprit der besseren Stücke von Offenbach oder Lecocq halten sie keinen Vergleich aus.«

Spitzer, Hanslick, Kraus sollten zwar recht behalten, daß Strauß nie ein Operettenkomponist im Sinne Offenbachs wurde. Aber sie übersahen leider, daß ihm absolute musikalische Formen wichtiger waren und daß ihm Textbücher nur dazu dienten, seine musikalischen Ideen plazieren zu können. Fünfzehn Operetten hat Strauß komponiert; und nach seinem Tod 1899 stellte man aus dem musikalischen Material zahllose neue Stücke zusammen – wie etwa »Wiener Blut«. Denn die grandiose Musik war sehr oft »austauschbar«, weil Strauß sich immer an die Wesensmerkmale der Gattung hielt, die da sind: Volksstück, Märchen, Italianità, Ungarn- und Balkangenre, das kammerspielhaft beginnende, im zweiten Akt sich zur großen Gesellschaftsszene steigernde Lustspiel mit seinen Wurzeln im Vaudeville. Maßstäbe hat Strauß in jedem dieser Genres gesetzt: zuerst im »Zigeunerbaron«, dann in einem Dutzend anderer Slawen-, Ungarn- und Zigeuneroperetten kopiert; in der »Nacht in Venedig«, die den Traum des Wieners von der Serenissima wie kaum ein anderes Werk traf und deren Italianità nur noch vom Halbitaliener Franz von Suppé im »Boccaccio« erreicht wurde; im deutschen »Waldmeister« und in historisierend-märchenhaften Wien-Stoffen …

Die »Fledermaus« war da fast ein Sonderfall. 1869 hatten Maximilian Steiner und Marie Geistinger die Leitung des Theaters an der Wien

übernommen. Sie konnten Strauß überreden, für ihr Haus Operetten zu schreiben: »Indigo und die vierzig Räuber« und »Carneval in Rom« wurden Erfolge. Da entdeckte man für Strauß »Le Réveillon«, ein Vaudeville der Offenbach-Librettisten Henri Meilhac und Ludovic Halévy, das auf das Lusstpiel des Berliner Lustspieldichters Roderich Benedix zurückgriff. »Le Réveillon« wurde Franz Jauner, dem Leiter des Carl-Theaters, angeboten. Sein Librettist Karl Haffner sollte eine deutsche Fassung herstellen; als diese nicht gefiel, wurde Richard Genée, der für das Theater an der Wien arbeitete, damit beauftragt. Genée erkannte die Zugkraft des Stücks und seine hervorragende Eignung des Stoffs für eine Operette. Strauß erhielt das Buch – damals mit dem Titel »Dr. Fledermaus« – 1873 und soll die Musik in 42 Tagen und Nächten komponiert und dann mit Genée die Endfassung hergestellt haben.
Er hatte damit Offenbach »aufgewogen«. Die Operette der Ringstraßenzeit war damit neben dem Schauspiel und der Oper zu einer ebenbürtigen Gattung geworden, die durch die unvergleichliche »klassische Operetten-Trias« Strauß – Suppé – Millöcker getragen wurde: Zwischen 1876 und der Jahrhundertwende erlebte das operettenbesessene Wien jährlich zwanzig bis dreißig Operettenaufführungen, nach 1900 sogar vierzig. Werke wie Suppés »Fatinitza« (1876), »Boccaccio« (1879) und »Donna Juanita« (1880), Millöckers »Bettelstudent« (1882), »Gasparone« (1884) und der »Arme Jonathan« (1890) wurden zu Marksteinen dieser schimmernden Scheinwelt der Operettenkultur und ihrer Märchenatmosphäre. Es ist sehr bemerkenswert, daß mit Carl Zellers »Vogelhändler« (1891) und Richard Heubergers »Opernball« (1898) dieses »Träumen in der Wirklichkeit« der Ringstraßenzeit einer »erträumten Wirklichkeit« des Fin de siècle und der »silbernen Operettenära« weicht: ein Phänomen, das wir – wenn auch auf anderem Niveau – auch in der Dichtung und bildenden Kunst finden. Die Operette produziert jetzt auch »Schlager«, und das Wienerlied wird dramaturgisch eingebaut.
Doch zurück zur »Fledermaus«, des »Übels Urquell«. Wenn die Kritik Richard Genées Libretto so erbärmlich zauste, sollte sie damit nicht recht behalten. Denn es sollte zum Vorbild einer ganzen – sehr erfolgreichen – Generation von Salonoperetten und musikalischen Lustspielen werden. Die Nummern der »Fledermaus« wurden Weltschla-

ger, die Operette selbst feierte schon im ersten Jahr Triumphe in Berlin, Hamburg, Budapest; für die Pariser Aufführung 1877 schrieb Strauß die Neufassung »La Tzigane«. Bis 1890 eroberte sie dann Amerika und Australien, 1894 wurde sie in Wien »hofopernfähig«, und Gustav Mahler nahm sie 1897 in sein ständiges Repertoire. Keine Frage: Die »Fledermaus« wurde zum Inbegriff der Walzerseligkeit der Ringstraßenzeit – und mit Franz Lehárs »Lustiger Witwe« von 1905 die meistgespielte Wiener Operette, ja das meistgespielte musikalische Bühnenstück …

Claudio Magris hat die Operette eine »Idylle der Dämmerung der Monarchie« genannt, deren oft so banal-frivole Libretti und bald heiter gelöste, bald wehmütig raunende Melodien durch viele unterirdische Fäden an die Werke der reifsten Dichter dieser Zeit, vor allem an Schnitzler und Hofmannsthal, gekettet sind. Denn mit den wachsenden Problemen der Monarchie verbindet sich die Flucht aus der Wirklichkeit in einen leichtsinnigen Hedonismus. Johann Strauß, der »Nervendämon«, war die typischeste Stimme der Ringstraßenzeit: Wie nur noch Hans Makart lehrte er die Gesellschaft das musikalische Vergessen. »Österreich ist zuerst Geist geworden in der Musik«, schreibt Hofmannsthal und begreift damit die Versuche der Zeit, die vollkommene ästhetische Befriedigung durch die unpolitischeste aller Künste herbeizuführen. Auch darin liegt der Aufstieg der Vergnügungsmetropole Wien zu einer der führenden Musikmetropolen des Fin de siècle begründet: Richard Wagner, Anton Bruckner, Johannes Brahms, Johann Strauß, Carl Goldmark, der Komponist der »Königin von Saba«, der »Kult-Oper« der Ringstraße und des Historismus, schließlich Hugo Wolf und Gustav Mahler steigern den raffinierten Glanz der Regierungszeit Franz Josephs; Richard Strauss läßt ihn schließlich in der Ersten Republik ein letztes Mal aufleuchten.

Magris nennt die Operette ein Paradebeispiel für den dekadenten Glanz und Johann Strauß ihren »Zeremonienmeister«, der die tragische Fabel der Donaumonarchie in farbenfrohe, folkloristische Idyllen verwandelt. Im »Zigeunerbaron« von 1885 preist er den politischen Ausgleich mit Ungarn, in »Jakuba oder Das Apfelfest« den wehmütigen Zauber der slawischen Welt. »Die Operette ist die frivole, heitere Antwort auf jede Sorge, die den habsburgischen Himmel umwölkt: so komponiert Anton Fahrbach zum Wiener Börsenkrach

1873, der manche bis in den Selbstmord treibt, seine »Krachpolka«, und Strauß spült in der »Fledermaus« die Sorgen des Augenblicks mit seinem Hymnus auf »Champagner den Ersten« fort. Die Zeitgenosssen haben das nur empfunden, aber nicht zu deuten und zu analysieren verstanden – auch nicht die Kritiker: Aber in der »Fledermaus« verdichtet sich – wie Magris formuliert – der »sorglose, heitere Mythos des habsburgischen Niedergangs in seiner oberflächlichsten Form und kommt in spritzigen Melodien und Gestalten zum Ausdruck, die mit den Figuren der zeitgenössischen österreichischen Literatur viele Berührungspunkte aufweisen.« Am Höhepunkt des »Fledermaus«-Balls im Palais Orlofsky brechen alle in Hochrufe aus: Es lebe Champagner der Erste! Die Gottheit, der diese Gesellschaft huldigt, ist der Schwips. Und die meisten Operetten der ausklingenden Ringstraßenzeit und der Jahrhundertwende werden zu Huldigungen an Champagner, Lebenslust, Liebeslust.
»Diese Schwärmerei für stutzerhafte Uniformen, schöne, leichtfertige Frauen und unwiderstehliche Leutnants bildet als Apotheose des Fleisches und der Laune den Höhe- und Schlußpunkt des österreichischen epikureischen, katholischen und apolitischen Heidentums. Doch selbst in der übertriebenen Stilisierung und komischen Entstellung enthüllen die Operettengestalten in ihrer Banalität und Sentimentalität die Bestrebungen und das Philistertum einer ganzen Kultur, die nur im Bereich des Vergnügens lebendig und dynamisch, der Empfindungs- und Denkweise nach aber feudal ist. Zu dieser Zeit, da die deutsch-liberale Partei vorherrscht, die großbürgerlichen Familien Bestätigung finden und der Geldmensch in den Salons an die Stelle der Adeligen tritt, hat auch das Bürgertum eine aristokratische, feudale Art, die Wirklichkeit zu sehen und zu genießen. Die strenge protestantische Profit-Ethik findet in Österreich keine Anhänger, an ihrer Stelle herrscht vielmehr stets ein aristokratischer Prunk, der – anachronistisch geworden und jeglicher Funktion beraubt – nur mehr die festliche, genießerische Seite bewahrt. Adelige und Beamte werden als fröhliche, geldlose und lächerliche Marionetten, als Frauenhelden wie Graf Danilo in der ›Lustigen Witwe‹ gezeichnet oder als Beschwipste, wie der Gefängnisdirektor Frank in der ›Fledermaus‹.«
»Operettenfiguren spielten die Tragödie der Menschheit«, konstatierte der Moralist Karl Kraus.

J. Rotter, Szenen aus Johann Strauß' Operetten »Die Fledermaus«, »Der lustige Krieg«, »Der Zigeunerbaron« u. a., Federzeichnung, 1897

Die »Fledermaus« als Phänomen der Ringstraßenkultur: »Glücklich ist, wer vergißt, was nicht mehr zu ändern ist.« Eine aufrichtige, zehrende Wehmut belebt diese Sehnsucht nach Freude; man will nicht an das Unvermeidliche denken, das zuletzt das Ende der Donaumonarchie sein wird, schreibt Magris. Die Traurigkeit dieses Verdämmerns muß selbst in die Operettenfröhlichkeit einsickern und wird zum Gespür für Vergänglichkeit. »Flieht auch manche Illusion, die dir einst dein Herz erfreut, gibt der Wein dir Tröstung schon durch Vergessenheit!« Das Empfinden der flüchtigen Freude und die lächelnde Entsagung dieser Flüchtigkeit kennzeichnen das Zeitalter der Walzer und die österreichische Dichtung bis Hugo von Hofmannsthal, der leise unter der unaufhaltsamen Vergänglichkeit und dem unmerklichen Verblühen leidet. Diese Wehmut ist das Spiegelbild einer wesentlich sinnlichen Lebensauffassung, die völlig im endlichen Bereich der Wünsche und Empfindungen eingeschlossen und unerlösbare Gefangene der Zeit ist. Keinerlei Verpflichtung, weder religiöser noch geschichtlicher Art, erlöst das kurze irdische Abenteuer: Es flieht im Gegenteil vor dieser Verpflichtung, und die Liebe wird zur rein sinnlichen Laune und Illusion.

Man muß eigentlich nur die beiden Heldinnen der »Fledermaus« ansehen, um zu wissen, wie man die Frauen dieser Zeit sah. Adele und Rosalinde, das verführerische Stubenmädchen und die maliziöse Herrin – sie sind für Magris die weiblichen Prototypen der Ringstraßenzeit und des habsburgischen Fin de siècle: diese beiden Leitfiguren der österreichischen Literatur spiegeln die eigene prickelnde, sinnliche Eitelkeit wider. Das spöttische, scharfzüngige Stubenmädchen Adele ist gewissermaßen die Synthese aller Stubenmädchen, die die österreichische Literatur erheitern. Eine Spur kapriziöser Flatterhaftigkeit und ein wenig Sentimentalität, die die Liebeskomödie veredelt: so ist die Circe der k.k. Welt – zum Unterschied zu ähnlichen französischen Geschöpfen – ein liebenswertes, gutmütiges und munteres Geschöpf, das niemanden in Unheil stürzt, sondern kurzes Vergessen schenkt. »In gutsitutierten Häusern führten reizende Stubenmädchen die jungen Herren in die Liebeskunst ein, gleich wie bei Hof die Weckung und Erfüllung der Sehnsüchte junger Erzherzoge in den Händen einer erfahrenen Liebesdienerin lag. Diese mißbrauchten jungen Geschöpfe umgibt eine Art Sühnekomplex, der sie idealisiert und aus ihnen das Symbol einer begehrlichen, flüchtigen Freude macht. Das panem et circenses, womit die habsburgischen ›Cäsaren‹ ihre Völker besänftigen, beruht zum großen Teil auf dieser Sinnenfreude. Diese halb sklavische, halb ästhetische Beziehung zu einer niedrigeren sozialen Stufe erhellt die ganze Struktur des Systems.« Diese Zeit steht auf dem ersten Blick völlig im Zeichen der Lust und der Flucht in das Vergnügen; Makarts Blumenbouquets und seine dekorative, sinnenfreudige Malerei sind das Spiegelbild dieser hedonistischen Wirklichkeitssicht, der es aber nicht an einem leidenschaftlichen Streben nach Schönheit fehlt.

Wie anders ist doch Rosalinde, die treu-untreue Gattin: Sie liebt ihren Mann Gabriel. Dennoch kokettiert sie mit dem Ehebruch, genießt das eindeutige Angebot des Liebhabers Alfred, aber auch die Möglichkeit, in dieser Affäre selbst entscheiden zu können. Aus einem Gemisch aus Laune und fast mütterlicher Zärtlichkeit könnte sie bereit sein, ihrem Anbeter nachzugeben – aber eigentlich empört sie vor allem der Betrug des Gatten, den sie mit maliziöser Berechnung bloßstellt. »Das Thema Ehebruch ist der Niederschlag eines weitverbreiteten sozialen Faktums und das Ergebnis einer äußerlichen, formalistischen Art, menschliche und familiäre Beziehungen einzuordnen«, konstatiert Magris. »Es umgibt die Frau im alten Österreich – soweit man in ihr, nach der Logik allen konservativen Empfindens, nur eine Akteurin im Spiel der Liebe und keine freie vollausgebildete Persönlichkeit sieht – mit einer sinnlichen Note und dem Hauch der Vergänglichkeit.« Die Frau als anziehendes Ornament des erfolgreichen Mannes, als Objekt der Sinnenfreude, wie der Maler Makart sie verstand. Doch ist sie ein Wesen, das sich mit boshafter Launenhaftigkeit, unvorhersehbaren Ausbrüchen und boccacciohafter List für all die Freiheiten rächt, die der Mann sich selbstverständlich herausnimmt. Den Höhenflug der Liebe hindert eine Schranke aus Frivolität und Skepsis.

Der vordergründige, genußfrohe Aspekt einer solchen Geschichte spiegelt sich in den meisten Wiener Operetten und banalen kleinen Lustspielen. Nicht von ungefähr singen etwa in Franz von Suppés »Boccaccio« die Liebenden: »Hab ich nur deine Liebe, / die Treue brauch' ich nicht.« Laune und Untreue, sanfte, illusionslose Erhörung und vornehme Hinnahme der mittelmäßigen Gefühle bestimmen das

Johann Strauß dirigiert die Elberfelder Kapelle Julius Langenbach im Musikpavillon der Weltausstellung am Mozart-Platz, Xylographie

erotische Klima der Operette; aber sie erschaffen auch ein »unverwechselbares stilistisches Klima im Schaffen der bedeutenden österreichischen Schriftsteller« der Zeit. Sie lassen dort »leichte, ruhelose und wehmutsvolle Frauengestalten entstehen, die die etwas müde Atmosphäre ihrer Kultur in sich tragen. Schnitzlers betrogene und untreue Frauen, Hofmannsthals Marschallin in ihrer Sinnlichkeit und Traurigkeit oder Arabella mit ihrer unvorhersehbaren Anziehungskraft« sind die distinguierten Erbinnen des erotischen Klimas der Operette. »Das Problem der Treue ist eines der Kernthemen bei Hofmannstahl und bildet seine ausweichendste, fluchtgeneigteste, typisch österreichische Seite.«

Maskenfeste, Redouten und Maskenspiele waren eine Wiener Spezialität, und nicht erst der Ringstraßenzeit. Es ist also kein Zufall, daß in der »Fledermaus« der dramaturgische Knoten bei einem Maskenfest geknüpft und auch gelöst wird, daß hier alle Komödien-Mißverständnisse entstehen und alles doch noch einmal gut ausgeht. »Die Lust an der Maske ist ... bezeichnend; bedeutet sie einerseits einen spielerischen Kunstgriff und gewissermaßen das Faschingsmotto der Wirklichkeitsflucht, so erinnert sie doch andrerseits an die barocke Sehnsucht, sich zu verbergen.« Die Wirklichkeit wird als veränderlicher, ungreifbarer Schein und unstetes, in ständiger Verwandlung begriffenes Spiegelspiel verstanden. Die Maskerade ist die operettenhafte Dimension des österreichischen Barockerbes, die einfältige Folgerung aus der Auffassung vom Leben als großem Theater. Schnitzlers Personen weisen später das mechanische, trockene Los von Marionetten auf, während bei Hofmannsthal die Maske als symbolische Anspielung auf sein Bemühen, in das Innere der vielfältigen Erscheinungen einzudringen und mit aristokratischer Zurückhaltung das eigene Antlitz zu verbergen, zu einem seiner vielschichtigsten Themen wird. Das Motiv der Verkleidung kommt charakteristischerweise bei Hofmannsthal immer wieder vor; es liegt ihm in vielen seiner Werke am Herzen: in »Lucidor«, »Arabella« und im »Rosenkavalier«, hier sogar in zweifacher Form, als Mädchen in Männerkleidung und umgekehrt. Und gerade Johann Strauß nimmt feinfühlig und ahnungsvoll viel vorweg: In seiner Operette »Carneval in Rom« wird neben den Themen der Treue – Maries Liebe zum Maler Arthur – und der Untreue – Arthur und die Gräfin Falconi –, auch das der Verkleidung entwickelt: Marie lebt an der Seite des Geliebten, verkleidet als Page Beppino. Der österreichische Barock war von viel italienischem Phantasiegut durchdrungen worden, und so sollte Hofmannsthal sich von der orientalischen und italienischen Welt inspirieren lassen.
Die wirbelige Ausgelassenheit des Operettenklimas läßt übrigens übersehen, wieviel Konservativismus dieses Erbe birgt und wie Leichtsinn die Dekadenz verhüllt. Dieselbe stilisierte Welt wiederholt sich von Strauß bis Franz Lehár, von Emmerich Kálmán bis Leo Fall und Oscar Straus. Maskiert, im Walzer-, Polka- und Csárdásschritt nähert man sich dem Abgrund. Schon die Titel der bekanntesten Operetten erinnern an Motive und Gestalten dieser maskierten Welt:

Lehárs »Zigeunerliebe« und Kálmáns »Csárdásfürstin« verherrlichen Zigeuner und ungarische Folklore, wie sie in den Pusztagemälden August von Pettenkofens heraufbeschworen werden; Oscar Straus' »Walzertraum« preist die Verführungstalente des österreichischen Leutnants usw. Der Philosoph und Soziologe Theodor W. Adorno nannte diese Werke »Wiener und Budapester Schmalzoperette«.
Stets steht im Mittelpunkt die schöne, launenhafte, geistreiche, oft auch vermögende Frau, sei es als »Fledermaus«-Rosalinde, als lustige Witwe, als Zirkusprinzessin oder als Besitzerin des Weißen Rößl; der wohlwollende, genußfrohe Erzherzog, ein geborener Charmeur; der gigerlhafte, schöne Leutnant, am besten ein Gardeoffizier! Magris nennt sie die Protagonisten des letzten Akts dieses habsburgischen Theaters, die walzenden Figuren des großen Totentanzes. Es ist bemerkenswert, welch reichhaltige Amüsier-Literatur diesen Spuren in der Verwandlung einer sich immer schwieriger gestaltenden Realität folgt. Die Stücke heißen alle immer mehr oder minder wie die von Franz Molnár: »Der Gardeoffizier«, »Spiel im Schloß«, »Olympia«. Der wienerische Mythos erweist sich als überaus vital und überlebt seine konkrete geschichtliche Funktion, die Franz-Joseph-Zeit; er wird zur beispielhaften Projektion einer Volkssehnsucht à la Dreigroschenhefte nach gekrönten Häuptern und Hofbällen und reicht bis zu den Sissi-, Frühjahrsparade- und Maria-Theresia-Filmen nach dem Zweiten Weltkrieg. Ein trivialisierter Mythos.

»Erwachen zum Tode«, Valse Macabre

Abschied von Kaiser Franz Joseph, der Trauerzug am 30. November 1916 vor dem Äußeren Burgtor

Ein gelber Page (Nachtwache von Rembrandt?) bringt mir Brief. Ich weiß, dieser Brief ist von Franz Ferdinand, der über meine Werke mit mir zu reden hat (polemisch) – aber nein, es ist eine Aufforderung der Jesuiten, ich solle Franz Ferdinand töten. Ich lehne wortlos ab«: Arthur Schnitzler notierte diesen seltsamen Traum am 1. Juni 1914 in sein Tagebuch. Sonntag, 28. Juni, wird Erzherzog Franz Ferdinand von Este von dem bosnischen Serben Gavrilo Princip im Auftrag der »Schwarzen Hand« in Sarajewo erschossen. Am 28. Juli löst die Kriegserklärung Österreich-Ungarns an Serbien den Ersten Weltkrieg aus. Und am 10. Juli veröffentlicht Karl Kraus in der »Fackel« unter dem Titel »Franz Ferdinand und die Talente« einen Nachruf auf den Thronfolger, der zu einem Nachruf auf eine versinkende Endzeit wird: »Franz Ferdinand scheint in der Epoche des allgemeinen Menschenjammers, der in der österreichischen Versuchsstation für Weltuntergang die Fratze des gemütlichen Siechtums annimmt, das Maß eines Mannes besessen zu haben.« Kraus verbündet sich da – post mortem – mit dem Toten gegen die Meute der Angepaßten und Mittelmäßigen, die in diesen Jahren in allen Bereichen des öffentlichen Lebens das Sagen bekommen hatten. Und er gibt seiner Geringschätzung noch ein tötendes Schmückwort: die Talente. An den Talenten sieht er diesen Staat zugrunde gehen. Ihre Herrschaft betreibt die böse schillernde Vermischung von Leben und Kunst, die Ausbeutung der Wirklichkeit durch ästhetische Phrase.

Kraus blickt zurück in heiligem Zorn, in die Gründer-, die Ringstraßenzeit, die mit so viel Elan eine Erneuerung versprochen hatte. Er steht jetzt an der Bahre der Epoche, die nach außen hin zwar immer neuen Glanz, immer mehr Pracht und Luxus entfaltet hat. Doch dahinter sieht er nur eitle Pose, Verstellung und Schaustellung – in theatralischer Weise sich und die Welt »zur Schau zu stellen« war das oberste Prinzip, dem Ringstraßen-Wien alles unterwarf, an dessen Perfektion alles gemessen wurde. »Wo das theatralische Bewußtsein alle Lebensäußerungen beherrscht, wird es doppelbödig, verweist die Pose auf ihren Hohlraum, lebt die Fassade von dem, was sie verbirgt«, schreibt einmal der Wiener Kunsthistoriker Werner Hofmann, »zugleich aber bedarf diese Schaustellung, da sie mit dem schönen Schein auch dessen Gefährdung genießt, des Spielverderbers, der mit seinem Mißton die ästhetische Illusion zerstört, aus der Kunstwelt heraustritt und sie desavouiert.«

Hofmann hat aber auch darauf hingewiesen, daß hier selbst der Warner den Umriß einer überhöhten Spielfigur annimmt; es sei der Tod, dem es seit eh und je zukam, die Eitelkeit des irdischen Treibens zu entlarven. Er ist der unbekannte Herr, der Arthur Schnitzlers »Liebelei« (1895) ein Ende macht; er verwirrt die Handlung im »Grünen Kakadu« (1899); er tritt als Knochenmann in Hofmannsthals »Jedermann« (1911) auf. Kraus sieht Franz Ferdinand in seinem Nachruf in ähnlichem Zusammenhang: »Dieser Einzelne verläßt den Mummenschanz der beflissenen Lemuren, tritt an die Rampe und sagt allen, den Akteuren und den mitspielenden Zuschauern, wieviel es geschlagen hat. Doch anders als die Spielfiguren muß er seinen Entschluß, die somnambule Scheinwelt zu verlassen, mit dem Tod bezahlen. Nicht nur stirbt dieser harte Willensmensch, von seinen Mördern ebenso wie von den Regisseuren der habsburgischen Staatsräson als Störenfried einkalkuliert, einen exemplarischen Tod, er beschleunigt damit das Ende der Doppelmonarchie, deren Erneuerung er sich vorgenommen hat.« Und während Franz Ferdinands letzte Zurschaustellung als theatralischer Kondukt im prachtvollsten Neo-Barock, dem Lieblingsstil des konservativen Thronfolgers, inszeniert wird, treten die Erben Ringstraßen-Wiens zur Valse macabre an ...

Kraus hat in Franz Ferdinand, dem »ungestümen Boten aus Altösterreich«, einen Erwecker zum Tode gesehen: Er sollte die todkranke Zeit wecken, »daß sie nicht den Tod verschlafe«, und die verlogenen Akteure der unausweichlichen Katastrophe entlarven. Aber: Kraus bietet keinen Ausweg, keine Lösung an. So entspringt der moralische Auftrag, den dieser wortmächtige Störenfried sich gibt, der ästhetischen Faszination, die Spielfiguren dieses grotesken Totentanzes auf ihn ausüben. Ihren Tod sollen sie haben, aber verschlafen dürfen sie ihn nicht. Hier steckt das Paradoxon dieses Züchtigers. Indem er die Nullen aufweckt, tötet er sie und sichert ihnen im Sprachkunstwerk die Unsterblichkeit.« Der Einzelgänger und Eigenbrötler Kraus stößt die Kunstwelt auf eines der großen Leitmotive der österreichischen Kultur des Fin de siècle und der Nachfolgezeit: das »Erwachen zum Tode«.

Tatsächlich ging mit dem Tod Franz Ferdinands Wiens einzige »Insel

der Zukunft« im Strudel der Ereignisse unter: Dort wurde bis zuletzt Politik als Strategie des Überlebens betrieben. Am Kaiserhof, wo Franz Ferdinands immer wieder eingeforderte Reichsreformen auf offene Ablehnung stießen, witterte man bereits Morgenluft. Die Monarchie versank in ihren letzten Traum von Selbstdarstellung, man forderte eine längst fällige Machtdemonstration Österreich-Ungarns und ein Großreinemachen auf dem Balkan. Gerade die Kriegsbefürworter um Conrad von Hötzendorff schätzten die Reformideen Franz Ferdinands wenig und fürchteten seine funktionierende Machtzentrale im Schloß Belvedere und noch mehr die Konsequenzen seiner möglichen Thronbesteigung. »Verbittert, pessimistisch, mißtrauisch – nicht schön, nicht liebenswürdig, nicht gütig« beschreibt der sonst so amüsante Chronist Altösterreichs, Otto Friedländer, den Erzherzog-Thronfolger. Und man merkt jedem seiner Sätze an, daß die Erinnerungen ihm die Worte gefrieren lassen. »Um ihn ist Gewitterluft« – das bemerkten alle, bis hinunter zu den Lakaien, nach jedem Besuch Franz Ferdinands beim Kaiser. In der spartanischen Atmosphäre des kaiserlichen Arbeitszimmers löste jeder Besuch elektrische Hochspannung aus; das Grollen politischer Auseinandersetzungen lag in der Luft. »Er ist nicht der Mann, um den sich frohes geselliges Leben entwickeln kann. Sein Kreis, den er ängstlich eifersüchtig vom Kaiser, vom Großkapital, von den Freimaurern, von den Juden, von den Sozialdemokraten, vom liberalen Westeuropa, von weiß Gott, was noch isoliert, ist die unzugänglichste und die unheimlichste von all den vielen Inseln, in die Wien zerfällt.«
Der Kaiser nahm Franz Ferdinand den Ausbau seiner Militärkanzlei im Belvedere, die er als eine Art Nebenregierung empfand, sehr übel; der Hof verhielt sich abwartend; die Wiener Gesellschaft beobachtete ihn mit Argwohn. Und selbst im engsten Familienkreis war »der Franzi«, der gegen den Willen aller die morganatische Ehe mit der Hofdame Sophie Gräfin Chotek erzwungen hatte, alles andere als beliebt. »Sonderbar ist es«, notierte zum Beispiel Kaiserin Elisabeths Tochter Marie Valerie nach dem Selbstmord des Bruders Rudolf, daß auch dieser »erst neulich zu Mama sagte, wenn je Franz – also Franz Ferdinand – zur Regierung käme, so ginge es nicht mehr.« Marie Valerie konnte sich mit dem Gedanken nicht abfinden, unter einem Kaiser Franz Ferdinand leben zu müssen und »das Leben auf dem

faulen Wiener Boden in dieser schwülen, ungesunden moralischen Atmosphäre zuzubringen«. Franz Ferdinand war zur Symbolfigur für die Abkehr vom alles lähmenden habsburgischen Mythos geworden; zu viel hantierte er an den Hebeln der Macht, um Franz Josephs dynastisch-universalistisches Prinzip durch sein eigenes Reformkonzept zu ersetzen; zu sehr kratzte er am idealisierten, zur gütigen Vaterfigur erstarrten Kaiserbild, das der habsburgischen Familie wie der Aristokratie, dem Großbürgertum, dem Militär und der Bevölkerung längst unersetzlich schien.

Voll Pessimismus schrieb Kronprinz Rudolf in seinem Abschiedsbrief an seine Schwester Marie Valerie: »Wenn Papa einmal die Augen schließt, wird es in Österreich sehr ungemütlich. Ich kenne, was dann folgt, nur zu genau und gebe Euch den Rat, dann auszuwandern.« Und was Kaiserin Elisabeth über die Zukunft unter Franz Ferdinand dachte, notierte Marie Valerie: »Übrigens glaubt Mama, daß sich Österreich überhaupt nicht mehr halten wird, wenn Papa nicht mehr ist, der durch die Macht seines makellosen Charakters und aufopfernde Güte die widersprechenden Elemente vereint ... Nur die Liebe zu Papa halte die Völker Österreichs zurück, offen zu bekennen, wie sehr sie sich nach dem großen deutschen Vaterland zurücksehnen, aus dem sie verbannt sind.«

Müdigkeit, tiefe Resignation, die Kälte des Sterbens spricht aus diesen Marginalien der Wissenden, die die Situation längst – mit Karl Kraus'scher Ironie – als »hoffnungslos, aber nicht ernst« empfanden. Verdrängung und der »Optimismus unbewußter Todessehnsucht und Selbstzerstörung« ließ diese Generation von potentiellen Selbstmördern selbst das eigene Endspiel mit Schaulust verfolgen. Ein merkwürdiger Bogen, der sich von Todessehnsucht und Liebestod in Richard Wagners »Tristan und Isolde« am Anfang der Ringstraßenzeit – Ringstraßen-Wien berauschte sich an diesem schönen Sterben – über die apokalyptische Vision des Untergangs in Wagners »Ring des Nibelungen« bis in diese Endzeit spannt, die wie ein Satyrspiel zur Ringstraßenzeit erscheint. Das Thema Untergang, das die Erfolgsmenschen der Ringstraßenzeit in großen Posen inszeniert liebten, wurde nun für die Zeugen des Zerfalls von Staat und Gesellschaft zum Anlaß, »hinunter zu steigen in verborgene und verdrängte Erfahrungszonen, um die dort lagernden geheimen Ängste, Hoffnungen und Begierden hervorzuholen. Was dieser Gang unter die Oberfläche einbringt, ist weder Gesellschaftskritik (im Sinne der klassenkämpferischen Parteinahme) noch ein utopischer Gesellschaftsentwurf, sondern der rätselhaft verästelte Umriß des ganz auf sich gestellten, von keiner Ideologie getragenen Individuums: der Mensch – ein Einzelner, sein Wissen von sich selbst – ein Palimpsest.« Es ist die Abrechnung mit den Denkprinzipien und Verhaltensnormen, die die rein materialistisch orientierte Gründerzeit aufgestellt hatte. Man kann es schon 1893, also in der Spätphase der Ringstraße und sieben Jahre vor Sigmund Freuds »Traumdeutung«, beim 19jährigen Hugo von Hofmannsthal nachlesen, der den Künstler zum »Befreier« machen will: Er sollte die versunkene Welt mit ihren verwachsenen Falltüren der Seele aufsprengen und zeigen, was sich hinter der Fassade verbirgt: »...ein dämmerndes Wesen, das vegetiert, träumt, von Angst, Rausch, Sehnsucht lebt und sich wegen seiner vermeintlichen Niedrigkeit und Häßlichkeit nie an den Tag traut, schamvoll bewußt, daß es auf Instinkte gestellt ist und nicht auf Prinzipien«.

Der Blick zurück in die Ringstraßenzeit zeigt uns eine zwielichtigschimmernde, nervöse, zuletzt gärende Epoche, deren Zeichen vor allem die Künstler und Denker zu deuten und zu lesen verstanden. Vor allem aber berührt es uns heute fast seltsam, wenn wir uns das gewaltige Schauspiel des Sterbens vergegenwärtigen, das sich ab 1880 vollzog. Schon der so leidenschaftliche Malergott der Ringstraße, Hans Makart, beschwor in zahllosen düsteren Historienszenen – von der Todesorgie in der »Pest in Florenz« über die »Scheintote Julia« bis zum »Tod der Kleopatra« – lustvoll den Tod. Und es mutet wie ein symbolisches Bild an, daß Makart gerade während der Arbeit an seinem lichtdurchfluteten, Erlösung von irdischer Last und Aufbruch verkündenden Gemälde »Der Frühling« 1884 starb – dreizehn Jahre vor dem Aufbruch des »heiligen Frühlings«, des Ver sacrum der Secessionisten. Auch bei Dichtern wie Franz Grillparzer, dem »weisen Träumer«, Robert Hamerling, dem Sprachdekorateur, bei Ferdinand von Saar oder dem jungen Hofmannsthal ist von der Würde des Untergangs die Rede. Schließlich hatte die Ringstraßenzeit selbst nicht damit gegeizt, ihrem schaulustigen Publikum eine »schöne Leich« zu bieten. An prunkvoll inszenierten Kondukten, die wie eine Verlängerung der »lebenden Bilder« in den Salons wirkten, fehlte es nie.

Macht man sich die Mühe, eine Chronologie des großen Sterbens zusammenzustellen, entsteht tatsächlich der Eindruck eines Totentanzes, der mit den achtziger Jahren einsetzt. Die Ringstraßen-Generation tanzt ihren letzten Walzer, und das ist nicht mehr der Walzer »An der schönen blauen Donau« und der »Kaiserwalzer«, sondern eine »Valse macabre«.

1872 war Grillparzer gestorben, dessen »Traum ein Leben« jenen Zeitpunkt in der österreichischen Geistesgeschichte angibt, wo sich fortan, aus dem Zerfall Österreichs und dem Erwachen zum Tode, ein fragiles Menschenbild herausbilden wird, das seine grenzgängerischen Erfahrungen zu fließenden Traumgebilden verschmilzt. Grillparzers Fluchtträume träumten die Künstler der Ringstraße und des Fin de siècle lustvoll weiter ... 1880 folgte Anselm Feuerbach, 1881 Franz von Dingelstedt, 1883 Heinrich von Ferstel, 1884 Hans Makart und Josefine Gallmeyer, 1885 Rudolf von Eitelberger, 1889 begeht Kronprinz Rudolf Selbstmord; 1890 stirbt Eduard von Bauernfeld, 1891 folgen die Baubarone Friedrich Schmidt und Theophil von Hansen, 1893 die Musiker Johann Schrammel und Josef Hellmesberger d. Ä., 1894 Carl von Hasenauer, der Arzt Theodor Billroth, Erzherzog Wilhelm und Bürgermeister Cajetan Felder, 1895 Fürst Richard Metternich, Feldmarschall Erzherzog Albrecht, Franz von Suppé, 1896 Erzherzog Karl Ludwig, Constantin Fürst Hohenlohe, Anton Bruckner und Viktor Tilgner, 1897 Johannes Brahms, Charlotte Wolter, Friedrich Mitterwurzer und Eduard von Engerth, 1898 wird Kaiserin Elisabeth ermordet; 1899 sterben Johann Strauß Sohn und Carl Millöcker, 1900 Nikolaus Dumba, 1903 Marie Geistinger und Hugo Wolf, 1905 Rudolf von Alt, 1910 Bürgermeister Karl Lueger, 1914 Erzherzog Franz Ferdinand, 1915 Kaspar von Zumbusch ...

Der Kondukt einer Epoche, die – wie kaum eine andere – mit Göttern und Halbgöttern und zahllosen interessanten Statisten verschwenderisch bedacht gewesen ist. Die Melodie Ringstraßen-Wiens war verklungen. Und die Zeitgenossen empfanden es nur zu genau: Die Metropole begann »zu frösteln, da sie ihren heimlichen Kaiser – Johann Strauß – zu Grabe getragen hatte. Was immer hier zur Zeit Franz Josephs an Großem geschaffen wurde, seine Weltgeltung verdankte das ›Neue Wien der Ringstraße‹ vor allem Johann Strauß – es war nichts Kleines, der Menschheit zum Tanz aufgespielt zu haben.«

Literatur

Gründerzeit und Luegerzeit waren für die österreichische Geschichtswissenschaft stets von höchstem Interesse; eine Flut von Büchern behandelt das Thema; und in den vergangenen drei Jahrzehnten griffen auch englische und amerikanische, französische und italienische Historiker dieses »europäische Thema« auf: Viele prominente Autoren bemühten sich, die Position der Donaumonarchie, dieses »Reichs der Mitte« in Europa, endlich abseits nationalistischer Standpunkte und nicht mehr unter dem Blickwinkel der Siegermächte zweier Weltkriege zu beurteilen. Literatur- und Kunstwissenschafter, Philosophen und Psychoanalytiker entdeckten Wiens Fin de siècle als eine der wichtigsten Keimzellen der Moderne, die etwa in der hervorragenden Ausstellung »Traum und Wirklichkeit« 1985 dokumentiert und für ein internationales Publikum (wieder-) entdeckt wurde.

Im Hintergrund blieb dabei jene vielgeschmähte Epoche, die Denkansätze und Nährboden für die »Wiener Moderne« geliefert hatte: die Geisteswelt der Ringstraße, deren Kunst lange Zeit als oberflächlicher Eklektizismus, ja als uneigenständig abgeurteilt wurde. Seit 1969 arbeitete etwa Renate Wagner-Rieger mehr als ein Jahrzehnt mit ihrem Team an dem 14bändigen Werk »Die Wiener Ringstraße«, einer Generalbestandsaufnahme der Kultur einer Epoche. Und nur zögerlich akzeptierte die (politische und kulturpolitische) Öffentlichkeit, daß da eine entscheidende Umwertung der Werte in Gang gesetzt worden war. Verdienstvolle Einzelstudien zum Thema Ringstraße sind seither erschienen; aber weite Bereiche des Themas blieben dennoch bis heute kaum bearbeitet – von der Technik und den Erfindungen auf den Weltausstellungen über Malerei, Skulptur, Grafik, sakrale Kunst und vor allem das Kunstgewerbe. Vergeblich sucht man etwa neue Studien über Rudolf von Eitelberger, Jacob von Falke oder Josef Storck, »Schlüsselfiguren« des Ringstraßen-Kunstgewerbes und der Museumsplanung; rar sind die wissenschaftlichen Untersuchungen über die Bildhauer der Ringstraße; kaum eine Studie existiert über Wiens einst monarchie-, ja weltweit berühmte Ausstatterfirmen – wie den Möbelindustriellen Bernhard Ludwig usw. Es sollte bis 1996 dauern, bis die internationale Europarat-Ausstellung »Der Traum vom Glück«

endlich das europäische Thema »Historismus« präsentierte. Es bleibt zu hoffen, daß diese Schau auch Impulse gab und weiterhin gibt, die Welt der Ringstraße im Zusammenhang mit den internationalen Entwicklungen des Historismus zu interpretieren.

Balk, Claudia: Theatergöttinnen. Inszenierte Weiblichkeit, Stroemfeld, Basel-Frankfurt a. M. 1994

Beller, Steven: Wien und die Juden, 1867 bis 1938. Böhlau, Wien, Köln, Weimar 1993

Bodmer, Enrico: Feuerbach, Istituto geografico de Agostini, Roma 1942

Bucher, Bruno: Wiener Baedecker, Über ornamentale Kunst auf der Wiener Weltausstellung. In: Sammlung gemeinverständlicher wissenschaftlicher Vorträge (Hg.: Rudolf Virchow, Fr. v. Holtzendorff), Wien 1874

Csáky, Moritz: Ideologie der Operette und Wiener Moderne, Böhlau, Wien 1996

Czeike, Felix (Hg.): Carl Freiherr von Hasenauer, der persönliche Nachlaß im Archiv der Stadt Wien (Jahrbuch des Vereins für Geschichte der Stadt Wien, Bd.19/20). Wien 1963/64

Decsey, Ernst: Johann Strauß, Deutsche Verlagsanstalt, Stuttgart-Berlin 1922

Döhmer, Klaus: In welchem Style sollen wir bauen? – Architekturtheorie zwischen Klassizismus und Jugendstil. In: »Neunzehntes Jahrhundert«, Prestel, München 1976

Egger, Gerhart und Renate Wagner-Rieger: Geschichte der bildenden Kunst in Wien, Geschichte der Architektur. In: Geschichte der Stadt Wien, Neue Reihe, Band VII/3, Wien 1973

Eisenberg, Ludwig und Richard Groner: Das geistige Wien. Brockhausen, Wien 1890

Eitelberger, Rudolf von (Hg.): Die preisgekrönten Entwürfe zur Erweiterung der Inneren Stadt Wien, k. k. Hof- und Staatsdruckerei, Wien 1859 (Neuausgabe 1981)

Eitelberger Rudolf von: Die österreichische Kunst-Industrie und die heutige Weltlage. Wien 1871

Eitelberger, Rudolf von: Die Kunstbewegung in Österreich seit der Pariser Weltausstellung 1867. Wien 1878

Endler, Franz: Das Walzerbuch. Johann Strauß – Die Wiener Aufforderung zum Tanz. Kremayr & Scheriau, Wien 1975
Exner, Wilhelm Franz: Die neuesten Fortschritte im Ausstellungswesen, Weimar 1868
Falke, Jacob von: Die Kunstindustrie auf der Wiener Weltausstellung, Wien 1873
Falke Jacob von: Lebenserinnerungen, Leipzig 1892
Felder, Cajetan: Erinnerungen eines Wiener Bürgermeisters, Forum, Wien-Hannover 1964
Ferstel, Heinrich: Denkschrift zu dem im Auftrage des hohen k.k. Ministeriums verfaßten Concurrenz-Entwurfe für den Bau neuer Museen, Finsterbeck, Wien 1867
Friedjung, Heinrich: Österreich von 1848 bis 1860, Cotta, Stuttgart-Berlin 1912
Frodl, Gerbert: Hans Makart, Monographie und Werkverzeichnis, Residenz, Salzburg 1974
Geretsegger, Heinz und Max Peintner: Otto Wagner. Unbegrenzte Großstadt. Beginn der modernen Architektur. Residenz, Salzburg 1964 (1978)
Gohr, Siegfried: Der Kult des Künstlers und der Kunst im 19. Jahrhundert (Diss.), Böhlau, Köln-Wien 1975
Gomperz, Heinrich und Robert A. Kann (Hg.): Briefe an, von und um Josephine von Wertheimstein, Verlag der Österreichischen Akademie der Wissenschaften, Wien 1981
Graf, Otto Antonia: Otto Wagner. Das Werk des Architekten, Böhlau, Wien (bisher vier Bände)
Granichstaedten-Cerva/Mentschl/Otruba: Altösterreichische Unternehmer. Berland, Wien 1969
Greisenegger-Georgila, Vanna: Theater von der Stange. Wiener Ausstattungskunst in der zweiten Hälfte des 19. Jahrhunderts. Österr. Theatermuseum/Böhlau, Wien 1994
Hadamowsky, Franz: Wiener Theatergeschichte. In: Geschichte der Stadt Wien (Hg.: Felix Czeike), Band III, Jugend & Volk, Wien 1988
Hamann, Brigitte: Elisabeth, Kaiserin wider Willen, Amalthea, Wien-München 1982
Hamann, Brigitte (Hg.): Die Habsburger. Ein biographisches Lexikon, Ueberreuter, Wien 1988

Hamann, Brigitte (Hg.): Kaiserin Elisabeth. Das poetische Tagebuch, Österreichische Akademie der Wissenschaften, Wien 1984
Hamann, Brigitte (Hg.): Kronprinz Rudolf. Schriften, Amalthea, Wien 1979
Hamann, Brigitte: Rudolf. Kronprinz und Rebell, Amalthea, Wien 1978
Hanslick, Eduard: Aus meinem Leben, Berlin 1894
Hanslick, Eduard: Geschichte des Concertwesens in Wien, Braumüller, Wien 1869
Hevesi, Ludwig: Acht Jahre Secession, Konegen, Wien 1906
Hevesi, Ludwig: Altkunst Neukunst. Konegen, Wien 1909
Hoffmann, Hans-Christoph: Die Theaterbauten von Fellner und Helmer. In: »Neunzehntes Jahrhundert«, Forschungsunternehmen der Fritz Thyssen Stiftung, Prestel, Münchnen 1966
Hofmann, Werner: Das irdische Paradies. Kunst im 19. Jahrhundert. Prestel, München 1960
Hofmann, Werner: Experiment Weltuntergang. Wien um 1900. Zur Ausstellung der Hamburger Kunsthalle, Prestel, München 1981
Johnston, William M.: Österreichische Kultur- und Geistesgeschichte, Gesellschaft und Ideen im Donauraum 1848 bis 1938, Wien-Köln-Graz 1974
Kann, Robert A.: Werden und Zerfall des Habsburgerreiches, Wien, Köln, Graz 1962
Kapner, Gerhardt: Freiplastik Wien. In: Wiener Schriften, Bd. 31, Jugend und Volk, Wien 1970
Klaeger, Emil: Durch die Quartiere des Elends und Verbrechens. Mitschke, Wien 1908
Leitich, Ann Tizia: Damals in Wien, Forum, Wien-Frankfurt o.J.
Lindheim, Alfred von: Erzherzog Carl Ludwig 1833 bis 1896. Ein Lebensbild, Wien 1897
Linke, Norbert: Musik erobert die Welt. Wie die Wiener Familie Strauß die Unterhaltungsmusik revolutionierte, Herold, Wien 1987
Lützow, Carl von: Die Kunst in Wien unter der Regierung Kaiser Franz Josephs I. In: Die graphischen Künste. Gesellschaft für vervielfältigende Kunst, Wien 1889
Lützow, Carl von: Kunst und Kunstgewerbe auf der Wiener Weltausstellung 1873, Seemann, Leipzig 1875

Lützow, Carl von und Ludwig Tischler: Wiener Neubauten, Bd II. Wien 1880
Magris, Claudio: Der habsburgische Mythos in der österreichischen Literatur. Otto Müller, Salzburg 1966
Mailer, Franz: Neujahrskonzert 1996 der Wiener Philharmoniker, Programm, Wien 1996
Müller, Peter: Die Ringstraßengesellschaft, Österreichischer Bundesverlag, Wien 1984
Mundt, Barbara: Historismus – Kunstgewerbe zwischen Biedermeier und Jugendstil, Keyser, München 1981
Museum der modernen Kunstindustrie. Mustersammlung von hervorragenden Gegenständen der letzten Weltausstellungen, Brockhaus, Leipzig, Berlin, Wien 1873
Pecht, Friedrich: Aus meiner Zeit, München 1894
Pecht, Friedrich: Kunst und Kunstindustrie auf der Wiener Weltausstellung 1873, Stuttgart 1873
Poch-Kalous, Margarethe: Wiener Plastik im 19. Jahrhundert. In: Geschichte der Stadt Wien, Geschichte der bildenden Kunst in Wien. Plastik. Neue Reihe, Band VII/ 1, Wien 1970
Pötzl, Eduard (Hg.): Das Carrousel zu Wien 1894. Festblatt, Steyrermühl, Wien 1894
Ranzoni, Emmerich: Wiener Bauten, Wien 1873
Rodenberg, Julius: Wiener Sommertage, Leipzig 1875
Rubey, Norbert und Peter Schoenwald: Venedig in Wien. Theater- und Vergnügungsstadt der Jahrhundertwende, Ueberreuter, Wien 1996
Roschitz, Karlheinz: Die Wiener Weltausstellung 1873, Jugend & Volk, Wien 1989
Roschitz Karlheinz: Donaukanal, Edition Tusch, Wien 1986
Roschitz, Karlheinz: Architecure, Sculpture. In: Encyclopédie du Romantisme, Somogy, Paris 1980; (Neuauflage 1996; deutsch: 1982)
Rossbacher, Karlheinz: Literatur und Liberalismus. Zur Kultur der Ringstraßenzeit in Wien, Jugend & Volk, Wien 1992
Schorske, Carl E.: Fin de siècle Vienna. Politics & Culture, Knopf, New York 1980
Schramm, Wilhelm: Das Leben und Wirken des Kunstforschers Rudolf Eitelberger von Edelberg, Brünn 1887

Semper, Gottfried: Der Stil (Hg.: Friedrich Piel). In: Kunstwissenschaftliche Studientexte, Mäander, Mittenwald 1977
Semper, Gottfried: Wissenschaft, Industrie und Kunst. Vorschläge zur Anregung nationalen Kunstgefühles, Braunschweig 1852
Silberstein, August: Die Kaiserstadt am Donaustrand, Wien und die Wiener in Tag- und Nachtbildern, Wien 1873
Simányi, Tibor: Julius Graf Andrássy, Baumeister der Donaumonarchie, Mitstreiter Bismarcks, Österreichischer Bundesverlag, Wien 1990
Sotriffer, Kristian (Hg.): Das größere Österreich. Geistiges und soziales Leben von 1880 bis zur Gegenwart, Edition Tusch, Wien 1982
Spitzer, Daniel: Wiener Spaziergänge, Leipzig, Wien 1879/1881
Storck, Josef: Blätter für Kunstgewerbe, begründet von V. Teirich, Waldheim, Wien 1873 ff.
Tietz, Friedrich: Wien 1873 bei Tag und Nacht. Culturbilder, Wedekind, Berlin 1873
Vincenti, Carl von: Wiener Kunst-Renaissance, Gerold, Wien 1876
Wagner, Cosima: Das zweite Leben. Briefe und Aufzeichnungen 1883 bis 1930, Piper, München 1980
Wagner, Cosima: Die Tagebücher 1869 bis 1883, Piper, München 1976/77
Wagner-Rieger, Renate (Hg.): Die Wiener Ringstraße. Bild einer Epoche, Franz Steiner, Wiesbaden, dann Böhlau, Graz 1969 bis 1981, 14 Bände
Wagner-Rieger, Renate: Wiens Architektur im 19. Jahrhundert, Österreichischer Bundesverlag, Wien 1970
Weber, Benno: Einige Ursachen der Wiener Krisis vom Jahre 1873, Leipzig 1874
Weiß, Karl: Die bauliche Neugestaltung der Stadt. In: Wien 1848 bis 1888. Denkschrift. Gemeinderat der Stadt Wien, Bd. I, Wien 1888
Weiß, Karl: Festschrift aus Anlaß der Vollendung des Neuen Rathauses, Selbstverlag des Gemeinderates, Wien 1883
Wienerstadt. Lebensbilder aus der Gegenwart. Anthologie, Tempsky, Wien-Prag 1895
Witeschnik, Alexander: Musik aus Wien, Wien 1949
Worbs, Michael: Nervenkunst. Literatur und Psychoanalyse im Wien der Jahrhundertwende, Europäische Verlagsanstalt, Frankfurt 1983
Zelinsky, Hartmut: Richard Wagner. Ein deutsches Thema, Medusa, Berlin-Wien 1983

Zeman, Herbert (Hg.): Die österreichische Literatur. Ihr Profil im 19. Jahrhundert (1830 bis 1880), Akademische Verlagsanstalt, Graz 1982

Ausstellungskataloge:

»Aspekte der Gründerzeit«. Akademie der Künste, Berlin 1974
»Das Zeitalter Kaiser Franz Josephs. Von der Revolution zur Gründerzeit 1848 bis 1880«. 1. Teil NÖ. Landesausstellung, Schloß Grafenegg 1984
»Das Zeitalter Kaiser Franz Josephs. Glanz und Elend 1880 bis 1916«. 2. Teil NÖ. Landesausstellung, Schloß Grafenegg 1987
»Der Hang zum Gesamtkunstwerk. Europäische Utopien seit 1800«. Zürich, Düsseldorf, Wien. Sauerländer, Frankfurt a.M.1983
»Elisabeth von Österreich. Einsamkeit, Macht und Freiheit«. Historisches Museum der Stadt Wien, Hermesvilla, Wien 1987
»Friedrich von Schmidt, ein gotischer Rationalist«. Volkshalle, Rathaus, Wien 1991
»Hundert Jahre Österreichisches Museum für angewandte Kunst. Kunstgewerbe des Historismus«. Österreichisches Museum für angewandte Kunst, Wien 1964
»Kaiser Franz Joseph. Der Verfall eines Prinzips«. Historisches Museum der Stadt Wien, Hermesvilla, Wien 1981
»Makart. Triumph einer schönen Epoche«. Staatliche Kunsthalle Baden-Baden 1972
»Rudolf. Ein Leben im Schatten von Mayerling«. Historisches Museum der Stadt Wien, Hermesvilla, Wien 1990
»Traum und Wirklichkeit – Wien 1870 bis 1930« (Hg.: Robert Waissenberger), Historisches Museum der Stadt Wien, Künstlerhaus, Wien 1985
»Vor hundert Jahren. Wien 1879 als Beispiel für die Zeit des Historismus«. Historisches Museum der Stadt Wien, Hermesvilla, Wien 1979
»Weltausstellungen im 19. Jahrhundert« – Günter Metken: Fest des Fortschritts. Neue Sammlung, Staatliches Museum für angewandte Kunst, München

Bildnachweis

Bildarchiv der Österreichischen Nationalbibliothek: 42, 45, 48, 64, 77, 82, 87, 93, 108, 110, 113, 125, 143, 149, 165, 183, 204, 223, 227, 241, 253, 259

Ingrid Hänsel: 109, 151, 191

Franz Hubmann: 26

Historisches Museum der Stadt Wien: 7, 33, 60, 63, 145, 174

Privatarchiv Peter Riegler: 89, 129, 197, 201, 202, 207, 211, 256

Verlagsarchiv: 100, 104, 196, 236

Wiener Stadt- und Landesbibliothek: 217

An dieser Stelle möchte der Autor allen Institutionen und Privatpersonen seinen Dank aussprechen, die bei der Beschaffung des Bildmaterials geholfen haben, so der Österreichischen Nationalbibliothek, der Wiener Stadtbibliothek, Herrn Professor Franz Hubmann und besonders Herrn Peter Riegler, der eine Reihe von Xylographien und deren Reproduktionen zur Verfügung stellte.

Register

Norbert Rubey
Peter Schoenwald

Venedig in Wien

Theater- und Vergnügungsstadt der Jahrhundertwende

»Venedig in Wien«: Das war die riesige Theater- und Vergnügungsstadt im Wiener Prater um die Jahrhundertwende. Weltberühmte Operettenkomponisten – C. M. Ziehrer, Franz Lehár, Josef Hellmesberger jun., Edmund Eysler, Oscar Straus, Richard Heuberger, Oskar Nedbal u. a. – hatten hier rauschende Erfolge. Große Namen des Theaters wie Fritzi Massary, Mizzi Zwerenz, Annie Dirkens, Ludwig Gottsleben, Richard Waldemar begeisterten das Publikum.
Das Buch ruft ein fast vergessenes Kapitel Wiener Stadt-, Theater- und Musikgeschichte in Erinnerung.

184 Seiten
mit zahlreichen Farb- und Schwarzweißabbildungen

UEBERREUTER